现代金融前沿理论与实务系列丛书

金融风险管理
——理论、技术与应用

谷秀娟 著

立信会计出版社
LIXIN KUAIJI CHUBANSHE

图书在版编目(CIP)数据

金融风险管理:理论、技术与应用 / 谷秀娟著. —上海:
立信会计出版社,2006.12(2007.8 重印)
(现代金融前沿理论与实务系列丛书)
ISBN 978-7-5429-1788-1

Ⅰ.金… Ⅱ.谷… Ⅲ.金融—风险管理 Ⅳ.F830.2

中国版本图书馆 CIP 数据核字(2006)第 159871 号

金融风险管理——理论、技术与应用

出版发行	立信会计出版社			
地　　址	上海市中山西路 2230 号	邮政编码	200235	
电　　话	(021)64411389	传　真	(021)64411325	
网　　址	www. lixinaph. com	电子邮箱	lxaph@sh163. net	
网上书店	www. shlx. net	电　话	(021)64411071	
经　　销	各地新华书店			
印　　刷	江苏凤凰数码印务有限公司			
开　　本	890 毫米×1 240 毫米	1/32		
印　　张	11.25			
字　　数	307 千字			
版　　次	2006 年 12 月第 1 版			
印　　次	2018 年 1 月第 3 次			
书　　号	ISBN 978-7-5429-1788-1/F			
定　　价	29.00 元			

如有印订差错　请与本社联系调换

前　　言

按照诺贝尔经济学奖得主罗伯特·默顿(Robert Merton)的观点，现代金融理论有三大支柱，即资金的时间价值、资产定价和风险管理。本书就是研究风险管理的著作。当然，前两个支柱显然是构建最后一个支柱的基础。

就世界经济而言，无论是从其发展历史还是横截面的研究来看，金融都是经济的中心。没有金融安全，就没有经济安全，没有经济安全，就没有国家安全，金融就是第二国防。金融业是一个高风险的行业，有效地管理风险、配置稀缺的资本资源以实现股东价值的最大化，成为其核心竞争力和得以生存与健康发展之本。因此，无论是从宏观层面上还是从微观层面上来看，对金融风险的防范和管理都显得非常重要。

金融的发展和变化是纷繁复杂的，这对于金融风险的测度和管理是一种永恒的挑战。近年来，在学界、业界和监管部门(如巴塞尔委员会)的共同努力下，国际上金融风险管理的理论和技术取得了长足的发展。

我国在经历了二十多年的市场化改革之后，其经济的繁荣是不言而喻的，而同时，我们也遇到了许多的挑战和压力，其中令国家、企业和个人感到最严峻的问题就是金融风险问题。严峻的原因出自于过去体制积淀所导致的金融体系内风险的积聚和金融机构风险管理手段、水平、方法的欠缺和落后。比如，我们早已习惯于在管制利率环境下经营的金融机构，面对日益市场化的利率环境，对于扑面而来的利率风险问题会显得不知所措。加入 WTO 后我国金融业将面临的全面开放使问题更加严峻，迅速地学习、理解、运用国际领先金融机构的金融风险管理理论、技术和工具成为一种紧迫的需求。

本书从现实出发,选择了当今国际金融界风险管理的前沿问题及解决问题的最新管理技术作为主题,汇集了最新的研究成果,从理论分析和技术分析两个方面对国际上领先的金融机构如何识别、衡量、控制和化解金融风险进行系统的阐述。因此,这是一本反映金融风险管理理论最新进展,研究金融风险管理最新技术,特别是风险管理模型的著作。希望本书对即将面临金融业全面开放的金融风险管理冲击和竞争压力的国内金融机构有所借鉴。

本书在结构的安排上,以现代金融理论为基础,以金融风险的识别、度量和管理为主线形成了一个完整的体系:首先,对于金融风险的内涵和类别作出了明确的界定,对金融风险管理的流程和主要策略作了概述,对金融风险管理的基本理论与技术变迁进行了综述;在此基础上,介绍了关于估值的基础理论与方法、证券组合理论、资本资产定价模型、因素模型、套利定价理论和期权定价理论与投资策略;然后,详细分析研究了利率风险的管理以及以在险价值方法和体系为核心的市场风险、操作风险、信用风险的管理方法;最后,阐述了全面风险管理的必要性。

本书在内容的选择上,突出了前沿性、理论性和应用性:全面论述了金融风险管理(包括市场风险、信用风险和操作风险)的最新理论发展、模型开发,并运用实例介绍其在实务中的运用,最后又分析研究了其缺陷和不足,例如详细分析了在利率风险管理中广为运用的久期模型存在的问题及其解决办法,信用衍生品在解决信用悖论中的作用及其自身引发的问题,等等。

本书的研究受到了河南省创新人才培养基金的资助,在此表示衷心感谢。

作　　者

2006 年 10 月

目　　录

1. 市场风险

市场风险(Market Risk)是金融体系中最常见的风险之一,它通常是指由于市场因子(如利率、汇率、股价等)的不利波动而导致的金融资产损失的可能性,其中利率风险尤为重要。由于金融机构的资产绝大部分是金融资产,利率波动会直接导致其资产价值的变化,使其持续经营能力受到威胁。鉴于利率风险的重要性,在本书中我们将利率风险的管理作为单独一章来研究。

2. 信用风险

信用风险(Credit Risk)是由于借款人信用评级的下降和履约能力的降低而导致损失的可能性。更一般地说,信用风险还包括由于借款人信用评级的降低导致其债务市场价值的下降而引起的损失的可能性。如在信用衍生产品市场上,贷款人资产的价值会受借款人的还款能力和信用状况变动的影响。信用风险还包括主权风险,它是指当债务人所在国采取某种政策,如外汇管制,致使债务人不能履行债务时造成的损失。这种风险的主要特点是针对国家,而不像其他的违约风险那样针对的是企业或个人。信用风险的形式包括结算前风险和结算风险。结算前风险一般是指风险在正式结算前就已经发生;结算风险则是指在结算过程中发生的不可预料的情况,即当一方已经支付了合同资金但另一方发生违约的可能性。这种情况在外汇交易中较为常见,如交易的一方先在香港支付资金而后在伦敦进行交割,在这个时间差中,结算银行的倒闭可能导致交易对手不能履行合同。

3. 操作风险

操作风险(Operational Risk)是指金融机构因信息系统或内控机制失灵而造成意外损失的风险。这种风险一般是由人为的错误、系统的失灵、操作程序发生错误或控制失效而引起。操作风险还包括由于诈骗和技术问题而导致的风险、风险定价过程中的模型风险。尽管操作风险涵盖了金融机构许多的内部风险,但是长期以来,信用风险和市场风险以及流动性风险的管理占据了金融机构风险管理的主导地位,而操作风险并没有得到足够的重视。直到最近几年,不少银行由于没

第1章　金融风险管理概述

从某种意义上讲,企业的经营活动实际上就是在从事管理风险的活动。有的企业精于管理风险,于是盈利且不断扩大;有的企业则不善管理风险,于是亏损甚至破产倒闭;有的企业只是被动地接受风险;有的企业则主动地运用其优势去创造并管理风险敞口。无论如何,有一点是不容置疑的:由于风险存在带来危害的可能性,因而引起了企业、学界和政府的密切关注,而且应当得到很好的管理。风险管理实际上是包含对各种风险的识别、度量和控制等环节的一个过程。下面我们来分析一下金融风险的涵义与特点,金融风险管理的流程与策略以及金融风险管理的理论与技术发展状况。

1.1　金融风险的含义与特点

风险实际上就是结果的不确定性,在经济领域通常就是指我们所关心的未来收益、资产和负债价值的变化的不确定性。企业会面临各种各样的风险,通常可以分为经营风险与非经营风险。金融风险属于非经营风险,它与金融市场的波动性直接相关。因主体的不同,金融风险可分为一般企业的金融风险和金融机构的金融风险,本书主要研究后者。

1.1.1　金融风险的含义

金融风险,是指在金融市场中由于某些因素的变动,导致金融主体的实际收益与预期收益发生背离的可能性,例如,利率、汇率的波动或者由于债务人财务状况恶化而导致违约的可能性等,都会给企业的资产价值、收益带来风险。金融机构面临的主要金融风险类型有:

有有效地管理操作风险而蒙受了很大的损失甚至破产倒闭。在操作风险失控的案例中,尤为突出的是 1995 年巴林(Barings)银行的交易员尼克·里森(N. Leeson)钻了其内控机制失效的漏洞,使这家英国百年老店毁于一旦。而巴塞尔监管委员会也来强调对操作风险的管理,使得操作风险受到了越来越多的重视。

4. 流动性风险

流动性风险(Liquidity Risk)往往是指金融机构持有的资产流动性差和对外融资能力枯竭而造成的损失或破产的可能性。如果金融机构没有足够的现金支付到期的债务,就会被迫出售资产,如果其资产的流动性差,该资产就很难以正常的价格出售,金融机构就会因此遭受损失。如果金融机构根本无法出售资产,就必须依赖对外融资来支付到期债务。如果对外融资的渠道也丧失了,该机构就会因无法履行到期债务而倒闭。

在上述金融风险类别中,市场风险、信用风险和操作风险是金融机构所面临的最重要的三种风险,流动性风险的量化问题近年来也日益引起学界、业界和监管者的关注,但本书暂不将其作为研究对象。

1.1.2 金融风险的特点

金融风险具有三个特点。

1. 永恒性和普遍性

现实世界的变化是永恒普遍的,而人类认识世界的能力是有限的,人类永远都不可能完全认识世界。在由价格配置资源的市场经济中,经济活动参与者面临的市场瞬息万变。由于人的有限理性和信息的不完全性,任何人都不可能完全掌握市场的运动。金融风险的存在是永恒普遍的,它不可能被消除,只能被管理。

2. 隐蔽性和突发性

金融风险是收益或损失的不确定性,它不一定立即表现为现实的损失。如果金融参与者具有足够的资金实力,并且不考虑资金的时间价值,现在的账面损失可能会随着市场的变化在将来变为盈利。因此风险责任人往往存有侥幸心理,尽力掩盖风险,期待市场出现转机,让损失变为盈利。并且,金融机构一般都具有或多或少的信用创造能力,可以在较长的时间里通过不断创造新的信用来掩盖已经出现的损失和问题。但是,如果金融风险不断积累,它最终就会以突发的形式表现出来。

3. 危害性和扩散性

金融风险的危害非常严重。重大的金融风险一旦转化为现实的损失,就有可能会导致金融机构破产。这方面的实例已经不胜枚举。加之金融机构是整个社会金融活动的中介,是多边信用网络上的节点,所以由于金融机构的参与,原始的——对应的信用关系变成相互交织、相互联动的信用网络。金融机构、金融活动不再完全独立,外部效应广泛存在。任何一个环节出现风险损失,都有可能通过该网络对其他环节发生影响;任何一个节点出现断裂,都有可能产生连锁反应,或者通过违约直接引起其他节点出现波动,或者通过金融恐慌间接引起市场丧失信心,导致金融体系的局部甚至整体发生动荡甚至完全崩溃。

金融风险的上述特征,使其构成了对金融秩序和经济运行的潜在威胁。尤其是 20 世纪 70 年代以来,世界范围内的经济金融局势发生了重大变化。以美元为基础的固定汇率制让位于浮动汇率制,各国竞相放松金融管制,金融创新活动空前活跃,新的金融工具、金融产品不断出现,技术日益复杂,知识越来越专门化,加之现代化通讯和信息传播手段的迅速发展,使金融活动中人的有限理性和信息的不完备性等问题更加突出,从而使金融风险具有了更大的不确定性,同时也有了更强的扩散性、隐蔽性和突发性。在这种情况下,一个人出现的问题就可能会影响到一个金融机构;一个金融机构出现的问题就可能会影响到一国经济的运行;一个国家出现的金融风波就可能会引发一场地区性甚至全球性的金融危机。这样的例子在当今世界屡见不鲜。1982 年,以墨西哥政府宣布不能按时偿还外债为先导,拉开了长达数年之久的拉美国家债务危机的序幕;20 世纪 80 年代初,阿根廷发生的金融危机几乎摧毁了它的整个经济体系,使其国民生产总值损失高达 55%;1995 年年初,英国巴林银行一个分支机构的交易员进行金融衍生产品投机活动失败,导致这家具有 230 余年历史的老牌银行在一夜之间倒闭;1997年7月,泰国爆发的金融危机迅速蔓延到东南亚地区,导致东南亚许多国家的货币大幅度贬值,股市不断下挫。其后,韩元、日元、台币、港元也被相继卷入,并引起欧美股市的大幅震荡。

总之,由于金融风险具有不确定性、普遍性、隐蔽性、突发性和扩散性等基本特征,因此,如果不注意认真加以防范的话,其后果危害之大,波及面之广,是远远超过其他行业风险的。它不仅可能破坏金融秩序和金融系统,而且还有可能危及国家的经济安全和社会稳定。二十多年来世界各国所发生的大小金融危机,以及1997年以来发生在东亚国家的金融风波都为此提供了例证,并给人们以深刻的教训和启示。

1.2 金融风险管理的流程与策略

传统观点认为,金融机构是从事资金融通的组织。现代观点认为,金融机构是生产金融产品、提供金融服务、帮助客户分担风险的组织。金融机构的盈利来源就是承担风险的风险溢价。金融机构不能因为金融风险的存在而消极地回避风险,而应该积极主动地承担风险,认真控制风险,以良好的风险定价在竞争中取得胜利。

金融风险贯穿于金融机构经营活动的全过程。因而金融风险管理应是一个流程,它包括目标设定、风险识别、风险度量和风险控制。显然,风险控制是金融风险管理的目的和归宿。金融机构针对金融风险不同的类别和程度,也会有不同的风险控制策略,如规避、分散、转移和接受等。

1.2.1 金融风险管理的流程

金融风险管理流程一般包括目标设定、风险识别、风险度量、风险控制这几个过程。

1. 目标设定

它是金融风险管理流程的起点,确定了金融机构对风险的容忍度和偏好。风险偏好表明了机构在风险和收益之间寻求平衡的目标,体现为在适度风险下的股东增加值。事实上,机构是在其风险偏好之内实现其战略经营目标的。风险容忍度是指与实现目标相关的变量的可接受变化范围。风险偏好和容忍度越大,意味着金融机构可以冒相对更大的风险。但是,这两个指标的设定依赖于其风险承受能力(见图1-1)。

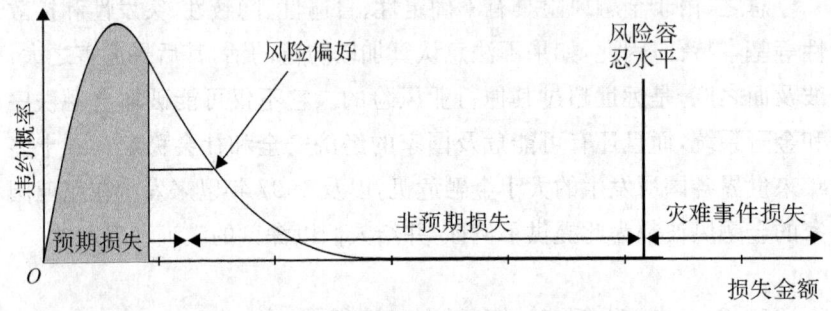

图 1-1　风险偏好和风险容忍度的设定

2. 风险识别

它是管理风险的第一步,即识别金融机构整体经营过程中可能存在的风险。一般是根据经营活动的性质,从潜在的事件及其产生的后果和潜在的后果及其产生的原因来检查风险。由于风险是随时存在的,因此风险识别也必须是一个连续的动态的过程。通过风险识别,机构可以准确判明所承受的风险在性质上是何种类别:市场风险、操作风险、信用风险等。

3. 风险度量

风险度量是对已经识别出来的风险进行量化估计,以便把握这些风险在量上可能达到何种程度,以便决定是否加以控制,如何进行控制。风险度量涉及三个概念:一是风险影响,指一旦风险发生可能对机构造成的影响大小。二是风险概率,它用风险发生可能性的百分比表示。三是风险价值,它是评估风险的重要参数。风险值＝风险概率×风险影响。

4. 风险控制

在完成风险的识别和度量后,金融机构需要决定如何应对这些风险,即制定风险控制策略:规避风险、分散风险、转移风险、接受风险。

规避风险是消除导致风险的活动的措施，如取消某个产品，降低新市场的扩张，抛售某些资产，改进业务流程或加强内部控制等。

分散风险是运用资产组合理论和有关的模型对各种资产选择进行分析，根据其各自的风险——收益特征和相互间的相关性来实现风险、收益的最优组合。

转移风险是指利用某些合法的交易方式和业务手段将风险全部或部分地转移给他人的行为。具体方法有：

（1）风险资产出售。即将金融机构自身不愿继续承担风险的资产出售给他人。收购风险资产的人一般是对该种风险有控制能力或有处理经验，愿意通过承担此种风险来获取收益。

（2）担保。有担保的放款将本应由银行承担的客户信用风险转嫁给担保人，但银行在转嫁风险的同时，又承担了担保人的风险。

（3）保险。对不动产、动产或债权，向保险公司投保，或以银行获得的各种抵押品，由债务人向保险公司投保，将保险受益人权益转让给银行。这些都是商业银行将风险转嫁给保险公司的方式。

（4）对冲。运用期货远期期权和其他金融衍生产品等对风险进行套期保值。

接受风险是指不采取任何措施改变风险概率和影响。即根据机构自身的风险管理能力，将风险保留在其风险容忍度和偏好之内。这必须与风险补偿手段相结合：提取准备金以补偿预期风险损失，保留充足资本金以补偿非预期风险损失。

在各种风险控制策略中，规避风险是从根本上消除风险的策略，但是实际上，金融机构的有些风险是无法规避的，比如其主营业务中所包含的主要风险（像银行的信用风险等）。对于这类风险，分散和转移就是必需的策略。而接受风险对风险进行补偿是最后的选择。

下面我们主要分析一下风险控制中的对冲策略和资本充足管理策略。

1.2.2　对冲策略

对冲（Hedging）又称套期保值，是指针对某种特定的金融风险，运用相应的金融工具构造相反的头寸,从而转移金融风险的过程。金融创新的风起云涌和计算机、通信技术的迅速发展为金融机构提供了丰富多彩的对冲工具。第4章中介绍的期权及其不同的投资策略就是一例。事实上,以期权为代表的各种基于基础证券的金融衍生产品,为金融机构对冲风险奠定了基础。

1. 对冲的一般原则

(1) 对冲步骤与目标。对冲风险的第一步是识别风险,即首先必须明确金融机构面临的是何种风险暴露;然后应对风险进行量化,即估计其发生概率,从而确定若风险发生则会带来什么影响。比如,如果确认风险的来源是利率的变化,就应量化利率变化给机构的头寸价值带来的变化;最后就是具体的对冲操作,即建立与风险暴露相反的头寸,这可以通过一系列金融衍生品(如期货、期权、互换等)或其组合来实现。如果能进行完全对冲(Perfect Hedging)当然是最好的,但这通常是不可能的。因为,风险头寸及对冲头寸的变化很难完全一致,经常会存在一些偏差。这就使得金融机构在对冲风险过程中,可能会面临基本点风险(Basis Risk)。

(2) 对冲比率(Hedging Ratio)。金融机构若对其风险头寸构造对冲头寸,其目标是希望风险头寸价值的下降可以由对冲头寸价值的上升抵补。假设风险头寸和对冲头寸的价值分别为(X)和(Y),则其预期变化为:

$$V(\overline{X}) = a + \delta V(\overline{Y})$$

式中　a——一个常数;

　　　δ——X对于Y的变化的敏感性。

若$\delta = 0.6$,则意味着Y的1个百分点的变化将引致X的0.6个百分点的变化。

δ就是对冲比率,即为了对冲1个单位的风险头寸,应使用的对冲头寸的数量。0.6的对冲比率,就意味着,对于\$1的风险头寸X,应使用\$0.6的对冲头寸。

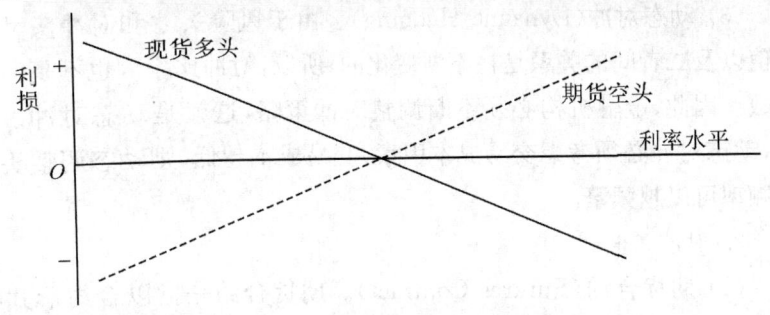

图 1-2(a)　以期货对冲风险

而期权的持有者的风险以期权费为限,所以该机构若买入债券的看跌期权,则其对冲情况将会不同[见图 1-2(b)]。

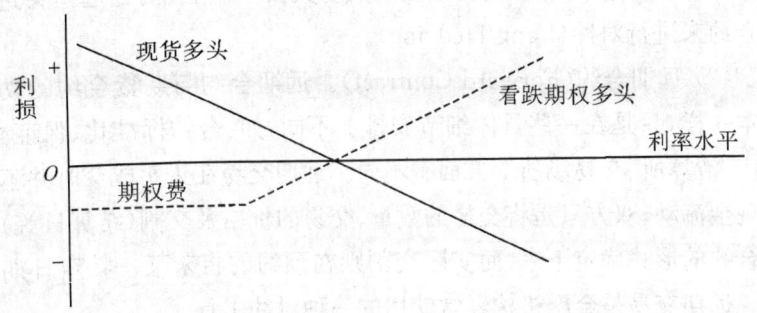

图 1-2(b)　以期权对冲风险

可见,期权适合于对冲单侧风险。考虑一个金融机构的固定利率贷款信用额度,若市场利率上升,则大部分贷款信用额度将被行使,金融机构不得不以较低的利率放贷,从而产生了损失;反之,若利率下降,则客户将不会行使信用额度。此时金融机构面临的就是单侧风险(利率上升的风险),也相当于其对客户签发了一个看跌期权,因而该机构可以通过买进看跌期权来对冲这种单侧风险。另外,通过期权对冲风险,不仅可以消除不利变动的损失,而且还可以享受有利变动的利润。当然,前面仅仅讨论了债券看跌期权,事实上,根据风险状况不同,金融机构还可以通过看涨期权的空头或多头进行对冲。基于利率的看涨、看跌期权利损图如图 1-3 所示。

(3) 动态对冲(Dynamic Hedging)。由于风险头寸和对冲头寸价值以及二者间的关系是在不断变化的,所以,对冲比率 δ 也不是一常数。因此,金融机构必须不断调整对冲策略,这就是动态对冲。然,动态对冲必须考虑交易成本因素,交易成本越低,则动态调整头的频率可以越频繁。

2. 对冲工具

(1) 期货合约(Futures Contract)。期货合约是指以合约形式确定下来的在将来某一特定日期进行交割(购买或出售)的某种实物或金融资产。金融期货可分为外币期货、利率期货和价格指数期货。金融机构若所承受的是多头头寸风险,则可选择卖出期货合约来进行对冲(Short Hedging);反之,若所承受的是空头头寸风险,就可选择买进期货合约来进行对冲(Long Hedging)。

(2) 远期合约(Forward Contract)。远期合约与期货合约的功能基本一样,只是在一些具体细节安排上不同,如:合约标准化、保证金、盯市、清算所、交易场所等方面有不同。远期交易在买卖成交时并不发生现金流动,双方只是将交易的数量、交易的价格及交割(结算日等)日用合约的形式确定下来,而实际交割则在预约的将来某一特定日期进行。远期交易是金融机构经常使用的一种对冲工具。

(3) 期权合约(Option Contract)。期权是一种具有全新特征的金融契约形式,它赋予期权的持有人一种权利,使其能在规定的时期内或在将来某个特定日期,不管市场价格如何,都可以根据自己的意愿决定是否按合约规定的执行价格买进或出售规定数量的某种金融资产(如股票、外币、欧洲美元存款、短期和长期国库券以及外币期货合约、股票指数期货合约等)。期权购买者必须在期初向期权出售者支付一定金额的期权费。

期权合约与期货和远期合约的功能完全不同,因而其对冲风险的机理也不同。下面以一个实例来说明:

若某金融机构拟对冲其固定收益证券的多头头寸风险,则可以构造债券期货合约的空头头寸[见图 1-2(a)]。

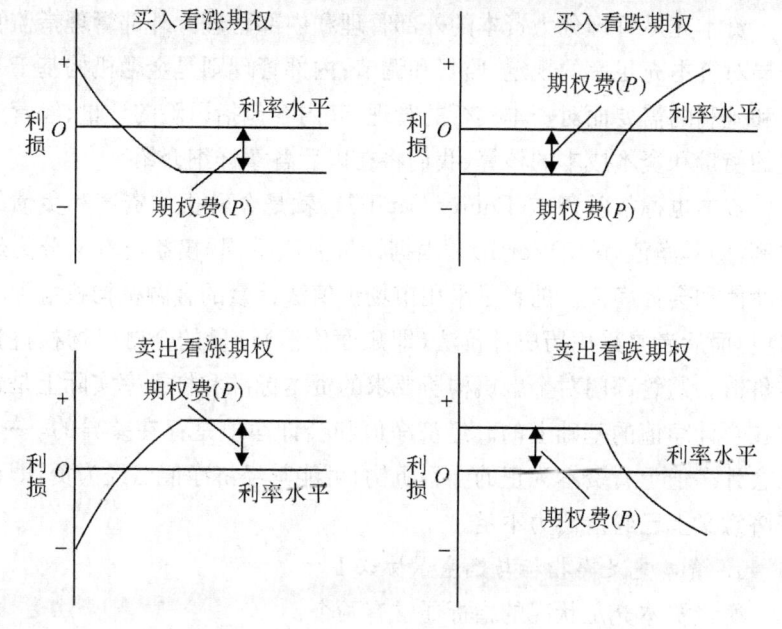

图 1-3　债券期权头寸的利损

图 1-3 中横轴为利率水平,若改为债券价格,则看涨、看跌期权的利损曲线恰好相反。

而且还可以运用上限、下限、区间等新型期权工具(各种复合期权工具)、互换合约以及信用衍生品来对冲风险,我们将在第4章和第5章详细介绍这些对冲策略。

1.2.3 资本充足管理

对于无法规避、分散或转移的风险,金融机构就必须予以接受。而对于接受的风险是需要得到补偿的;否则,不断积聚的风险就会影响金融机构的支付能力,直至将其拖入破产的深渊。各种损失准备可以用于弥补预期损失,而非预期损失就需要用资本来补偿,资本是风险补偿的最后防线。这也表明资本的一个重要功能是用于"吸收"非预期损失,从而维持公众的信心以保证金融机构的持续经营能力。因此,金融机构持有充足的资本是金融风险管理的必需,也是金融监管的要求,更是维护金融稳定发展的保障。

资本充足管理分为资本的外部管理和内部管理。外部管理指监管当局对资本充足率的规定、监督和调节;内部管理则是金融机构基于安全和盈利的需要而对资本实行的管理,其内容包括风险的计量、经营业绩的衡量和资本成本的核算(我们将在以后各章详细介绍)。

资本也称权益资本(Equity Capital),就是金融机构资产和负债的差额,即其净值(Net Worth)。根据计价方法不同,权益资本又分为经济净值和会计净值。前者是采用市场价值法计量的金融机构权益资本价值,而后者是采用历史计价法(即账面价值)计量的金融机构权益资本价值。监管部门对金融机构所要求的资本标准和杠杆率实际上是建立在会计净值的基础上的。经济净值和会计净值是存在差异的,一个从会计净值上看资本为正的金融机构,可能其经济净值已经为负,即在经济意义上已经清偿力不足。

1. 资本充足率指标与巴塞尔协议 I

衡量资本充足状况的指标通常有两个:

(1) 资本与资产比率(Capital-assets Ratio)。资本与资产比率又称为杠杆比率(Leverage Ratio),是商业银行核心资本的账面价值与资产的账面价值之间的比率。其中,核心资本包括银行的普通股(按面值计算),合格的永久性非累积优先股、留存收益以及附属公司股东账户的少数收益。该比率越低,银行就具有越高的杠杆效应。

$$杠杆比率 = \frac{核心资本}{总资产} \times 100\%$$

一些国家已经建立了比较完善的资本充足率评估程序和管理制度。当银行根据杠杆比率下降超出完全资本充足区域时,监管当局就采取一定的强制性行动;当杠杆比率超出规定的临界值时,监管当局就会要求银行进行破产清算。

但该杠杆比率作为衡量银行资本充足性的工具时存在以下三个缺陷:

第一,没有考虑市场价值。杠杆比率的计算是建立在账面价值的基础之上的。因此,即使当杠杆比率低于临界值时银行就破产清算,也不能确保存款人的利益不受损。因为,此时可能其经济净值已经为负了。例如,美国在 20 世纪 80 年代依据该指标关闭的大量金融机构中有 30% 多的机构经济净值已低于零。

第二,不能反映不同资产风险状况。杠杆比率的分母是总资产,它未能反映不同资产的风险状况。

第三,未涵盖表外业务。近几十年来,银行的表外业务迅速发展,但该比率并未考虑到与表外业务相关的或有资产和负债的风险状况,从而对其提出资本要求。

正是由于杠杆比率的上述问题,加之 20 世纪 80 年代国际银行业对第三世界贷款而导致的债务危机,1988 年美国监管当局和国际清算银行的其他成员国达成一致,并要求成员商业银行在 1993 年 1 月之前,逐步完全采用风险资本比率,这就是著名的巴塞尔协议 I(Basel Accord I)。

(2)巴塞尔协议 I。巴塞尔协议 I 针对金融机构的信用风险(包括表内和表外业务)规定了最低资本准备金要求,即资本充足性标准。其核心有两点:

A. Cooke 比。对不同类型资产规定了不同的风险权重,针对加权风险资产总和,规定了最低的资本储备金比率 8%,即著名的 Cooke 比,并按照流动性将资本准备金分为核心资本和附属资本,其中核心资本比例不得低于 4%。

核心资本是银行资本中最重要的组成部分。它与银行净值(所有者权益)的账面价值联系很紧密,具有以下几个特点:资本价值相对比较稳定;对各国银行来说,是惟一相同的部分;是判断资本充足比率的基础。巴塞尔协议 I 规定核心资本[①]主要由以下几个部分组成:

第一,实收资本。它是指已发行并完全缴足的普通股和合格的永久性非累积优先股(Qualifying Non-cumulative Perpetual Pre-ferred

---

① 我国监管当局关于核心资本的口径,包括实收资本、资本公积、盈余公积、未分配利润等。

Stock)。这是永久的所有者权益。

第二,公开储备。它是指以公开的形式,通过留存收益或其他盈余(如股票发行溢价、保留利润、普通准备金和法定准备金等)反映在资产负债表上的储备。

第三,对于合并列账的银行持股公司来说,还包括不完全拥有的银行子公司中的少数股东权益。

第四,合格的无形资产,如一些可确认的无形资产。

此外,要从核心资本中扣除商誉。商誉是一个会计项目,反映了在银行购买或收购其他银行或银行子公司时,支付的高于市场价值的那部分价值。

巴塞尔协议Ⅰ规定附属资本①由以下几个部分组成:

第一,未公开储备。它是指虽未在资产负债表上表明,但已反映在利润表上并为银行监管当局所接受的储备。

第二,资产重估储备。它是指固定资产以及有价证券资产按照市价评定而获得的收入。

第三,普通准备金或普通贷款损失准备金。它是指银行为应付资产可能遭受的各种损失而保持的储备。

第四,混合资本工具。它是指银行发行的具有股票特点和债务工具特点的综合工具,如累积优先股、可转换为普通股的债券等。

第五,次级长期债务。它包括普通的、无担保的、偿还期在5年以上的债券以及有限期可赎回的优先股。按照巴塞尔协议Ⅰ,信用资本要求(CRC)为:

$$CRC = 8\% \times 风险加权资产 = 8\% \times (\sum \omega_i \times 资产_i)$$

式中 ω_i——风险权数。

巴塞尔委员把资产按其风险权数不同,分为四类,ω_i分别为:0%、

---

① 我国监管当局关于附属资本的口径,包括长期次级债、可转换债、优先股、一般准备金等。

20％、50％和100％（表1-1列举了风险权数的主要类型及其对应的资产）。

表1-1

银行资产负债表表内不同风险权重的规定

第一类（风险权数为0％的资产）

　　现金；以本币标价的对本国中央政府和中央银行的债权；对经济合作与发展组织（OECD）成员国的中央政府和中央银行的债权；用现金或者用OECD成员国中央政府发行的债券作担保，或由OECD成员国中央政府提供担保的债权。

第二类（风险权数为20％的资产）

　　托收中的现金款项；对多边发展银行（国际复兴开发银行；美洲开发银行；亚洲开发银行；非洲开发银行；欧洲投资银行）的债权以及由此类银行提供担保，或用此类银行发行的债券作抵押品的债权；对在OECD成员国国内注册银行的债权以及OECD成员国国内注册银行提供担保的贷款；对在非OECD成员国国内注册银行的剩余偿还期在一年以内的债权和由非OECD成员国的银行提供担保的剩余偿还期在一年之内的贷款；对非本国的OECD成员国的公共部门（不包括中央政府）的债权，以及由这些部门提供担保的贷款。

第三类（风险权数为50％的资产）

　　完全以居住用途的房产作抵押的贷款，这些房产为借款者所占有使用，或由他们出租。

第四类（风险权数为100％的资产）

　　对私人机构或个人的债权；对非OECD成员国银行的剩余偿还期在一年以上的债权；对非OECD成员的中央政府的债权（本币标价的除外）；对公共部门所属的商业公司的债权、厂房、设备和其他固定资产；房地产和其他投资（包括那些没有在合并资产负债表表内的对其他公司的投资）；其他银行发行的资本工具（从资本中扣除的除外）。

　　B. 大额风险限制。大额风险是指等于或超过银行资本10％的头寸，巴塞尔协议Ⅰ要求对大额风险必须报告监管当局，不允许持有超过银行资本25％的头寸，整体大额头寸不能超过银行资本的800％。这一规定是防止银行风险过于集中于某一交易对手身上。

　　2. 利率风险、市场风险、操作风险与资本充足率

　　从金融机构监管当局的角度出发，1988年的巴塞尔协议Ⅰ主要是针对信用风险，而没有考虑利率风险和市场风险。也就是说，在银行具有不确定的利率风险（久期错配）或市场（交易）风险的情况下，资本与

风险资产比率不能很好地反映银行真实的资本充足情况。即使对于信用风险，也存在未能考虑组合管理的分散化效应和同种资产的信用风险差别等问题。因此，十几年来巴塞尔委员会发布了一系列修改补充文件，直至 2001 年发布、2004 年 6 月通过并将于 2006 年年底全面实施的巴塞尔协议Ⅱ。2001 年巴塞尔协议Ⅱ除保留了 1988 年协议中信用风险的规定外，增加了风险资产权数划分的档次，将银行的资产划分为五类风险资产权数：0%、20%、50%、100%、150%；还把操作风险、市场风险纳入风险资产计量的范畴，使得资本充足比率更能反映金融机构面临的实际经济风险。其资本充足率的计算公式为：

$$资本充足率 = \frac{资本}{风险加权资产} \times 100\%$$

$$= \frac{核心资本 + 附属资本}{\underset{加权资产}{信用风险} + \left(\underset{所需资本}{市场风险} + \underset{所需资本}{操作风险}\right) \times 12.5} \times 100\%$$

（1）市场风险。20 世纪 90 年代以后，金融创新不断涌现，衍生金融工具及其交易迅速发展，金融机构越来越深地介入到这些衍生交易中，因而金融市场的波动对金融机构的影响越来越显著。除了信用风险外，金融机构还面临着大量的市场风险，即在一段时间内由汇率和利率的变化所造成的金融工具的市场价格下降的风险。为了更好地反映金融机构资本充足的真实情况，1993 年，美国和国际清算银行建议金融机构应对利率风险和市场风险持有相应的资本金，将利率风险和市场风险纳入到资本充足率的计算中。1996 年，巴塞尔委员会提出了两种方法来测算市场风险的资本要求，即标准法和金融机构内部市场风险价值模型（VAR）（我们将在第 6 章进行详细分析）。VAR 模型试图测算出那些由于利率或汇率的不利变动而可能引起价值下降的资产的价值或市场风险。2001 年，国际清算银行提出了一个未来关于测算利率风险对资本金要求的框架，这个框架类似于 1993 年的测算方法。但是，由于利率风险难以量化，因此，在巴塞尔协议Ⅱ中不再对利率风险的资本金提取进行统一的规范和要求，但监管当局应当根据不同地区的利率风险的状况实行相应的监管举措，即将利率风险纳入了第二支柱(外部监管)的范围。

(2) 操作风险。在 2001 年的巴塞尔协议Ⅱ中,国际清算银行建议针对操作风险而持有资本。操作风险主要是指因为内部处理程序上的失误、系统错误、内部员工的错误行为、外部事件等因素导致的可能的损失。近年来,金融机构操作风险日益明显,以巴塞尔银行监管委员会为代表的国际性监管组织十分重视金融机构经营管理中的操作风险,认为银行有必要投入足够的资本对这类资产进行定性分析,并将其纳入衡量资本充足性的范围。在新协议中,巴塞尔委员会提出了三种方法来计算银行为防范操作风险所需持有的资本,即基本指标衡量法、标准化方法以及高级计量法。

基本指标衡量法:在该方法下,操作风险的计量基础是银行前三年总收入的平均值(净利息收入和净非利息收入之和)乘以相应的系数,得到该业务的操作风险的额度以及对资本的最低要求。

标准化方法:将银行业务分为八类,分别确定不同的系数,然后分别用其前三年总收入平均值乘以对应的系数,得到该业务的操作风险的额度以及对资本的最低要求。最后加总,得到操作风险所要求的资本。

高级计量法:如果银行实行严格的监管标准,就可以采用高级计量法。巴塞尔委员会对此规定得很少,银行可以运用自己内部的操作风险评估体系来评估操作风险。

最后,巴塞尔协议Ⅱ还鼓励银行自主测算风险,并在此基础上确定所需达到资本充足率,但该过程必须符合监管当局的要求。

3. 其他金融机构的资本充足性要求

除了针对银行外,各国监管当局对于其他金融机构也进行资本充足性监管。下面主要介绍对美国证券公司和人寿保险公司的资本充足率要求。

(1) 证券公司。对证券公司的资本规定与商业银行不同。在 1975 年美国证券委员会(SEC)第 15C3-1 的规定中,对证券经纪人资本充足率的测量类似于基于市场价值的测量方法。经纪人必须逐日根据市场价值计算净值,确保净值与资产的比率大于 2%(即:净值/资产＞

2%）。其基本思想是，如果证券经纪人必须以近期的市场价值清算所有资产时，2%的资本金足以偿付全部的债务。

（2）人寿保险公司。1993 年起，美国人寿保险行业采用了资本与风险资产模型，本质上与银行所使用的方法相似，但它的范围更广，包括了其他类型的风险。

该模型首先需要识别人寿保险公司面临的四类风险：

C1：资产风险。它反映了人寿保险公司资产组合的风险。这与银行的资产风险的计算相似，即用资产负债表表内资产的面值与一定的风险权数相乘。

C2：保险风险。它反映了死亡率和发病率发生不利改变时所产生的风险。

C3：利率风险。它反映了利率变动时，长期固定利率负债的变现性和提取的可能性。在利率风险方面，人寿保险公司将其负债分为三类：低利率风险（0.5%的资本要求）、中等利率风险（1%的资本要求）以及高利率风险（2%的资本要求）。

C4：企业风险。政府向持续经营的公司收取费用作为保险公司的担保基金，在保险公司发生清偿力不足时使用。因此，对企业风险的资本金要求必须等于担保基金的最高潜在价值，并且对企业特定的欺诈和诉讼风险还可能施加另外的资本要求。

人寿保险公司基于风险的资本要求（RBC）的计算公式如下：

$$RBC = \sqrt{(C1+C3)^2 + C2^2} + C4$$

RBC 是人寿保险公司的最低资本要求。将保险公司真实的资本和溢价（即总资本）与 RBC 进行比较，得到：

$$\frac{总的溢价 + 资本}{RBC}$$

如果该比率高于 1，那么人寿保险公司就满足或超过了最低资本要求；而如果该比率低于 1，保险公司就要接受监管当局的审查。

要实现有效的金融风险管理，就必须拥有一个完善的流程和合理的策略。但流程和策略的实施又有赖于现代金融理论和技术的支持。

1.3　金融风险管理的基本理论与技术发展

　　早期的金融风险管理技术主要有负债业务管理、资产业务管理、资产负债管理和缺口管理。20 世纪 70 年代以后,随着布雷顿森林体系的崩溃,与美元挂钩的固定汇率制被浮动汇率制代替,利率的波动越来越频繁,波动幅度逐渐加大,金融风险也日益加剧。与此同时,国际范围内的金融创新活动风起云涌,各国竞相放松金融管制,信息通讯技术飞速发展。所有这些因素在加大了金融风险的同时,也为金融机构有效地管理金融风险提供了可能。加之,现代金融理论的发展,为金融资产的创造、定价和风险的识别、度量与管理奠定了基础。因而金融风险管理的理论和技术取得了长足的进步。

　　表 1-2 列举了金融风险管理领域内近年来的主要成就:从基于债券久期模型的金融市场风险管理到企业的市场、信用和操作等风险的综合评估与管理。

表 1-2

风险管理理论与技术的变迁

年　份	理　论　与　技　术
1938	债券久期
1952	马克维茨均值—方差模型
1963	夏普资本资产定价模型
1973	布莱克—斯克尔斯期权定价模型,"希腊字母体系"
1979	二项式期权模型
1983	RAROC
1986	使用久期的风险敞口限制
1988	银行的资本风险加权资产比率管理
1992	压力测试
1993	VAR
1994	Risk Metrics
1997	Credit Metrics,Credit Risk$^+$
1998	信用风险与市场风险的综合
2000	企业全面风险管理

1.3.1 现代风险分析的基础与发展

马克维茨(Harry Markowitz)(1952)关于资产组合选择的论文奠定了现代风险分析的基础。马克维茨认为,一个理性的投资者,例如一个按照冯诺伊曼——摩根斯坦期望效用最大化原则行事的投资者,应该根据投资组合收益的均值与方差来分析可供选择的投资组合。马克维茨还提出另外两个假设:一是资本市场是有效的,二是收益呈正态分布。

既然一个消费者的效用选择可以由两个参数——均值和方差来表达,那么投资组合的选择也可以根据这两个参数来表示。

虽然两参数表示法对充分分散化的投资组合是有效的,但并不适用于单个证券。单个证券的风险只能在它所属的投资组合的背景下,并通过它在投资组合整体均值和方差中所占的比重来评估。也就是说,单项投资的风险应该根据它的收益率与投资组合收益率的协方差来度量。

马克维茨的投资组合分析暗示:单个证券的特定或特殊风险(例如,其风险构成的某部分与别的投资并不一样)不应该根据其波动性(收益率的方差)来度量。方差暗含着未来收益率的潜在分布,但对于单个证券来说,它并不与风险度量相关,因为绝大多数由收益率波动产生的特定风险很容易被分散或消除,基本上不需要成本。进一步我们可以推论:如果市场上的特定或特殊风险通过其他证券的收益来抵销的话,那么它们就不应该被定价。

夏普(1964)和林特纳(1965)通过假设无风险资产的存在,将投资组合方法向前发展了一步,创立了证券定价的资本资产定价(CPM)模型。他们认为,在所有的投资者持有无风险资产和市场资产组合(囊括了所有的风险资产)时,金融市场将实现均衡。所以,风险资产的价格是通过他们被包含于市场组合的这种方式来确定的。他们认为:为了被"纳入"市场组合,风险资产必须根据它在市场总体风险中所占的比重来定价,而市场资产组合的总体风险是用收益率分布的方差 σ_M^2 来表示的:

$$\beta_i \equiv \frac{COV(R_i, R_M)}{\sigma_M^2} = \frac{\sigma_i}{\sigma_M} r_{i,M} \tag{1}$$

式中 R_i, R_M——资产 i 和市场组合的收益率；

　　　 σ_i, σ_M——资产 i 以和市场组合的收益率的标准差；

　　　 $r_{i,M}$——i 和 M 之间的相关系数。

　　式 (1) 得出的比率被称为资产 i 的 Beta (贝塔，β_i)，用于度量资产的系统性风险，即不能被分散的风险。

　　相对风险比重通过资产收益率与市场资产组合收益率间的协方差与市场资产组合的方差的比率来度量。应该注意，经过加权的所有协方差的和等于 σ_M^2，市场资产组合的总体风险等于：

$$\sum_{i=1}^{N} x_i \, COV(R_i, R_M) = \sigma_M^2$$

式中 x_i——证券 i 在市场资产组合中的相对权重；

　　　 N——市场资产组合中所包括的资产的数量，且有 $\sum_{i=1}^{N} x_i = 1$。

　　可以将上述表达式重写为：

$$\sum_{i=1}^{N} x_i \beta_i = 1$$

　　β_i 衡量的是证券 i 的相对风险，投资者因此要获得补偿。

　　夏普 (1964) 和林特纳 (1965) 证明：在上述假设之下，证券 i 的期望收益等于：

$$E(R_i) = R_f + \beta_i [E(R_M) - R_f] \tag{2}$$

式中 $E(\cdot)$——投资者的期望收益；

　　　 R_f——与资产持有期相同的无风险债券的收益率；

　　　 $[E(R_M) - R_f]$——市场中 1 单位的贝塔风险所应该获得的风险溢价；

　　　 $\beta_i [E(R_M) - R_f]$——持有者因持有资产 i 所期望得到的高于无风险收益 R_f 的补偿。

　　假如我们用 σ_i, σ_M 和 $r_{i,M}$ 来重新表述上述方程，则有，$E(R_i) = R_f + \sigma_i r_{i,M} [E(R_M) - R_f] / \sigma_M$。相应地，高于无风险收益的额外期望收益是风险的系统性部分 $\sigma_i r_{i,M}$ 与风险的单位价格 $[E(R_M) - R] / \sigma_M$ 乘积的函数。

目前,国际上绝大多数投资银行和经纪公司同时计算单个证券的贝塔系数以及它们的波动性或总体风险,用 σ_i 表示。我们可以通过下面的回归方程来估计贝塔系数:

$$R_{it} = \alpha_i + b_i(R_{Mt} - R_f) + \varepsilon_{it} \tag{3}$$

式中　R_{it} 和 R_{Mt}——在 t 时刻和 $t-1$ 时刻之间证券 i 以及风险资产市场组合的
　　　　　　收益率;

　　　　R_f——短期无风险收益率;

　　　　ε_{it}——残值;

　　　　α_i 和 b_i——回归系数;

　　　　b_i——β_i 的统计估值。

对最初的模型,也就是著名的"资本资产定价模型"(CAPM)的证明和检验是根据具体的时段,如超过 1 年或 1 个月的时期进行的。罗伯特·默顿(1972)证明:在交易可以在任何时间进行,股票价格的收益计算是以月为单位,以及价格连续(即遵循的扩散过程一样)等假设条件下,可以在连续时间框架下推导出 CAPM 模型。

风险分析的下一个重要发展是在 1973 年,那是由费希尔·布莱克和迈隆·斯克尔斯以及罗伯特·默顿所发表的关于期权定价的两篇论文。论文使用了与马克维茨、夏普、林特纳相似的框架:也假设有效的资本市场以及证券价格呈对数正态分布,或者说收益的对数呈正态分布。除此之外,他们还提出一个新的假设:所有证券的交易连续进行,而且收益率分布固定不变。股票的欧式买入期权的布莱克—斯克尔斯(B-S)期权定价模型(OPM)如下:

$$C = SN(d_1) - Ke^{-r\tau}N(d_2)$$

式中　C——欧式买入期权的价格;

　　　　S——标的证券的价格;

　　　　K——期权执行价格;

　　　　r——无风险瞬时利率;

　　　　τ——离期权到期所剩的时间;

　　　　$N(\cdot)$——累积标准正态分布。

$$d_1 = \frac{\ln(S/K) + \left(r + \frac{1}{2}\sigma^2\right)\tau}{\sigma\sqrt{\tau}}$$

$$d_2 = d_1 - \sigma\sqrt{\tau}$$

式中　σ——标的证券收益率分布的标准差；

　　　ln——自然对数运算符；

　　　e——求幂过程（e＝2.718…）。

例如，1 年期的等价型买方期权（$K=S$），股票现价为 \$100（$S=$ 100），标准差为 20%（$\sigma=0.2$），当年利率为 10% 的时候，根据布莱克—斯克尔斯公式，其定价为 \$13。

从买方期权的定价公式可以很容易地推导出欧式卖出期权的定价模型。利用目前广为人知的卖出期权与买入期权的"平价关系式"：

$$C - P = S - Ke^{-r\tau}$$

式中　P——欧式卖出期权的价格。

欧式卖出期权的布莱克—斯克尔斯公式如下：

$$P = -SN(-d_1) + Ke^{-r\tau}N(-d_2)$$

继续我们上面的例子，等价型卖方期权的价格应该为 \$3.90。

标的证券的风险决定了期权的价格与风险，是用其波动性 σ 来表示的。标的证券波动性增加，而其他参数保持不变，会导致期权价格的上升。期权的瞬时波动性可以用下式表示：

$$\sigma_c = \eta_{k,s}\sigma$$

$$\sigma_p = |\eta_{p,s}|\sigma$$

式中　σ_i 和 $\eta_{i,s}$——衍生工具 i 的瞬间标准差以及衍生工具 i 与基础证券 S 之间

　　　　　　的弹性；

　　　下标 c——买入期权；

　　　p——卖出期权。

对买入期权而言，其弹性为：

$$\eta_{CS} \equiv \frac{\delta C}{\delta S} \cdot \frac{S}{C} = N(d_1) \cdot \frac{S}{C} \geqslant 1$$

对卖出期权而言,其弹性为:

$$\eta_{PS} \equiv \frac{\delta P}{\delta S} \cdot \frac{S}{P} = -N(-d_1) \cdot \frac{S}{P} \leqslant 0$$

继续采用我们的例子,既然 $N(d_1) = 0.72$,而 $-N(-d_1)$ $= -0.28$,则有 $\eta_{c,s} = 5.53$,$\eta_{p,s} = -7.23$。相应地,$\sigma_c = 5.53 \times 0.20 = 1.11$(或者是 110%),$\sigma_p = 7.23 \times 0.20 = 1.45$(或者 145%)。

买入期权和卖出期权的系统性风险可以按相类似的方式给出:

$$\beta_c = \beta\eta_{c,s}$$

$$\beta_p = \beta\eta_{p,s}$$

式中 β——基础证券的系统性风险。

我们假设基础证券的贝塔为 1,那么买入期权的瞬时贝塔为 5.53,而卖出期权为 -7.23。通过将具有负的贝塔风险的卖出期权加入投资组合,那么投资组合的系统性风险下降;反之将买入期权加入,则会增加投资组合的总贝塔值。

$N(d_1)$ 和 $-N(-d_1)$ 是套期比例或对冲比率,又被称为期权的"德尔塔",分别对应买入期权和卖出期权。套期比例衡量的是当标的证券的价格发生很小的变化(如 \$1)时,期权价值所发生的变化。套期比例则反映在极小的时间间隔中,标的证券的风险如何通过衍生资产得到动态的防范。一个在任意小的时间间隔得到完全套期保值的敞口,通常被称为"德尔塔中性"敞口。

衍生品的价格要受若干因素的影响:价格的波动性 σ、折现率 r、已过去的时间 t 以及在涉及几种风险因素时风险因子之间的相关性 ρ。下面表明的是测度欧式买入期权风险的"希腊字母体系"(因运用了五个希腊字母表示期权价格对各因素的敏感性而得名)。

$$\text{Delta 或价格风险} = \delta = \frac{\partial C}{\partial S} = N(d_1)$$

Delta测度期权价值受标的资产价格变动影响的程度。

$$Gamma 或凸性风险 = \gamma = \frac{\partial^2 C}{\partial S^2} = \frac{N'(d_1)}{S\sigma\sqrt{T}}$$

伽马测度期权的德尔塔值受标的资产价格变动影响的程度。伽马值越高,期权对持有者来说价值越大。对一个伽马值较高的期权来说,当标的资产价格上升时,德尔塔值也会随之增大,期权价值上升的程度比伽马中性的敞口要大,反过来,当标的资产价格下降时,德尔塔值也会减小,期权价值下降的程度比伽马中性的敞口要小。对短期期权的空头来说,反过来的情形也是成立的:与伽马中性的敞口相比,高伽马值的敞口给持有者带来的风险更大。

$$Vega 或波动性风险 = \upsilon = \frac{\partial C}{\partial \sigma} = S\sqrt{T}N'(d_1)$$

Vega测度期权价值对标的资产价格波动性的敏感程度,较高的 υ 值会提高期权的持有价值。

$$Theta 或时间缩减风险 = \theta = -\frac{\partial C}{\partial T} = -\frac{SN'(d_1)\sigma}{2\sqrt{T}} - rKe^{-rT}N(d_2)$$

Theta测度的是期权的时间缩减程度。也就是说,该指标反映了当期权逐渐接近到期日时,期权价格变化的程度。Theta值为正通常意味着负的时间缩减值,也就是说,随着到期日的临近,期权价值会自然地缩减。

$$Rho 或折现率风险 = \bar{\rho} = \frac{\partial C}{\partial r} = KTe^{-rT}N(d_2)$$

Rho测度的是期权价格对利率(更具体地说是到期日相同的零息债券收益率)变动的反映情况。一般说来, ρ 值越大,期权的持有值越低。

希腊字母体系得出的每种敏感性只提供了金融风险的部分测度。$\delta, r, \upsilon, \theta$ 和 ρ 指标之间可以互相补充,但不能相加,因而无法进行资产组合或敞口的总体风险测度。这说明需要更精巧的方法来测度证券和资产组合的风险,在险价值(Value at Risk,VAR)就是这样一种方法。

1.3.2 在险价值方法与金融风险管理的发展

在险价值方法是金融风险管理技术的最新发展,甚至可以说它引领了金融风险管理领域的革命。起初,这种方法主要用于对市场风险的度量和管理;其后,它又被用于信用风险、流动风险和操作风险的度量和管理;最后,它带来了全面风险管理的理念和实践。

我们可以用固定收益资产组合来说明在险价值与传统风险度量方法的不同。一个固定收益资产组合的价值可以表示为当前收益率的函数。图 1-4 描述的是传统的风险管理方法。首先是估值问题,即在给定的当前收益率水平下求价值水平。此时风险即可以通过价格敏感性分析来度量。这便有了久期的方法:度量头寸对于利率水平的线性暴露。当然可以用凸度的方法(即二次函数)对久期进一步进行修正。而且还可以运用情景分析法:对一系列不同利率水平下的头寸价值进行全值估计。

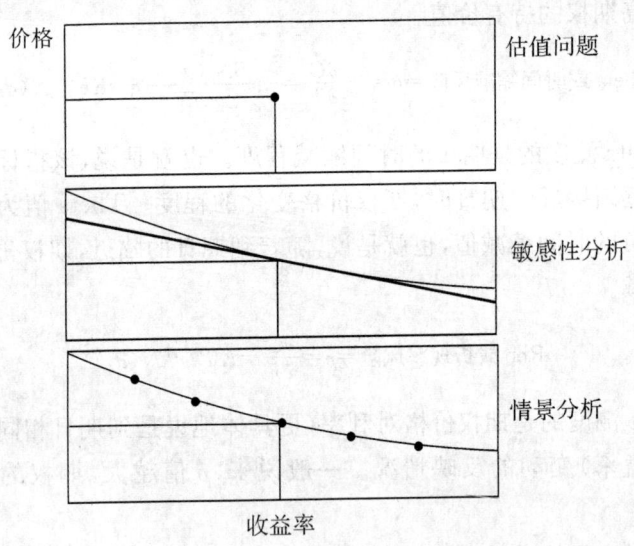

图 1-4　传统的风险度量方法

在险价值方法则在上述方法基础上更前进了一步,它将价格—收益关系与市场的不利变动的可能性结合起来了。如图 1-5 所示,价格函数与收益率的概率分布相结合就会产生债券价格的概率分布,而在险价值就表明潜在损失的概率临界值(Probability Boundary)。

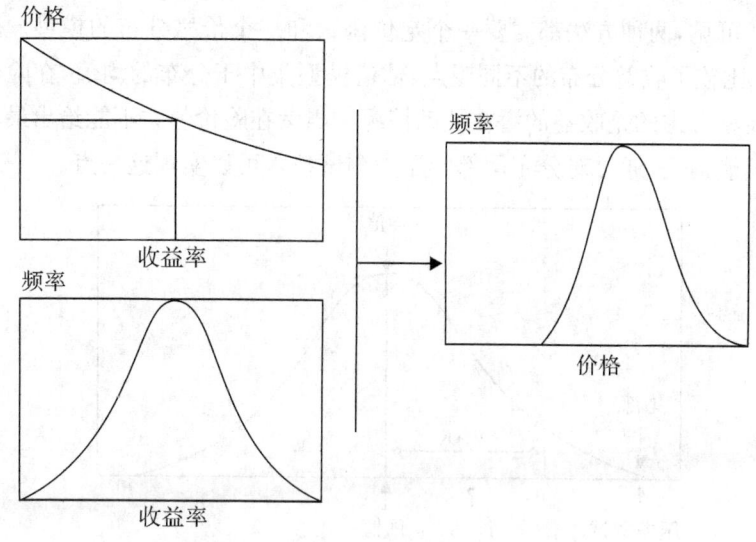

图 1-5　风险度量的在险价值方法

当然,在险价值方法的应用远比这个简单的例子广泛得多。除了利率,它可以涵盖所有的风险因子,如货币、商品和权益等。在险价值方法还充分考虑了在较大的衍生品工具资产组合中极为重要的杠杆与相关性问题。总之,它提供了对资产组合风险的一个概率意义上的综合度量和描述。

从更广泛的意义上讲,在险价值方法代表了对衍生工具的估值方法的拓展。我们来考虑作为布莱克—斯克尔斯模型的"副产品"的估值方法:为了对一个基于时间 T、收益率为 S 的资产进行估值,我们只需求其远期价格 $F(S)$ 按 S 的分布进行折现的价值的期望即可:

$$f_t = E^* \left[e^{-r(T-t)} F(S_T) \right]$$

* 表示价格变化的路径是风险中性的,即将预期收益水平和贴现率均取为无风险利率(Risk-free Rate)。

而在险价值方法则度量的是在目标日期的资产价值的波动情况:

$$VAR(c,T)=E[F_T]-Q[F_T,c]$$

式中　$Q[F_T,c]$——对应于置信水平 C 的临界值。

可见，两种方法都需要一个定价函数和一个价格分布的模型。图 1-6 比较了收益分布的不同观点：估值模型集中于分布的均值，在险价值模型考虑的是收益的潜在波动情况。当然在险价值并不能给出最坏的可能损失，通过对分布尾部的压力测试技术可以实现这一点。

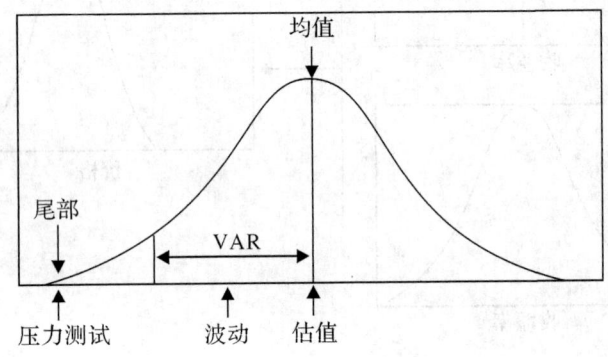

图 1-6　收益分布的不同观点

表 1-3

估值方法与风险管理方法

	衍 生 品 估 值	风 险 管 理
原　则	贴现价值的期望	未来价值的分布
核　心	分布的均值	分布的尾部
精确度	较高要求	较低要求
分　布	风险中性分布及贴现	实际分布

表 1-3 对估值方法和风险管理方法进行了比较。尽管两种方法有许多相同的技术，但其差别也是显而易见的。估值方法要求更大的精确度，因为从事交易需要准确的价格信息。而风险管理方法则对精确度要求就不那么高，它只需提供一个对于下侧风险的粗略度量。另外，估值方法的运用环境是风险中性的，而风险管理则考虑的是实际分布。

关于衍生品的理论和技术可以直接用于风险管理,这也促使在险价值方法迅速成为金融风险管理领域的标准,并运用于综合市场风险、信用风险、操作风险和流动性风险的全面风险管理。

1994 年 10 月 J. P 摩根(J. P. Morgan)在网上免费公布了它的 Risk Metrics 体系,为度量市场风险提供了一个模型,并促使业界和研究机构其后在风险管理领域进行积极努力和探索:1997 年 4 月 Credit Metrics 的开发,1999 年 4 月 Corporate Mretrics 的推出。Credit Metrics 运用资产组合方法度量了信用风险,Corporate Metrics 则将 Risk Metrics 推广至更长的时间区间,因而更适用于非金融机构。

当然,在险价值方法绝非包治百病的"灵丹妙药",只有准确地把握其缺陷,才能更好地运用它。在险价值方法尽管非常有效,却不能解决问题的全部,也不能取代良好的管理、丰富的经验和专业的判断。

本 章 小 结

本章对于金融风险以及金融风险管理流程和策略、理论和技术进行了一个概括的综述。在后面的章节中,我们将介绍关于估值的基础理论与方法,证券组合理论、资本资产定价模型、因素模型、套利定价理论和期权定价理论与投资策略;然后,详细分析研究利率风险的管理以及以在险价值方法和体系为核心的市场风险、操作风险、信用风险的管理方法;最后分析全面风险管理的必要性。

第2章 估值基础

对于金融资产的估值和波动性分析是金融市场风险度量和管理的基础,而在进行估值之前,我们需要建立一个良好的基础,研究如下内容:终值、现值、内部收益率,并分析单一证券的收益和风险问题。

2.1 资金的时间价值

今天的 1 元钱与未来某日的 1 元钱,价值是不同的。对于大多数人而言,未来某日的 1 元钱相对于今天的 1 元钱,价值较低;2 年后的 1 元钱相对于 1 年后的 1 元钱,价值较低。资金价值间的这种关系就是资金的时间价值,下面我们就来分析与资金时间价值相关的各种概念。

2.1.1 复利与终值

复利的概念对于金融分析极为重要,它意味着生息资产的利息将被加入本金,因此,利息也会生息。这个概念可以用于解决金融分析中的一系列问题,下面我们以实例说明。

假定某人存款账户中有 100 元钱,若利率水平为年复利 8%,那么,年末其存款价值将是多少? 这就是一个求终值(Terminal Value,TV)的问题:

$$TV_1 = 100 \times (1 + 0.08) = 108(元)$$

若存款期限为 2 年,则第 2 年年末的存款价值即终值为:

$$TV_2 = 100 \times (1.08)^2 = 116.64(元)$$

而第 3 年年末的终值为:

$$TV_3 = 100 \times (1.08)^3 = 125.97(元)$$

因此,第 n 年年末的终值为:

$$TV_n = 100 \times (1.08)^n$$

若期初的存款额为 X_0,年复利为 r,则:

$$TV_n = X_0(1+r)^n$$

可见,对于同样的初始投资额,利率水平越高,期限越长,则其终值越大。另外,复利的计法不同,资金的终值也不同。前面我们假定利息是每年计一次,即年复利,实际上,每年利率可能不仅计一次,如每季度计一次(季复利)或每半年计一次(半年复利)。对于同样的初始投资额,复利的计法不同,其相同期限的终值也将不同。

假定初始投资额仍为 100 元,利率水平仍为 8%,但是改为每半年计一次息,则半年后的终值为:

$$TV_{1/2} = 100 \times \left(1 + \frac{0.08}{2}\right) = 104(元)$$

1 年后的终值为:

$$TV_1 = 100 \times \left(1 + \frac{0.08}{2}\right)^2 = 108.16(元)$$

这显然大于计年复利情况下的 108 元,0.16 元的差额主要是由于复利计法不同产生的:即第 6 个月末产生的利息 4 元,在第 2 个半年又产生了利息。若上例中半年复利改为季度复利,则:

$$TV_1 = 100 \times \left(1 + \frac{0.08}{2}\right)^4 = 108.24(元)$$

这个终值又大于半年复利情况下的终值,可见,年内计复利的次数越多,则终值越大。而且,期限越长,这种差额越大。比如,我们可以比较一下在三种复利计法下,第 3 年年末的终值的不同:

$$TV_3(年复利) = 100 \times \left(1 + \frac{0.08}{1}\right)^3 = 125.97(元)$$

$$TV_3(半年复利) = 100 \times \left(1 + \frac{0.08}{2}\right)^6 = 126.53(元)$$

$$TV_3(季复利)=100\times\left(1+\frac{0.08}{4}\right)^{12}=126.82(元)$$

一般地,若初始投资额为 X_0,期限为 n,年内计复利的次数为 m,则终值为:

$$TV_n=X_0\left(1+\frac{r}{m}\right)^{mn}$$

在复利与终值分析中,我们定义 r 为利息率,实际上,还可以将 r 看作是终值的增长率,即终值每年按比率 r(计年复利情况下)增长。随后,我们将会看到这一概念在股票估值模型(红利增长模型)中具有重要意义。

在上面的例子中,年内计复利的次数 m 是个确定的值:$1,2,4,\cdots$。当 m 无限增大($m\rightarrow\infty$)时,我们称之为连续复利,此时,我们有:

$$\lim\left(1+\frac{r}{m}\right)^{mn}=\mathrm{e}^{rn}$$

式中 e——约为 2.71828。

于是,终值为:

$$TV_n=X_0\mathrm{e}^{rn}$$

第 3 年年末的终值为:

$$TV_3=100\times(2.71828)^{0.08\times3}=127.12(元)$$

这个数值大于以上各种复利计法情况下的终值。可见,在给定的利率水平下,连续复利产生了最大的终值。

2.1.2 现值

我们来考虑下面这个问题:如果你 1 年后需要资金 700 元,存款利率为年率 8%,你现在必须存入多少资金(以 PV 表示)?

由于 $700=PV\times1.08$ 则:

$$PV=\frac{700}{1.08}=648.15(元)$$

即,现在存入 648.15 元,1 年后将得到 700 元。换言之,648.15 元即为当利率为 8% 时的 1 年后的 700 元资金的现值。若以 A_1 表示 1 年后的终值,k 表示年利率,计年复利,则:$A_1 = PV(1+k)$。

现值为:

$$PV = \frac{A_1}{1+k}$$

若以 A_2 表示 2 年后的终值,则:

$$PV = \frac{A_2}{(1+k)^2}$$

将例中数字代入,则:

$$PV = \frac{700}{(1.08)^2} = 600.14(元)$$

可见,对于相同的终值,期限越长,其现值越低,这从另一个角度体现了资金的时间价值。

若期限为 n 年,则:

$$PV = \frac{A_n}{(1+k)^n}$$

我们称 k 为贴现率,$\frac{1}{(1+k)^n}$ 为贴现因子。在其他条件相同的情况下,贴现率越高,则现值越低。贴现率期限相同时,则计息方式不同,现值也不同,年内计复利次数(m)越多则现值越低,当 $m \to \infty$ 时,

$$PV = \frac{A_n}{e^m}$$

贴现率与现值之间存在以下关系:其他条件相同的情况下,贴现率越高,现值越低,而且二者的关系是非线性的,随着贴现率的上升,现值下降的速度在下降(见图 2-1)。

我们再来考虑下面这个问题:假定你在未来 3 年中,每年年末将得到 1 元现金流入,若贴现率为 10%,则这个现金流的现值为多少?

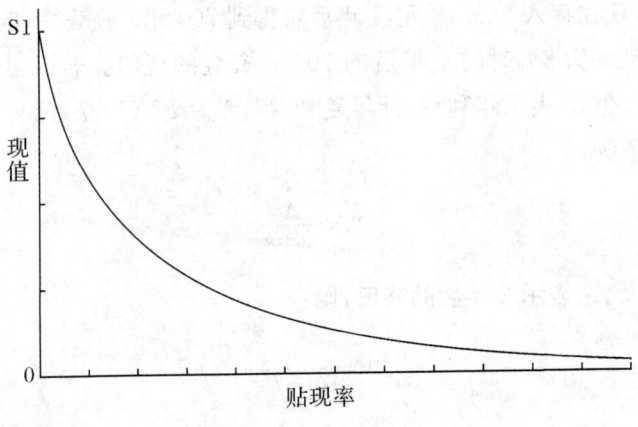

图 2-1

$$PV(\text{第 1 年年末的现金流入}) = \frac{1}{1.10} = 0.90909(\text{元})$$

$$PV(\text{第 2 年年末的现金流入}) = \frac{1}{(1.10)^2} = 0.82645(\text{元})$$

$$PV(\text{第 3 年年末的现金流入}) = \frac{1}{(1.10)^3} = 0.7513(\text{元})$$

总现值 $= 0.90909 + 0.82645 + 0.7513 = 2.48684(\text{元})$

我们称这种在特定的时期内每隔一段时间就有一笔等额的现金流的系列为年金（Annuity）。

年金有两种类型：现金流发生在每期期末为普通年金（Ordinary Annuity）；现金流发生在每期期初为即付年金（Annuity Due）。

对于普通年金，现金的现值（Present Value of Annuity，PVAN）为：

$$PVAN = R \times \left[\frac{(1+r)^n - 1}{(1+r)^n \times r} \right]$$

式中　R——每期期末的现金流；

　　　r——贴现率；

　　　n——年金期限。

我们称方括号中的值为现金贴现因子（Present Value of Annuity

Interest Factors, PVIFA$_{r,n}$)。

对于即付年金,现金的现值(PVAND)为:

$$PVAND = R_d \times [PVIFA_{r,n}(1+r)]$$

而年金的终值(Compound Sum of An Annuity, CSAN)为:

$$CSAN = R \times \frac{(1+r)^n - 1}{r}$$

式中 $\dfrac{(1+r)^n - 1}{r}$——终值因子(Compound Sum of An Annuity Interest Factors, CVAIF)。

即: $$CSAN = R(CVIFA_{r,n})$$

即付年金的终值为:$CSAND = R_d[CVIFA_{r,n}(1+r)]$

2.1.3 内部收益率

内部收益率(Internal Rate of Reture, IRR)就是使得某项投资的现金流出与现金流入的现值相等的贴现率,以 r 表示:

$$\sum_{i=0}^{n} \left[\frac{A_i}{(1+r)^i} \right] = 0$$

A_i 为第 i 期的现金流,它可能是流出也可能是流入。n 为最后一期,如果以第 0 期为起始期间,且投资发生在第 0 期,A_0 则可以表示为:

$$A_0 = \frac{A_1}{1+r} + \frac{A_2}{(1+r)^2} + \cdots + \frac{A_n}{(1+r)^n}$$

因此,内部收益率实际上就是使得初始投资额与该投资的未来现金流的现值相等的贴现率。

显然这里隐含的假设是,我们将投资活动产生的现金流入又以收益率 r 进行了再投资。

假设某投资机会需要在第 0 期投资 18 000 元,在未来 5 年的每年年末产生 5 600 元的现金流入,则内部收益率 r 将满足:

$$18\,000 = \frac{5\,600}{1+r} + \frac{5\,600}{(1+r)^2} + \frac{5\,600}{(1+r)^3} + \frac{5\,600}{(1+r)^4} + \frac{5\,600}{(1+r)^5}$$

则 $r=16.8\%$

2.2 单一证券的收益与风险

2.2.1 债券的收益

1. 零息债券

零息债券(Zero Coupon Bonds)是债券发行人在期内不付债息,而在到期日一次性偿付资金的债券,偿付额为债券面值。在美国,债券的面值为 \$1 000,但在计价时通常以每 \$100 的价格来表示,如一只零息债的价格表示为:

$$P=\frac{\$100}{\left(1+\frac{r}{2}\right)^{2n}}$$

式中　r——到期收益率(Yield to Maturity),即若将债券持有到期,所得到的收益率;

P——债券的现行市价;

n——期限。

我们看到,r 实际上就是内部收益率,通常采用半年计一次复利的方法。

假设某公司发行的零息债为:面值 \$100,期限 10 年,到期收益率 12%,则其市价应为:

$$P=\frac{\$100}{(1.06)^{20}}=\$31.18$$

也就是说投资者投资 \$31.18,10 年后可收回 \$100。

如果市价为 \$35,则可以通过下式求收益率:

$$\$35=\frac{\$100}{\left(1+\frac{r}{2}\right)^{20}}$$

$\frac{r}{2}=5.39\%$　则 $r=10.78\%$

可见,债券的市价越高,其收益率越低。

2. 附息债券

大多数债券每半年支付一次利息,到期偿还本金,即为附息债券(Coupon Bonds),其市价为:

$$P = \frac{C/2}{\left(1+\frac{r}{2}\right)} + \frac{C/2}{\left(1+\frac{r}{2}\right)^2} + \cdots + \frac{C/2}{\left(1+\frac{r}{2}\right)^{2n}} + \frac{\$100}{\left(1+\frac{r}{2}\right)^{2n}}$$

式中　C——每年支付的利息额;

　　　n——期限。

例如,某公司发行的附息债券面值为 $100,票面利率(Coupon Rate)为 8%,期限为 13 年,其市价为 $96,则可以通过下式求得到期收益率(Yield to Maturity):

$$\$96 = \frac{\$4}{\left(1+\frac{r}{2}\right)} + \frac{\$4}{\left(1+\frac{r}{2}\right)^2} + \cdots + \frac{\$4}{\left(1+\frac{r}{2}\right)^{26}} + \frac{\$100}{\left(1+\frac{r}{2}\right)^{26}}$$

$$r = 8.51\%$$

若市价为 $105,则:

$$r = 7.39\%$$

另外,从这里我们可以发现债券市价、到期收益率和票面利率的关系:

(1) 如果债券的市价低于其面值 $100,则债券在折价出售,其到期收益率(Yield to Maturity)高于票面利率。

(2) 如果债券的市价高于其面值 $100,则债券在溢价出售,其到期收益率低于票面利率。

(3) 如果债券的市价等于其面值 $100,则债券在平价出售,其到期收益率等于票面利率。

实际上,投资者不一定会将债券一直持有到期,往往会在到期日前出售债券,这里就有了持有期收益率(Holding Period Return)的概念。持有期收益率即为使得债券市价与持有内得到的利息加上出售债券的价格的和的现值相等的贴现率。

假设上例中,债券购入价为 $105,其后利率水平就上升了,2 年后

债券的市场价格为 $94,此时投资者将债券出售了,则持有期收益率可以通过下式得到:

$$\$105 = \frac{\$4}{\left(1+\frac{r}{2}\right)} + \frac{\$4}{\left(1+\frac{r}{2}\right)^2} + \frac{\$4}{\left(1+\frac{r}{2}\right)^3} + \frac{\$4}{\left(1+\frac{r}{2}\right)^4} + \frac{\$94}{\left(1+\frac{r}{2}\right)^4}$$

$$r = 2.48\%$$

而到期收益率为 7.39%,可见利率水平上升导致债券折价出售,持有期收益率较低。

3. 永久性债券

永久性债券(Perpetuities)即债券没有规定期限,持有人可以无限期地每期得到固定的现金收入,这实际上相当于期限为无穷大的年金,即永续年金。假设投资者在第 0 期购买永久性债券支付价格为 A_0,每半年末可以得到利息 A^*,则其收益率为使得每期得到现金收入的现值之和与 A_0 相等的贴现率。

$$A_0 = \frac{A^*}{1+r} + \frac{A^*}{(1+r)^2} + \cdots + \frac{A^*}{(1+r)^n}$$

上式两边乘以 $(1+r)$:

$$A_0(1+r) = A^* + \frac{A^*}{(1+r)} + \cdots + \frac{A^*}{(1+r)^{n-1}}$$

两式相减,可得:

$$A_0(1+r) - A_0 = A^* - \frac{A^*}{(1+r)^n}$$

所以,$A_0 r = A^*$。

$$r = \frac{A^*}{A_0}$$

假设我们以 $100 购入每期支付 $12 债息的永久性债券,则债券收益率为:

$$r = \frac{\$12}{\$100} = 12\%$$

另一种形式的永久性债券为优先股:公司承诺无限期地每期支付一定的红利数。假定某公司发行红利率为9%,面值为$50的优先股,市场上的收益率为10%,则每股价格为:

$$A_0 = \frac{\$4.5}{10\%} = \$45$$

这就是将$4.5的红利按10%的利率资本化(Capitalization)。

4. 债券的久期

除了期限的概念,债券的投资者和资产管理经理还经常使用久期,或称为持续期(Duration)的概念去衡量利息和本金的平均期限:

$$D = \sum_{t=1}^{n} \frac{C_t \times t}{(1+r)^t} \bigg/ P$$

式中　C_t——在第t期的利息或本金支付额;

t——支付利息的时间跨度;

n——最后一期支付额的时间跨度;

r——到期收益率;

P——债券的市场价格。

例如有一个票面利率为9%,每年支付一次利息的期限为4年的债券,它的到期收益率为10%,市价为$96.83,该债券的久期为:

$$D = \frac{\dfrac{\$9 \times 1}{1.10} + \dfrac{\$9 \times 2}{(1.10)^2} + \dfrac{\$9 \times 3}{(1.10)^3} + \dfrac{\$109 \times 4}{(1.10)^4}}{\$96.83}$$

$$= 3.52(年)$$

这表示的是利息和本金支付期的平均期限,在其他条件不变的情况下,票面利率越高,则久期越短。因为票面利率越高,则相对来说,债券期限内前期收到的利息越多。对于零息债券,则只在到期日有资金收入,所以久期就是其期限,而附息债券的久期总比这个期限短。

久期的概念之所以重要是由于债券价格的波动性与之密切相关,在理想情况下,价格变化的百分比等于久期与1加收益率的和的变化的比率的乘积:

$$\frac{\Delta P}{P} = -D\frac{\Delta r}{1+r}$$

例如,如果收益率从 10% 增到 11.1%,这表明 1 加收益率增加了 1%(由 1.1 增至 1.111),则价格的变化将为:

$$-3.52 \times \frac{0.011}{1.10} = -0.0352$$

也就是说价格将下降 3.52%。

正是由于运用久期可以度量收益率变动引起的债券价格的变化,久期模型成为一种重要的利率风险管理工具。我们将在第 5 章详细研究久期模型。

2.2.2　普通股的收益

普通股股东对于公司拥有剩余索取权:即他们对公司收益和资产的分配权是在债权人和优先股之后的。当然从另一方面讲,普通股股东的收益没有固定的上限。

对于一个持有期为一年的普通股,其收益由两部分组成。年内分配的红利,年末出售价与购入价价差,则收益率为:

$$r = \frac{红利+(售价-买价)}{买价}$$

括号中为资本利得或损失(Capital Gain/Loss)。

现在假设你计划将手中的股票持有 2 年,且在第二年年末出售,则:

$$P_0 = \sum_{t=1}^{2}\frac{D_t}{(1+r)^t} + \frac{P_2}{(1+r)^2}$$

式中　P_0——第 0 期的股票价格;

　　　D_t——第 t 期期末的预期红利;

　　　P_2——第 2 期期末的股票价格。

相应地若计划持有期为 10 年,则:

$$P_0 = \sum_{t=1}^{10}\frac{D_t}{(1+r)^t} + \frac{P_{10}}{(1+r)^{10}}$$

然而,如果无限期地持有股票,情况又如何呢? 此时,股东的收益将仅仅由红利组成,所以:

$$P_0 = \sum_{t=1}^{\infty} \frac{D_t}{(1+r)^t}$$

到现在为止,我们似乎感到决定股票价格的因素实际上就是股票的收益,也就是公司支付给股东的现金回报(可能是红利、清算利润或回购对价)。可见,股票价格的估值基础应是红利。可是,有的公司并不分红,但其二级市场股价却表现得较高,我们又怎么解释这种现象呢? 答案在于投资者预期其将来应可以更高价格出售股票,即其估值的基础更依赖于股票的最终出售价格。而最终出售价格取决于投资者对于未来的预期:即公司将在未来支付较高的红利,投资者从而将获得较高的收益。而且,基于这种预期,投资者还可以在期中以较高的价格出售股票。而在公司层面,实际上,未分配的留存利润被用于再投资了,从而提高了公司的潜在盈利能力和分配红利能力。

1. 红利贴现模型

从前面的分析我们可以看到,普通股投资的收益率实际上就是使得未来预期红利的贴现值与股票当前价格相等的贴现率。

红利贴现模型就是在对未来红利增长模式的一定假设之下计算出收益率。美林、第一波士顿等许多投资银行会基于其自己的特有模型和其分析师对公司未来盈利和红利分配比例的预期,对众多的股票进行定期的估值并发布其计算结果。

贴现模型的基本思想是:股票是一种收益凭证,其未来各期收益之和就是股票的价值,股票价格应该根据其价值确定。其中,股票价格是现值,所以各期收益也应折合为现值,即取各期收益的贴现值,这实际上就是股票的内在价值,贴现模型的表达式是:

$$V = \sum_{t=1}^{n} \frac{D_t}{(1+k)^t} + \frac{P_n}{(1+k)^n} \tag{1}$$

式中　V——股票内在价值;

　　　D_t——股息;

n——持有股票的年数；

r——贴现率；

P_n——第 n 年出售股票时的价格。

显然，如果把 P_n 再分解，则式(1)可演变为更典型的贴现模型：

$$V=\sum_{t=1}^{\infty}\frac{D_t}{(1+k)^t} \tag{2}$$

当然，也可根据贴现模型的基本思想直接导出股票内在价值公式：

$$V=\frac{D_1}{(1+k)^1}+\frac{D_2}{(1+k)^2}+\frac{D_3}{(1+k)^3}+\cdots+\sum_{t=n}^{\infty}\frac{D_t}{(1+k)^t} \tag{3}$$

其中 D_t 表示从购买股票到无穷时间之间资金的期望收益流量。

式(3)中有两个变量 D_t 和 r，其中 D_t 是今后各个时期的预期收益，r 是各个时期的预期贴现率，或说是预期利率，相当于现值分析中的 k。不难明白，只要 D_t 和 r 确定，V 就确定了，股票的价格也就基本决定了。然而，预期收益和预期利率是不可能准确的，因而，直接用此公式决定股价是不现实的。但这并不能否认该公式在定价中的运用。因为，如果我们直接赋值于 D_t 和 r，就可得出相应的 V，这时的 V 可作为参考指标，判断股票投资的合理性。随着赋值的不同，贴现模型又可分为零增长模型、常数增长模型、复合增长模型，以及引出内部收益率和应得收益率等概念，这些模型和概念的确定具有一定的现实意义。

(1)零增长模型。零增长模型是假定每个时期股息一定条件下的贴现模型，即假定 $D_1=D_2=\cdots=D_t$，如果贴现率 $k>0$，则贴现模型：

$$V=\sum_{t=1}^{\infty}\frac{D_t}{(1+k)^t}=\frac{D_t}{k} \tag{4}$$

如果再假设股票价格为 P，股息固定为 D_t，且 $P=V$；k 是投资者可接受的收益率(即贴现率)，称为应得收益率，则

$$k=\frac{D_t}{V}=\frac{D_t}{P} \tag{5}$$

如果实际股价是 P'，则：

$$k' = \frac{D_t}{P'} \qquad (6)$$

称 k' 为内部收益率。

比较式(5)和式(6)，如果 $k > k'$，则说明 $P' > V$，P' 偏高；反之，P' 偏低。可见，在股息一定时，一旦确定应得收益率(这在实际情况中是完全合理的条件)，就可判断股价是偏高，还是偏低。

(2) 常数增长模型。常数增长模型是指股息从第 t 期到第 $t+1$ 期一直以相同比率(h)增长的模型，即：

$$D_t = D_{t-1}(1+h) \qquad (7)$$

把式(7)代入式(2)，并简化之：

$$V = D_1 / (k-h) \qquad (8)$$

如果股票现行价格为 P_0，内部收益率为 k'，则：

$$P_0 = D_1 / (k'-h) \qquad (9)$$

即：

$$k' = D_1 / P_0 + h \qquad (10)$$

如果 $k' > k$，则说明股价偏低；反之，则股价偏高。

而且从常数增长模型可以得到另一种定价模型市盈率(Price/Earning Ratio, PE)模型。

假定某公司每年的利润留存比例为一固定数 b，则其派息率(每股红利除以每股收益)为：

$$1 - b = \frac{D_1}{E_1}$$

式中　E_1——第 1 期每股收益。

则若期初股票价格为 P_0，由 $P_0 = \dfrac{D_1}{k-h}$，得到：

$$P_0 = \frac{(1-b)E_1}{k-h},$$

$$\frac{P_0}{E_1} = \frac{1-b}{k-h}$$

P_0/E_1 即为以预期的第 1 期每股收益为基础的市盈率。

我们可以看到:派息率越高,增长率越高,应得收益率越低,则市盈率越高。

最后,我们再分析一下增长率 h。当不存在外源融资时,h 实际上取决于留存收益比率和留存收益的收益率(即净资产收益率,Return on Equity,ROE)。

$$h = b \times ROE$$

也就是说,企业的增长能力取决于其由内源融资产生的再投资和该投资的收益率。

(3) 复合增长模型。复合增长模型是把零增长模型和常数增长模型综合在一起的模型。其基本思想是:在投资期内,比如是 $0 \sim T$ 期,股息在每段时间间隔内的股息都一样(D_t);而在 T 时之后的每段时间内,股息以固定比率(h)增长,则有:

$$D_{t+1} = D_t(1+h)$$

$$D_{t+2} = D_{t+1}(1+h) + D_t(1+h)^2$$

$$D_{t+3} = D_{t+2}(1+h) + D_t(1+h)^3$$

$$\vdots$$

显然,复合增长模型就是在预期这两段时间内股息基础上,分别加总这两部分资金流的现值,求出二者之和的综合模型。

假如在时间 $0 \sim T$ 期间,股息按相同的数量产生(即 $D_0 = D_1 = D_2 = D_3 = \cdots$),则这段时间适用零增长模型之和的综合模型。

$$V_1 = \sum_{t=1}^{T} \frac{D_t}{(1+k)^t} \tag{11}$$

在 T 时后,股息按 h 比率增长,则根据常数增长模型:

$$V_2 = \frac{D_{t+1}}{(k-h)(1+k)^t} \tag{12}$$

由此可得股息 0～∞时期的现值：

$$V=V_1+V_2=\sum_{t=1}^{T}\frac{D_t}{(1+k)^t}+\frac{D_{t+1}}{(k-h)(1+k)^t} \tag{13}$$

按前面的思路，给出股票价值表达式（13）后，可求出内部收益率 k'，但从式（13）中不易直接求得 k'。因此，我们可用数学上的试探搜寻法求出 k'。其后再判断现实股价是偏高，还是偏低。

2.2.3　算术收益率与对数收益率

我们知道，某资产的收益率的一般表达式为：

$$r_t=\frac{P_t+D_t-P_{t-1}}{P_{t-1}}$$

式中　P_t——第 t 期的价格；

　　　P_{t+1}——第 $t+1$ 期的价格；

　　　D_t——t 至 $t+1$ 期期间的利息（或红利）。

这个收益率又称为算术收益率。

在这个基础上，还有对数收益率的概念：

$$R_t=\ln\frac{P_t+D_t}{P_{t-1}}$$

为了简便起见，我们假定 D_t 为零，则：

$$R_t=\ln\frac{P_t}{P_{t-1}}$$

采取对数收益率的概念，好处在于：

（1）它比算术收益率更具经济意义。若假定收益的分布为正态分布，则不会出现价格为负的情况，因为分布的左尾在 (P_t/P_{t-1}) 或 $P_t\rightarrow0$ 时 $\ln(P_t/P_{t-1})\rightarrow-\infty$。

相反地，对于算术收益率，只有当 $(P_t/P_{t-1})-1<-1$ 或 $P_t<0$ 时，

$$r_t=(P_t-P_{t-1})/P_{t-1}\rightarrow-\infty$$

这在经济上是没有任何意义的，因为资产的价格不可能为负。

（2）它更适合于处理多期回报。例如，考虑 2 个月的回报，则对数回报可以分解为：

$$R_{t,2}=\ln(P_t/P_{t-2})=\ln(P_t/P_{t-1})+\ln(P_{t-1}/P_{t-2})=R_{t-1}+R_t$$

可见，2 个月的对数回报不过是两个单月对数回报的和。通过对数变换，乘法运算转换成加法运算，使计算更为简单。并且，如果单期回报，$R_t,R_{t-1},\cdots,R_{t-R}$ 从正态分布，那么多期回报 $R_t(k)$ 也是服从正态分布的。

正是由于对数收益率的上述特点，在金融分析中通常采用对数收益率指标。

（3）它能体现连续复利的概念。

由于：
$$R_4=\ln\frac{P_t}{P_{t-1}}$$

则：
$$R_t=\ln(1+r_t)$$

可以证明，R_t 相当于计连续复利的利率：

设 m 为计复利的次数，则：

$$P_t=P_{t-1}\times\left(1+\frac{R_t}{m}\right)=P_{t-1}\times(1+r_t)$$

而：
$$\lim_{m\to\infty}\left(1+\frac{R_t}{m}\right)^m=e^{R_t}$$

则：
$$e^{R_t}=1+r_t$$

所以：
$$R_t=\ln(1+r_t)$$

2.2.4　风险的度量：标准差

到目前为止，我们仅仅考察了持有证券可获得的收益。在一个不确定的世界里，并非所有的收益都可以按照预期得以实现。"风险"的概念即是指实际收益偏离预期收益的可能性。偏离的可能性及程度越大，意味着风险越大。风险的表现如图 2-2 所示。

图 2-2 描述的是两种证券的收益率的概率分布，由于 b 偏离其期望的可能性大于 a，所以我们说 b 的风险大于 a 的风险。

假定某普通股持有 1 年的收益及概率如表 2-1 所示。

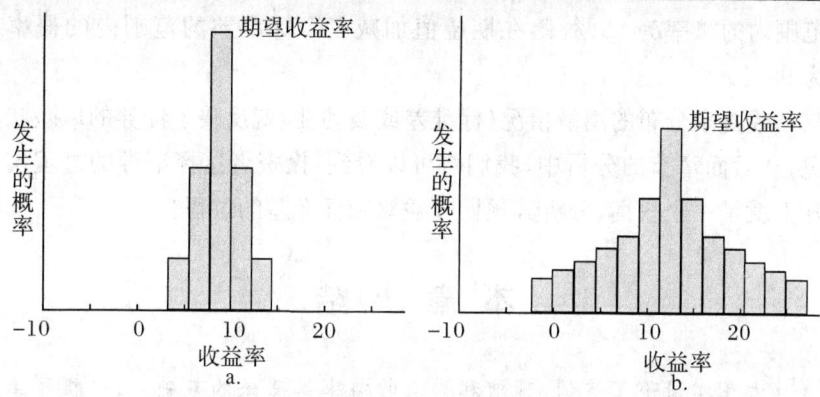

图 2-2 风险的表现

表 2-1

1 年持有期收益的概率分布

概　率	0.05	0.10	0.20	0.30	0.20	0.10	0.05
收益率	−0.10	−0.02	0.04	0.09	0.14	0.20	0.28

则收益率的期望为：

$$\bar{R}=\sum_{i=1}^{n}R_iP_i$$

式中　R_i——第 i 种可能的收益率；

　　　P_i——第 i 种可能的概率。

收益率的标准差为：

$$\sigma=\sqrt{\sum_{i=1}^{n}(R_i-\bar{R})^2P_i}$$

且：　　　　　　　　$\bar{R}=9\%$

　　　　　　　　　　$\sigma=8.38\%$

对于离散型变量,我们无需计算标准差就可以确定某特定收益率发生的概率。如在本例中,可以直接求得收益率为负的概率为 15%,对于连续型变量,情况则稍微复杂。对于正态分布,变量落在期望值加减一个标准差的范围内的概率为 68%,落在期望值加减两个标准差的

范围内的概率为 95％,落在期望值加减三个标准差的范围内的概率
为 99％。

　　收益率分布的离散情况(标准差或波动性)就反映了证券的风险状
况,从后面章节的分析中,我们将可以看到,投资者选择证券的过程实
际上就是一个权衡、分析其预期收益率和标准差的过程。

本 章 小 结

　　本章在讨论了终值、现值和内部收益率等概念的基础上,分析了单
一证券的收益、风险和估值问题。重点介绍了各类债券的估值、债券的
久期和确定股票内在价值的红利贴现模型。

第3章 证券的风险与定价

证券的预期收益决定了其内在价值,金融市场的效率决定了证券价格围绕其"内在价值"波动的状况;预期收益的不确定性,即实际收益偏离预期收益的可能性,表明证券的风险的存在,但度量单一证券风险的标准差并不能完全反映其对投资组合总体风险的贡献。为此,我们需要研究度量证券系统性风险的 β 值以及其他影响证券价格的风险因素,并在此基础上分析证券的定价模型。

3.1 有效市场假说

金融市场的有效性意味着证券的市场价格反映了市场对其价值的一致性预期。若市场是有效的,则市场运用所有的相关信息对证券进行定价。投资者选择某证券是由于根据他们所拥有的所有相关信息,他们认为该证券价值至少不低于其市价,而不选择某证券是由于他们认为该证券价值低于其市价。

若市场是有效的,则证券的价格反映了所有相关的信息:宏观经济、金融市场和特定公司的信息。这意味着某证券的价格会因新的信息出现而迅速作出调整。因此证券价格会绕其"内在价值"上下波动。新的信息将会改变证券的"内在价值",但随后的证券价格也会发生相应的变化。

另外一种关于市场有效性的定义与套利(Arbitrage)相关,套利就是在两种相同的证券间寻求其定价的不同,从而通过低买高卖而套取利润的过程。金融市场上套利者的存在,将使得套利机会不复存在,证券价格达到均衡。从这个意义上讲,市场的有效性即是不存在套利机会,因为套利行为消除了这种机会。

有效资本市场假说实际上是理性预期理论在金融领域的运用。有效市场假说最早是由芝加哥大学教授尤金·法玛(Eugene Fama)于1965年提出的。在论证了有效市场必须满足的前提条件之后,他认为:在有效市场中,证券的价格还包含了所有公开与未公开的信息;虽然投资者不断收集并分析各种信息进而试图在适当时机进行买卖证券以获得额外收益,但在有效市场中这些努力都是徒劳的。1976年,哈里·罗伯兹率先提出了市场有效性的三个层次,由此产生了在关于该假说研究中广为应用的弱式、半强式、强式有效市场之分。有效市场假设提出之后,在学术界引起强烈的反响与广泛的争鸣,许多金融学者纷纷对市场的有效性展开大量的实证性研究,并在此基础上形成了市场效率理论。

3.1.1 合理预期理论

凯恩斯在《就业利息和货币通论》中强调了预期的重要性,但他把预期作为非理性的、随机的,从而无法分析预期对经济的影响。

在20世纪50~60年代,经济学家普遍认为人们对未来的预期实际上是基于其过去的经验的,比如人们会依据过去的通货膨胀率的平均水平作出对未来通货膨胀率的预期,而且会因历史数据的变动而调整其预期水平,这被称为适应性预期(Adaptive Expectation)。适应性预期,1956年由菲利普·卡甘在分析通货膨胀时提出。

$$\pi_t^e = (1-\lambda)\sum_{j=0}^{\infty}\lambda^j \pi_{t-j}$$

式中　π_t^e——对第 t 期的通货膨胀预期;

　　　π_{t-j}——$t-j$ 期的通货膨胀水平;

　　　λ——0 至 1 之间的一个常数。

比如,如果过往年份的通货膨胀保持 5% 的均衡水平,则未来的预期也将是 5%,如果过往通货膨胀稳步升至 10%,则未来的预期也将是一个逐步上升的过程:第一年 5%,第二年 6%,第三年 7%,直至 10%。这种预期理论的缺陷在于,它忽视了其他因素对于预期的影响,比如对于当前和未来货币政策、经济运行机制的判断,及相关的经济数据的信息的运用。因此美国经济学家约翰·默斯(John Muth)提出了合理预期理论(Rational Expectation),即人们会依据其可能获得的所有信息作为最佳预期即合理预期(Optimal Forecast):

$$X^e = X^{of}$$

式中　X^e——合理预期;

　　　X^{of}——利用所有可能信息作出的最佳预期。

合理预期理论的两重含义:

(1)如果变量的变化趋势改变了,则对其预期也会变动。比如,利率水平的变动趋势显示出未来将回归"正常"水平的趋势,如果当前利率水平高于"正常"水平,则最佳预期就是未来利率将下降至"正常"水平。用合理预期理论来描述就是,如果当前利率水平较高,则预期其未来将下降;相反地,利率水平的变动趋势显示出如果当前利率高,则未来将维持高水平的趋势。如果当前利率水平较高,则我们的预期就不会是利率下降,而是保持高水平不变了。

(2)预期水平与未来实际水平的误差的均值为零,且无法提前预知,因为,如果这个误差是可预期的,人们就会事先调整其预期水平。

3.1.2　有效市场假说:合理预期理论在金融市场中的运用

尽管合理预期理论是货币经济学家的发现,但其在金融市场中却得到了很好的运用,即有效市场假说:金融市场中证券价格的预期将反映所有可能信息,即为最佳预期。以债券的收益率为例:

$$RET = \frac{P_{t+1} - P_t + C}{P_t}$$

式中　RET——收益率;

　　　P_{t+1}——$t+1$ 期(持有期期末)的价格;

　　　P_t——t 期(持有期期初)的价格;

　　　C——t 到 $t+1$ 期支付的债息。

这里,惟有 P_{t+1} 是未知的,我们假设期预期为 P_{t+1}^e,则

$$RET^e = \frac{P^e_{t+1} - P_t + C}{P_t}$$

按照合理预期理论：　　　　$P^e_{t+1} = P^{of}_{t+1}$

所以　　　　　　　　　　$RET^e = RET^{of}$

但是遗憾的是我们无法观察到 P^e_{t+1} 或 RET^e，所以似乎合理预期理论实际上并无用处。但是，根据供给和需求分析，我们知道，收益率的预期水平应等于其均衡水平，即供求平衡的水平。

$$RET^e = RET^*$$

而影响均衡收益率水平的因素有风险、流动性等，因此，可以根据对这些因素的预期找到均衡收益率，而且可得：

$$RET^{of} = RET^*$$

这就是有效市场假设的结论：金融市场中的证券价格将达到反映所有信息的均衡水平。一旦市场的预期水平与均衡水平有差异，即存在潜在未被利用的盈利机会（Unexploited Profit Opportunity）或亏损可能，则投资者的行为将使其最终达到均衡，从而盈利或亏损机会消失，从总体来看预期值与实际均衡值是一致的。由于现实中的不确定因素，人们会作出一时的预期错误，个别人也总会犯预期错误，但绝不是所有人总犯预期错误，而且人们也不会犯系统的预期错误。

$$\left.\begin{array}{l} RET^{of} > RET^* \rightarrow P_t\uparrow \rightarrow RET^{of}\downarrow \\ RET^{of} < RET^* \rightarrow P_t\downarrow \rightarrow RET^{of}\uparrow \end{array}\right\} \Rightarrow RET^{of} = RET^*$$

当人们对某种债券的收益率利用所有信息作出的最佳预期水平高于均衡水平时，就存在潜在的盈利机会，从而对该债券的需求上升推动其价格上升，收益率下降，直至对债券收益率的最佳预期等于均衡水平；反之，当最佳预期水平低于均衡水平时，则对债券的需求下降导致其价格下降，收益率上升，直至达到均衡。

有人将有效市场理论进一步深化，认为人们对证券价格的预期不仅运用了所有信息，而且反映了证券的内在价值和根本特性（即未来收益的大小）。这种深化的理论对于金融市场的意义在于：

（1）在一个有效的市场，各种金融工具实际上是无差别的。

（2）在一个有效的市场，各种金融工具的价格反映了其内在价值。

（3）有效市场的金融工具的价格可以用来衡量资本的成本（机会成本或融资成本），以决定某项投资的可行性。

3.1.3　对有效市场假说的实证研究

早期对有效市场假说的实证研究充分证明了其科学性，但近期的深入研究却表明其未必总是正确的。

早期的实证研究表明：投资分析师和投资基金并非那么高明，而且并非总是那么高明！

有效市场假设表明：在金融市场上，你不可能通过购买某种证券获得超额收益，即不可能跑赢市场。有人做过一个实验，将投资分析师推荐的股票与用飞标投射于挂在墙上的股票名称选中的股票相比较，发现经过一段时间的比较，二者的收益情况差不多，分析师并未表现出其高明之处，这似乎是对有效市场假说的有力证明。

另外一项实验是，将若干投资基金按其业绩表现进行分组，对以后其各期的投资业绩进行对比，发现前期表现好的，后期业绩未必就佳，这又是对有效市场假说的有力证明。

股票价格能对公开信息作出反映吗？有效市场假说认为，证券的价格反映了所有的信息，因此，当关于股票的信息公开时，股票价格将不会有什么变化。实证研究表明：有关上市公司的利好消息（如分红、拆细等）公布时，其股价不会上扬。

技术分析师们认为通过对证券价格的历史表现进行数据技术分析发现其变化规律，可以对未来价格作出预测，从而获取盈利机会。但是通过两种实证研究表明技术分析并非有用：技术分析师们的投资业绩并不优于非技术派的投资业绩；前期投资业绩好的技术分析师们未必能保证其以后也有良好的业绩。

早期的实证研究为有效市场理论提供了有力的支持。尤金·法玛1970年曾在其研究文章中断言："验证有效市场理论的实例实在是太多太多，而反例真是少之又少。"法玛教授进一步将有效性理论细化为弱式有效、次强式有效和强式有效(见图 3-1)。

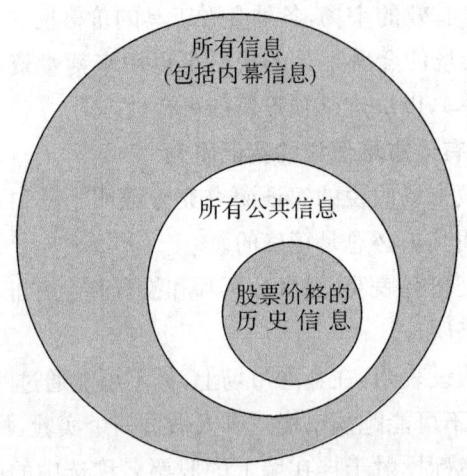

图 3-1　市场有效性的三个层次

(1)弱式有效。弱式有效是指过去的信息影响着过去的价格与回报。弱式有效市场假设认为,基于对过去的价格与回报的了解,人们是不可能获得按风险调整的超额利润的。在风险中性的假定下,市场有效假设就转化成随机游走假设,那么股票回报完全不可预测的说法就是基于过去的回报而言的。

(2)次强式有效。当证券的价格与回报是过去的信息与现在的公开信息结合的产物时,就称之为次强式有效市场。次强式有效市场假设认为,投资者不能利用任何公开的有用信息来获取超额利润。因为,只要信息一公开,马上就会反映到价格上去,那么,投资者就不可能用这些信息来预测收益,从而获得超额利润。

(3)强式有效。强式有效是指市场上的内幕信息会很快扩散,迅速影响市场价格。一些人认为可以通过提前获得内部信息来赚取超额利润,而强式有效市场假设认为,由于在这样的市场上,内幕信息会迅速扩散,并反映在价格里,因此,投资人不能获得超额利润。

3.1.4　对有效市场假说的挑战

然而,近年来一些反面例子却不断涌现而且被研究论证着。有效市场假说面临着冲击和困惑,而在这一过程中运用心理学、社会学、行为学来研究金融活动当中人们决策行为的"行为金融学",成为了学术界关注的热点。2002年的诺贝尔经济学奖更是直接授予了一位心理学家和一位实验经济学家,即美国普林斯顿大学的丹尼尔·卡尼曼教授(Kanheman)和美国乔治梅林大学的弗农·史密斯教授。

传统的金融理论对人的行为假定是理性预期(Rational Expentation)和风险回避(Risk Aversion)。但行为金融学不这么认为,而认为由于人类先天的心智条件及后天的知识、信息的获取使得人类的理性是不完备的:① 人类的理性是有限的,认知的局限性决定了人类存在着许多理性之外的情绪、冲动和决策。② 即使在有限理性的条件下,因为外在条件的限制,有时候未必能实践理性行为。③ 在特定的环境下,人们的多样化动机会导致放弃使用理性行为。比如人们会产生经验驱动的偏差(Heutistic-driven Bias)、架构依赖(Frame Dependence)、非贝叶斯法则的预期("小数法则"偏差)。

下面是针对有效市场假说的一些反面实证例子。

(1) 小公司效应(Small Firm Effect)。尽管小公司的股票相对风险较大,但在较长的时期内投资于其股票却获得较高的收益。对这种现象的解释多种多样,有人提出可能是由于机构投资者考虑到小公司股票的风险高、流动性差以及对其进行评估的信息成本过高等从而在其投资配置中比重较小而导致市场对小公司股票低估的缘故。

(2) 输家—赢家效应(Mean Reversion)。实证研究表明,前一期的绝对输家(亏损者)倾向于被低估,而前一期绝对赢家则被高估。"输家—赢家"效应发生在价格偏差得到纠正的时期。前期输家最终赢得了正的经过调整的超额回报,同时前期赢家最终赢得负的经风险调整的超额回报。

(3) 一月效应(January Effect)。经过长期观察研究人们发现,每年12月至次年1月,股票价格通常会有较高的涨幅,而且这似乎是一种可预测的规律,因而冲击了随机漫步理论。

以上仅仅是一部分针对有效市场理论的反面实证例子。事实上,关于有效市场理论的争论一直就没有停息过,一系列例子表明,这一理论并未能展示市场的全貌。但是,毕竟这一理论提供了一个很好地理解金融市场的视角,随后我们要介绍的资本资产定价模型、套利定价定理和因素模型都是以有效市场假说为假设前提的。

3.2 证券组合理论

从第 2 章的分析我们知道,证券的预期收益和风险水平构成了其基本特征。投资者选择不同的证券构建其证券组合的过程就是一个如何在不同的风险、收益水平间寻求最佳平衡的问题,由美国学者亨利·马克维茨创立的现代证券组合理论就回答了这个问题。

3.2.1 投资组合的风险

投资组合的风险一方面取决于各种证券的自身风险,另一方面取决于各种证券的相对风险,即各种证券收益变化的相关关系,或者说是协方差。协方差可表示为(假设投资组合中只有 A、B 两种证券):

$$C_{AB} = R_{AB} S_A S_B$$

式中　R_{AB}——证券 A 收益和证券 B 收益之间的相关系数;

S_A——证券 A 收益的标准差;

S_B——证券 B 收益的标准差。

这时,由证券 A、B 形成的证券组合的风险(V_P)为:

$$V_P = X_A^2 V_A + 2X_A X_B C_{AB} + X_B^2 V_B$$

式中　V_P——证券组合收益的方差;

X_A——证券 A 在证券组合中的比重;

V_A——证券 A 收益的方差;

X_B——证券 B 在证券组合中的比重;

V_B——证券 B 收益的方差；

C_{AB}——证券 A 收益与证券 B 收益之间的协方差。

可以证明：

当 $R_{AB}=+1$ 时（即证券 A、B 的收益完全正相关时），证券组合的标准差（S_P）：

$$S_P=X_A S_A+X_B S_B$$

即证券组合的标准差是证券 A、B 收益标准差的加权平均值。这时的组合没有丝毫降低风险的作用。

当 $R_{AB}=-1$ 时（即证券 A、B 的收益完全负相关时）：

$$S_P=0$$

即证券 A 的风险正好与证券 B 的风险抵销（证券 A、B 价波动时间、幅度相同,而方向相反）,这时,证券组合没有风险,其收益的变化率为零。

当 $R_{AB}=0$ 时（证券 A、B 收益变化毫不相关）：

$$S_P^2=V_P=X_A^2 S_A^2+X_B^2 S_B^2$$

由此还可推得,当组合证券为 n 种时：

$$S_P^2=X_1^2 S_1^2+X_2^2 S_2^2+\cdots+X_n^2 S_n^2$$

显然,上面 R_{AB} 的三种情况只是特例,然而我们却可由此推出更一般情况下各种证券组合的收益相关系数 $-1\leqslant R_{AB}\leqslant+1$ 时,证券组合的标准差 S_P：

$$0\leqslant S_P\leqslant X_A S_A+X_B S_B$$

由此看出,证券组合确实能使风险降低。

图 3-2 例 1 中两种投资收益率完全正相关,图例 2 中完全负相关,图例 3 中完全不相关。若在两种股票上的投资比例各为 50%,则组合结果,恰好证明了上述理论。

当然,证券组合降低的是非系统风险,如 3-3 图所示(在 3.3 中我们会进一步分析非系统风险与系统性风险)。

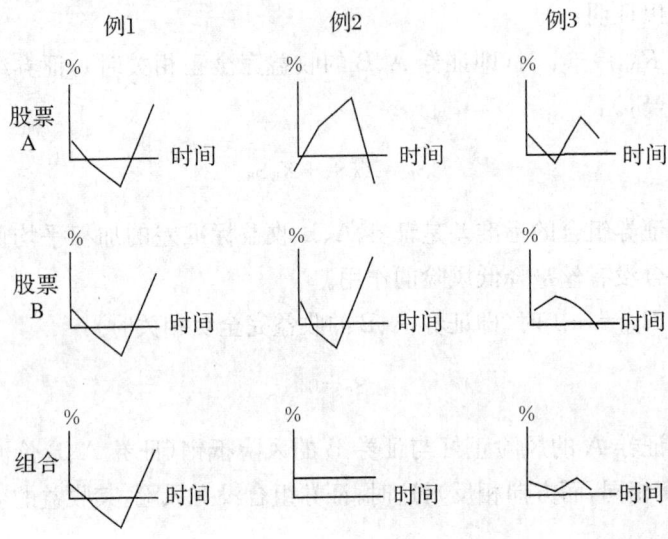

图 3-2　证券组合的风险

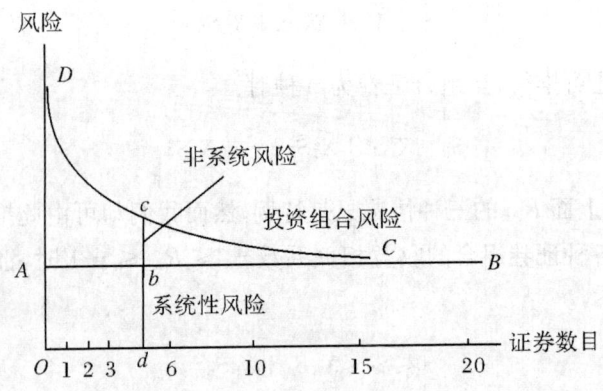

图 3-3　投资组合风险的降低

下面以两种股票 A、B 为例来说明,在其相关程度不同的情况下将资金平均分配于 A、B 的投资组合的风险状况(见表 3-1～3-3)。

表 3-1

完全正相关（相关系数为 1.0）

年　　份	A 的收益率	B 的收益率	投资组合的收益率
1	10%	10%	10%
2	-12%	-12%	-12%
3	-25%	-25%	-25%
4	37%	37%	37%
平均收益率	2.5%	2.5%	2.5%
标准差	27.16	27.16	?

$$S_P = \sqrt{W_a^2 S_a^2 + W_b^2 S_b^2 + 2W_a W_b COV_{ab}}$$

$$= \sqrt{W_a^2 S_a^2 + W_b^2 S_b^2 + 2W_a W_b S_a S_b R_{ab}}$$

$$= \sqrt{0.5^2 (27.16)^2 + 0.5^2 (27.16)^2 + 2(0.5)(0.5)(27.16)(27.16)(1)}$$

$$= 27.16$$

投资组合的标准差未变，风险未能降低。

表 3-2

完全负相关（相关系数为 -1.0）

年　　份	A 的收益率	B 的收益率	投资组合的收益率
1	-15%	25%	5%
2	12%	-2%	5%
3	25%	-15%	5%
4	-37%	47%	5%
平均收益率	-3.75%	13.75%	5%
标准差	27.73	27.73	?

$$S_P = \sqrt{W_a^2 S_a^2 + W_b^2 S_b^2 + 2W_a W_b COV_{ab}}$$

$$= \sqrt{W_a^2 S_a^2 + W_b^2 S_b^2 + 2W_a W_b S_a S_b R_{ab}}$$

$$= \sqrt{0.5^2 (27.73)^2 + 0.5^2 (27.73)^2 + 2(0.5)(0.5)(27.73)(27.73)(-1)}$$

$$= 0$$

投资组合的标准差为零,风险消失。

表 3-3

部分负相关(相关系数为-0.524)

年　　份	A 的收益率	B 的收益率	投资组合的收益率
1	10%	2%	6%
2	-8%	12%	2%
3	14%	6%	10%
4	4%	-2%	1%
平均收益率	5%	4.5%	4.75%
标准差	9.5	15.97	?

$$S_P = \sqrt{W_a^2 S_a^2 + W_b^2 S_b^2 + 2W_a W_b COV_{ab}}$$

$$= \sqrt{W_a^2 S_a^2 + W_b^2 S_b^2 + 2W_a W_b S_a S_b R_{ab}}$$

$$= \sqrt{0.5^2 (9.59)^2 + 0.5^2 (5.97)^2 + 2(0.5)(0.5)(5.59)(5.97)(-0.524)}$$

$$= 4.11$$

投资组合的标准差有所降低,风险减少。

通过下面实例也可以说明上述结论(见图 3-4)。

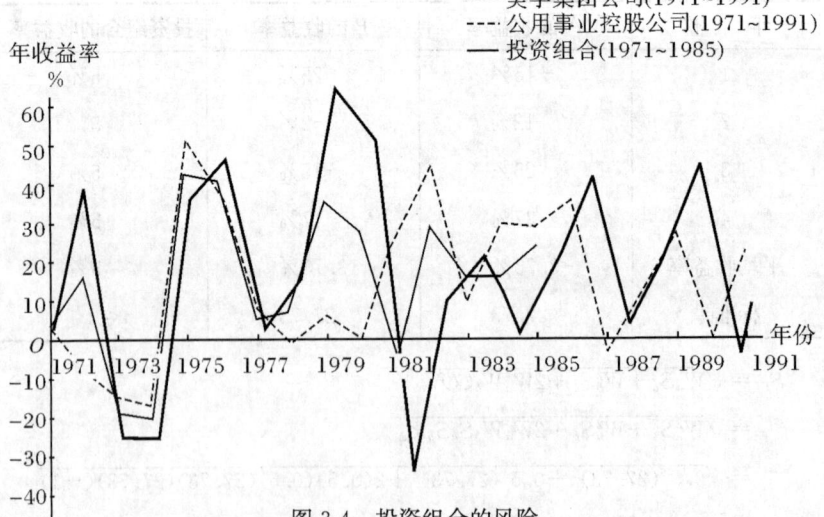

图 3-4　投资组合的风险

以美国股票市场为例,如图 3-4 为 1971~1991 年公用事业控股公司和美孚集团公司的收益率情况。公用事业控股公司是一家电力和天然气公司,其股价随通货膨胀和利率的上升而下降,美孚与埃克森合并前是一家资源类公司,因而股价随油价上升导致的通货膨胀而上升,但 20 世纪 80 年代后又因利率和通货膨胀的下降而下降。图 3-4 表明:在 1971 年年初开始和 1978 年年初开始及 1980~1985 年间二者股价成反向变化即负相关,从 1971~1985 年的相关情况如表 3-4。

表 3-4

组合风险的降低(相关系数为 0.231)

	平均年收益率	标　准　差
公用事业控股公司	16.6%	26.5
美孚集团公司	13.0%	19.4
投资组合	14.8%	18.9

可见,投资组合的风险得到了降低,但从 1985 年以后,情况有所变化,二者的股价变化呈高度正相关特点,1986~1991 年间相关系数为 0.884,因而投资组合将无助于降低风险。

3.2.2　两种证券的组合

假设有两种证券 A、B,其预期收益率、标准差分别为:12%,11%;18%,19%。两种证券的相关系数为 0.2,在投资于二者比例相等的情况下,证券组合的收益为:

$$R_P = 12\% \times 0.5 + 18\% \times 0.5 = 15\%$$

这是两种证券的收益率的加权平均数。

二者标准差的加权平均数为 15%,即:

$$11\% \times 0.5 + 19\% \times 0.5 = 15\%$$

这实际上为当相关系数为 1 时的证券组合的标准差,而当相关系数为 0.2 时:

$$\sigma_P = [0.5^2 \times 0.11^2 + 2 \times 0.5 \times 0.5 \times 0.2 \times 0.11 \times 0.19 + 0.5^2 \times 0.19^2]^{1/2}$$

$$= 11.89\%$$

也就是说,只要相关系数小于1,则证券组合的标准差就小于二者标准差的平均数。这进一步证明了证券组合降低风险的效果。

在相关系数一定的情况下,投资于两种证券的不同比例的组合也将产生不同的降低风险的效果。

下面考虑不同比例的证券组合的情况(见表3-5,图3-5)。

表 3-5

投资组合	投资于证券 A 的比例	投资于证券 B 的比例	组合收益率 (%)	组合标准差 (%)
(1)	1.0	0	12.0	11.0
(2)	0.8	0.2	13.2	10.26
(3)	0.6	0.4	14.4	11.02
(4)	0.4	0.6	15.6	13.01
(5)	0.2	0.8	16.8	15.78
(6)	0	1.0	18.0	19.00

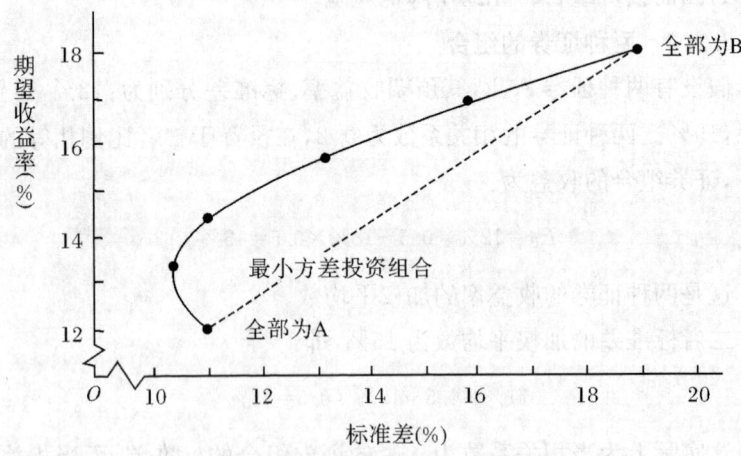

图 3-5 两种证券的组合(不同比例)

A与B之间的曲线代表了各种比例的两证券组合,称之为机会组合(Opportunity Set),表明了风险——收益间的替代关系,它具有以下特点:

(1) 分散效果可以从图 3-5 中曲线与直线的对比关系直观地看出来:A、B 之间直线代表在二者完全正相关即相关系数为 1 的情况下的证券组合。曲线代表在相关系数为 0.2 时的证券组合。两条线间的距离即是分散的效果。

(2) 显然证券 A 的风险小于 B,直觉上,似乎完全投资于 A 风险较小。但通过投资于证券 B 则可以降低完全投资于证券 A 的情况下的风险,因为二者的风险可以在一定程度上相互抵销(除非相关系数为 1)。也正因此证券组合线是曲线。

(3) 证券组合线最左侧的点为方差最小的证券组合:在本例中,即 80％的 A 与 20％的 B 的组合。

(4) 投资者将接受收益率大于方差最小的证券组合,因而,可能的投资组合——有效组合(Efficient Set)为方差最小的证券组合(2)至期望最大的证券组合(6)间的证券组合线,随着 A、B 的组合比例不同,实际投资位于组合线上不同的点。有效组合实际上是在风险一定水平下收益最大、在收益一定水平下风险最小的组合。

随着相关系数的增大,分散风险效果在下降,图 3-6 描述的是相关系数为 0.6、0.2、1 的情况下的证券组合。

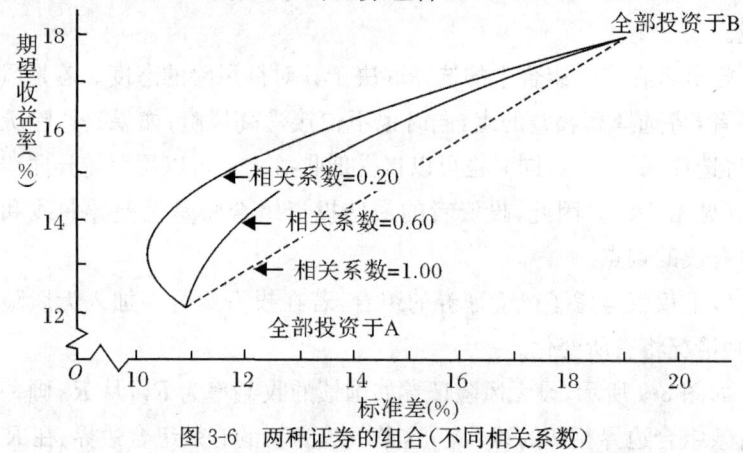

图 3-6　两种证券的组合(不同相关系数)

相关系数越小,分散风险的效果越好。这也说明,为了降低风险,投资者可以通过增加对于相关系数较小的证券的投资来实现。

3.2.3　多种证券的组合

若我们考虑两种以上的证券的组合,则机会组合与两种证券有所不同,见图3-7。

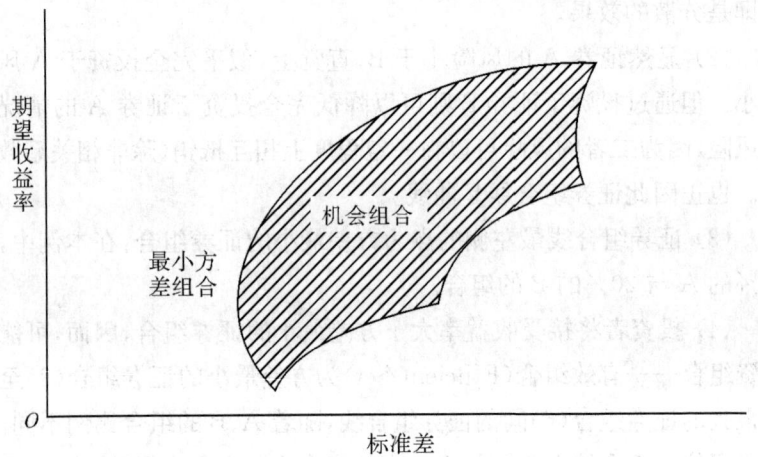

图 3-7　多种证券的组合

机会组合位于图中的阴影部分。

有效组合为图中黑线部分,从最小方差组合到最大收益组合间的曲线。

投资者在有效组合中的选择取决于其对待风险的态度。若是风险爱好者,将选择高收益的点,同时也不怕接受高风险;如果是风险厌恶者,将选择低风险点,同时也可以接受低收益。这可以用无差异曲线来表示(见图3-8)。因此,投资者的最佳投资组合将是无差异曲线和有效组合线的切点。

以上仅仅考虑了风险证券的组合,若在投资组合中加入无风险证券,则情况将有所变化。

如图3-9所示,设无风险证券如国债的收益率为 R_f,从 R_f 画一条与有效组合边界相切的线 R_{fm},这条线成为新的有效组合边界。在 R_{fm}

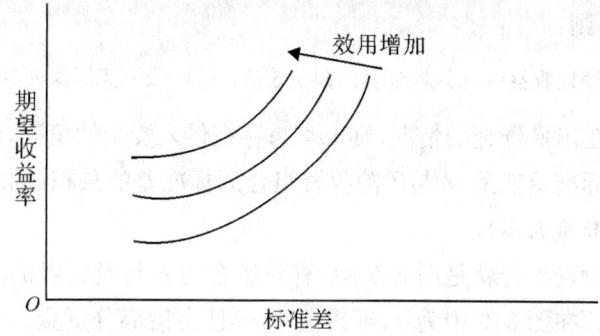

图 3-8　无差异曲线

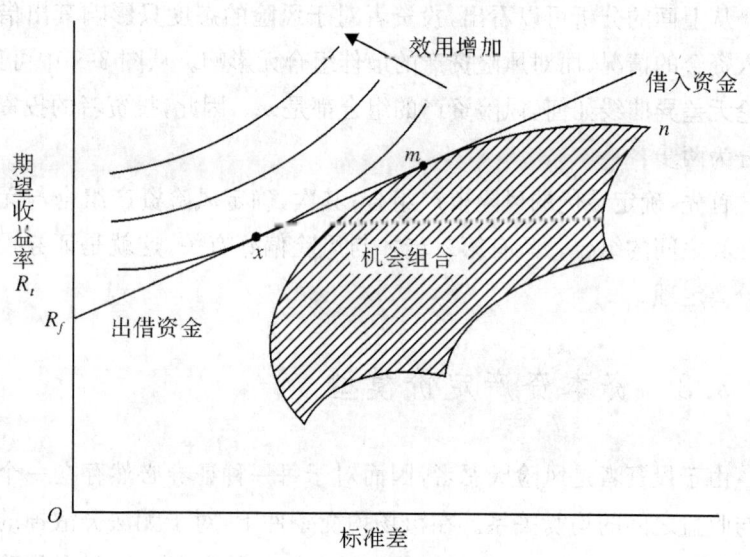

图 3-9　最佳投资组合

上的任一点表明风险组合 m 与以无风险证券利率借入或出借资金的不同比例的组合。

在 m 的左侧,你将同时持有风险、无风险证券,在 m 的右侧,你将仅仅持有风险证券,且以无风险证券利率借入资金,增加在风险证券上的投资。越向右侧,则表明你借入的资金越多。

设 w 为总投资中投于证券组合 m 的比例,$1-w$ 为投于无风险证

券的比例,则:

投资总预期收益＝w(风险证券的预期效益)＋(1−w)(无风险证券利率)

若存在出借资金的情况,则 $w<1$;存在借入资金的情况,则 $w>1$。

总的标准差就是 w 与风险投资组合的标准差的乘积(因为无风险证券的标准差为零)。

最佳投资组合就是图 3-9 中,有效组合边界与投资者的无差异曲线的切点。在图 3-9 中为 x,即投资于 m 且出借部分资金。若不允许借入资金,则有效组合边界变为 $R_f mn$。

从上面的分析可以看出,投资者对于风险的态度只影响其出借或借入资金的情况,而对风险资产的最佳组合无影响。从图 3-9 中可见,无论无差异曲线如何,风险资产的组合都是 m。因此,投资者的投资可以分为两步:

首先,确定最优的风险资产组合;其次,确定风险资产组合与无风险证券之间的组合。只有第二步才与风险偏好有关,这就是证券投资的分离定理。

3.3　资本资产定价模型

由于投资者是风险厌恶者,因而对于每一种证券必然存在一个风险与收益之间的均衡关系。在市场均衡条件下,对于无法分散掉的风险,投资者必然要求一个收益补偿。风险越大则补偿越大,这种风险收益补偿关系及由此引出的对于证券的定价就是资本资产定价模型的核心。资本资产定价模型(Capital Asset Pricing Model,CAPM)最早由美国学者威廉·夏普(William E. Sharpe)在 1964 年提出,该模型以证券组合理论为基础,在分析证券风险、收益关系的同时,提出了证券定价的方法和理论。

资本资产定价模型的假设前提是:

(1) 资本市场是充分有效的,即投资者都拥有足够的信息,交易费用为零,可以忽略不计投资和税收限制,任何投资者的交易行为都无法影响市场价格。

（2）投资者的持有期是相同的,如 1 年,所有投资者对于风险的认识是相同的,即他们的有效投资组合边界是相同的。

我们考虑两种投资机会:第一种是在持有期内有确定收益的无风险证券投资,通常我们用国债的收益率来表示无风险证券的投资收益率。第二种是普通股股票,其组合以市场上各种普通股按其市值加权平均求得,在美国证券市场通常以 S&P500 指数来替代。

1. 市场特征线

现在我们来比较某只股票的预期收益与市场组合的预期收益。通常运用超额收益（Excess Return）,也就是超过无风险收益率的收益。我们需要比较单只股票和市场组合各自的超额收益即可。若二者的关系是基于对历史数据的研究,则我们需要从历史数据中去计算超额收益。假定我们认为过去 5 年的月收益率情况是未来收益的很好拟合,则我们就可以计算过去 60 个月的某只股票和市场组合的超额收益。月收益率为月末收盘价减去月初收盘价,再加上期间支付的红利,然后与月初收盘价相比,从这个收益率中减去月无风险收益率即为超额收益率。

有时我们不使用历史数据,而依赖于证券分析师对股票未来收益的预测。这里问题的核心在于在给定的市场收益率水平下,某只股票的收益率水平。例如,若下一期市场收益率为 $x\%$,则该只股票的收益率为多少? 通常对于某只股票的收益率的预测会是一个区间,因此,我们会分别采集乐观的、保守的、悲观的三类分析师的预测值并加以修正。

由此可见,比较某只股票和市场组合的超额收益率有两种方法:假定历史数据揭示的关系会延续到未来,并用历史数据进行推断;运用证券分析师的预测进行计算。由于后者通常在大型投资机构才可以实现,我们在这里用历史数据法（见图 3-10）。

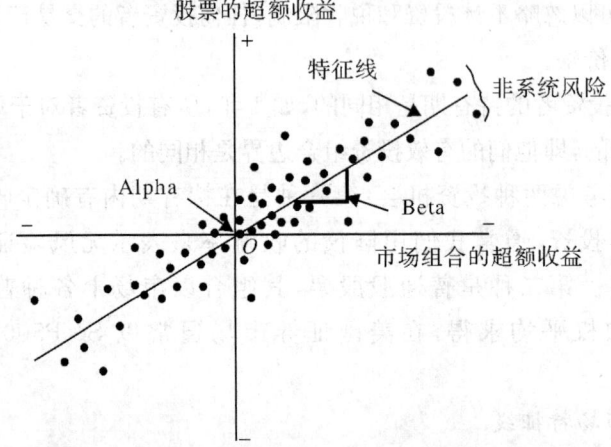

图 3-10　市场特征线

　　图 3-10 中显示的是股票和市场收益率情况,图中的散点表示月超额收益率,共 60 个。相应的直线表示历史数据显示的二者的关系,我们称之为市场特征线(Charactertic Line)。

　　2. 证券的 Alpha 值

　　图 3-10 表明,市场组合的超额收益率水平越高,则股票的超额收益率水平越高。

　　Alpha 为市场特征线与纵轴的截距,若预期市场组合的超额收益为 0,则 Alpha 就是股票的超额收益率。从理论上讲,单只股票的Alpha 值应为 0,若小于 0,作为一个理性投资者你将不会投资该股票,而转向投资于无风险资产与市场组合的某种组合,该只股票的价格将下降,收益率将上升,直至 Alpha 等于 0 为止。若大于 0,则出现相反的过程:投资者争相购买将导致价格上升,收益率下降,直至 Alpha 等于 0,达到均衡。

　　3. 以 Beta 衡量系统风险

　　Beta 是市场特征线的斜率,它表示证券的超额收益对于市场组合的超额收益的敏感性。若斜率为 1,则意味着二者将成比例变化,也就是说股票与市场组合有着同样的不可避免的系统风险。斜率大于 1,则意味着前者变化幅度大于后者,即系统风险大于后者,投资该股票为激进(Aggressive)型投资。斜率小于 1,则意味着前者变化幅度小于后者,即系统风险小于后者,投资该股票为防守(Defensive)型投资。

市场特征线的斜率越大则 Beta 值越大,股票的系统风险越大。我们知道,系统风险是不可能通过分散投资来减少的,因为它取决于整个经济和社会环境的因素变化,因而会影响所有的股票。可以用历史数据求得 Beta 值,并预测未来值。

4. 非系统风险

非系统风险(Unsystematic Risk)是可以分散的风险,即与市场的超额收益率的变化无关的股票超额收益率部分的波动性。在图 3-10 中为各散点与市场线的距离,距离越大则非系统风险越大。因此,股票的风险由两部分组成:

$$总风险＝系统风险＋非系统风险$$

前者源于总体市场风险——国民经济状况的变化、国家的税制改革、世界能源状况的变化等,这些因素将影响所有的证券,因而是不可分散的。后者源于某公司的特定因素,与总体政策、经济等系统性因素无关。如一场企业罢工、一项技术发明、竞争对手的新策略等因素,但这类风险可以通过分散投资来减少。

随着投资组合中选择的证券数量的增加,非系统风险将逐步降低,直至为零。有多种研究表明:对于一个投资组合,证券个数为 15～20 就足以消除非系统风险。可见,一定程度的分散投资就可以起到很大的降低非系统风险的作用。非系统风险将随证券数量的增加以递减的速度降低,最后只剩下系统性风险。

在一个成熟的证券市场中,对于某一特定证券,非系统风险通常只占其总风险的 75%。换句话说,系统风险对于证券的总风险的解释作用仅占 25%,这可以用将某证券的超额收益与市场组合超额收益进行回归分析的 R^2 来表示。

对于不同的证券,其非系统风险占总风险的比重是不同的。

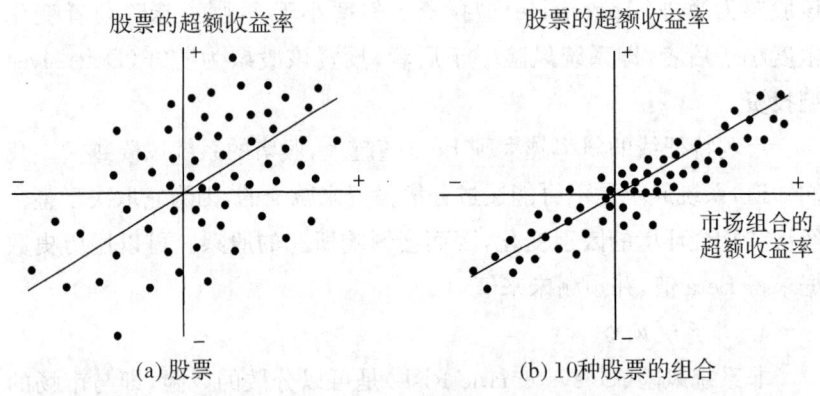

图 3-11　分散投资的效果

在图 3-11(a)中,某证券的超额收益在证券市场线周围较为分散,表明其非系统风险较大。而在(b)中,我们将证券增加为 10 个,其加权平均 β 值与 α(即证券市场线的斜率)相同,则很明显,散点的分布更集中于证券市场线,这就是分散投资的内核。

CAPM 理论假定所有的非系统风险都已被分散掉了。换句话说,若证券市场是有效的,且证券投资足够分散化,则股票的风险将由系统风险组成,一个足够分散的证券组合的系统风险是各证券的 β 值以投资比例为权重的平均值。

如果我们假定非系统风险已被完全分散掉,则某只股票 j 的预期收益率为:

$$\overline{R}_j = R_f + (\overline{R}_m - R_f)\beta_j$$

式中　R_f——无风险收益率;

　　　$\overline{R}_m$——市场组合的预期收益率;

　　　β_j——股票 j 的 β 系数。

可见,β 值越大,则股票 j 的风险越大,同时其预期收益也越大;反之,则反。

换句话说,某只股票的预期收益率为无风险收益率加风险溢价,风险溢价为市场组合预期收益率与无风险收益率之差,乘以 β 系数。

假设国债收益率为 6%,市场组合预期收益率为 11%,A 公司股票的 β 系数为 1.3,则:

$$\bar{R}_j = 0.06 + (0.11 - 0.06)(1.3) = 12.5\%$$

B 公司股票的 β 系数为 0.7,则:

$$\bar{R}_j = 0.06 + (0.11 - 0.06)(0.7) = 9.5\%$$

某投资组合的 β 值是组合内证券的 β 值的加权平均值。例如,组合由 60% 的 A 和 40% 的 B 组成,则:

$$\beta_P = 0.6(1.3) + 0.4(0.7) = 1.06$$

若无风险收益率及市场组合预期收益率同上,则,该投资组合的预期收益率为:

$$\bar{R}_P = 0.06 + (0.11 - 0.06)(1.06) = 11.3\%$$

这个结果还与前两个预期收益率的加权平均值相等。某证券的 β 系数也可以表示为:

$$\beta_j = \frac{(r_{jm}\sigma_j\sigma_m)}{\sigma_m^2}$$

也就是说某证券的 β 系数为该证券的收益与市场收益的协方差与市场收益的方差的比值。

式中　r_{jm}——某证券的收益与市场组合收益的相关系数。

则:

$$\bar{R}_j = R_f + \frac{\bar{R}_m - R_f}{\sigma_m^2}(r_{jm}\sigma_j\sigma_m)$$

$$\bar{R}_j = R_f + \frac{\bar{R}_m - R_f}{\sigma m}(r_{jm}\sigma_j)$$

式中　R_f——无风险收益率。

$$\frac{\bar{R}_m - R_f}{\sigma m}(r_{jm}\sigma_j)$$

式中　σ_j——证券 j 的全部风险;

$r_{jm}\sigma_j$——系统风险。

$$\beta_j = \frac{r_{jm}\sigma_j}{\sigma m}$$

可见,β 系数为某证券相对于市场风险的系统风险。

在市场均衡时,某证券的预期收益率与其系统风险的关系用 β 系数来度量,是线性关系,如图 3-12 所示。在 CAPM 假定下,所有的证券都在证券市场线上。该图表明:某一风险证券的预期收益率由两部分组成:无风险收益率加上风险溢价。风险溢价的水平 R_f 足以使得投资者投资于风险证券。市场投资组合的收益为 $\overline{R}_m$,等于无风险收益 R_f 加上风险溢价 $\overline{R}_m - R_f$。由于非系统风险可以通过分散投资消除掉,因而投资者将不会因承担这部分风险而得到补偿。作为一个投资于某证券的投资者,他将同时承担系统风险和非系统风险,但仅仅系统风险会得到补偿。

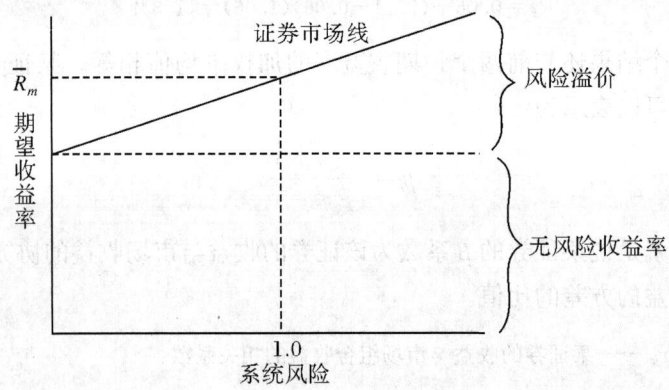

图 3-12　证券市场线

在市场达到均衡时,CAPM 表明了所有单独的股票的收益与风险之间的关系(证券市场线)。若某股票位于证券市场线之上,则其价格在市场是被低估的,也就是说,其收益率水平高于在市场上相当的系统风险水平所要求的收益率水平:$\overline{R}_j > R_f + (\overline{R}_m - R_f)\beta_j$。结果,该股票将吸引更多的投资者,引致其价格上升,直至该股票落在证券市场线上:$R_j = R_f + (\overline{R}_m - R_f)\beta_j$。反之,被高估的股票位于证券市场线之下,则该股票将导致持有它的投资者的抛售行为,价格将下降直至该股票回到证券市场线上。

为了更好地理解和使用 CAPM,我们有必要了解与之相关的一些问题。

1. 无风险证券的期限

一个普遍的共识是,在 CAPM 中的无风险收益率应使用政府债券收益率,即至少在名义上不存在违约风险。然而,关于期限问题,则存在较大的分歧。CAPM 是一个单期模型,因而许多人主张运用短期政府债券收益率,比如国库券。另一些人则认为估计收益的目的是为考察长期资本投资的可行性,因而应使用长期国债的利率。还有一些人认为应使用中期的政府债券利率,其理由是,本质上许多资本投资都是中期的。

使用何种期限的收益率决定了预期收益率水平的不同。因为,通常长期利率水平都高于中、短期利率水平。若 β 值小于 1,则使用长期国债收益率将取得较高的预期收益率。

2. 市场指数的误用

试图用任何一个指数来代表市场投资组合都存在一定的问题。"真正"的市场组合包括所有的资产——股票、债券、不动产和人力资本。Richard Roll 分析了使用错误的证券市场指数的问题及其带来的后果。Roll 并不认为 CAPM 毫无意义,但他指出其实证结果值得怀疑,应谨慎评估。除非能选择"真正"的市场组合,否则,运用 CAPM 来测度证券的收益是错误的。由于作为市场"代表"的指数仅仅"代表"了市场的一部分,并不能完全把握市场的均衡过程。另外,由于选择不同的指数如 NYSE 指数、S&P500 指数、Wilshire5000 股票指数或其他指数,则证券的 β 值也会不同。

3. 运用 Fama-French 和 β 度量风险

我们知道,CAPM 的核心在于运用 β 来度量风险。早期的实证研究表明 β 具有对证券收益尤其是股票组合合理的预测能力。对于股票价格的突然下跌,β 具有较强的预测风险能力。但是,随着时间的推移,人们不断发现 CAPM 模型存在一系列的问题。

例如,现实中存在一些 CAPM 所无法解释的反常现象。"小市值效应"即,在 β 不变的情况下,市值较小的股票的收益高于市值较大的股票的收益;P/E 值和市价与账面值比率低的股票的表现比之比率高的股票表现为好。

FF(Fama 和 French)对股票收益、市值、市价与账面值之比和 β 之间的关系进行了实证研究。他们发现,市值和市价与账面值之比对于股票的平均收益具有较强的解释能力。因此,他们认为市值和市价与账面值之比而非 β 值才是风险的很好的解释变量。

实际上,FF 的重点并不在于风险,而在于已实现收益。而且他们的实证研究并没有任何理论基础支持。尽管 β 值并不能很好地表示投资于股票所实现的收益,但它却是很好的度量风险的指标。对于风险厌恶型的投资者,从 β 值可知他要求的最低收益水平。

CAPM 的意义在于:从直观的逻辑上判断投资组合增加一种证券在带来风险的同时也增加了收益。而且,由于 CAPM 的简洁明了,它被广泛地运用于证券行业和公司财务中。当然,市场均衡的过程是极其复杂的,CAPM 模型并不能准确地度量某一公司股票的收益水平。然而,CAPM 的风险收益替代关系的概念却为大致估算资本成本和在不同的投资项目计划间进行资本配置提供了很好的依据。正如上述,CAPM 也存在一系列的缺陷,因而其后又有许多模型被研究开发出来,如多变量和因素分析模型。

3.4 多变量和因素分析定价模型

3.4.1 扩展的 CAPM 模型

CAPM 是一个单因素模型,预期收益与 β 值相关而 β 是某证券的收益与市场总体收益的关系:

$$\bar{R}_j = R_f + (\bar{R}_m - R_f)\beta_j$$

式中　R_f——无风险收益率；

　　　$\bar{R}_m$——市场预期收益率；

　　　β_i——证券的 β 值。

若在上述模型中加入新的变量，我们不仅希望其增强对证券收益的解释力，还希望能更深入探讨影响证券收益的其他因素。

1. 税收因素

持有一只股票可以获得的收益由两部分组成：在持有期内分配的红利和出售股票时的资本利得或损失。如果所有投资者都不付税或者税率一样，则 CAPM 表明，每只股票的收益将不会受公司所分配红利高低的影响。在许多国家，对于资本利得的税率优于红利的税率。而且，对于资本利得的征税在出售股票得以实现时才实施。如果投资者一直持有股票，则资本利得得不到确认。因此，资本利得的现值效应要强于资本利得和红利收入间的税收差异。

例如，假设 A 公司的年红利率为 12%（红利除以初始购入价）、资本利得率为 3%（资本利得除以初始购入价），B 公司的年红利率为 2%、资本利得率为 12.5%。则 A、B 公司的税前收益率分别为 15%、114.5%。若某投资者位于 30% 的税率区，而资本利得的税率为 20%，则税后收益如下（见表 3-6）。

表 3-6

税收对收益的影响

项　目	A　公　司			B　公　司		
	税　前	税收效果	税　后	税　前	税收效果	税　后
红利收益	12%	1～0.30	8.4%	2.0%	1～0.30	1.4%
资本利得	3%	1～0.20	2.4%	12.5%	1～0.20	10.0%
预期收益	15%		10.8%	14.5%		11.4%

我们看到，尽管 B 公司的税前收益率低于 A 公司，但由于其资本利得在总收益中的比重较大，则其税后收益率高于 A 公司。从另一角度来看，若投资者是免税的，则它将倾向于持有 A 公司股票，因为在其

他条件不变时,A 公司股票拥有较高的税前收益率。

2. 系统误差因素

如果我们假定证券市场上存在系统性的相对于红利的对资本利得的偏好,则 CAPM 模型意味着,在风险不变的情况下,红利率高的股票应提供较高的税前预期收益以冲销税收因素。因此,某证券的税前预期收益将是该证券的 β 值和红利收益的方程:

$$\bar{R}_j = R_f + b\beta_j + t(d_j - R_f)$$

式中　　R_f——无风险利率;

　　　　b——β 的相对重要性的系数;

　　　　β_j——证券 j 的 β 值;

　　　　t——税收的相对重要性的系数;

　　　　d_j——证券 j 的红利。

这个等式表明:红利 d_j 越高,投资者要求的预期税前收益越高。若 t 为 0.1,且红利将增加 1%,则预期收益必须增加 0.1% 才能吸引投资者。换句话说,市场上的平衡关系是 \$1 的红利"换得"\$0.9 的资本利得。

若市场上存在系统性的对于资本利得的偏好,则某只股票的预期收益率水平将取决于其 β 值和红利收益。这一关系将无法用二维的证券市场线表示,我们需要一个三维空间中的平面来描绘(见图 3-13)。

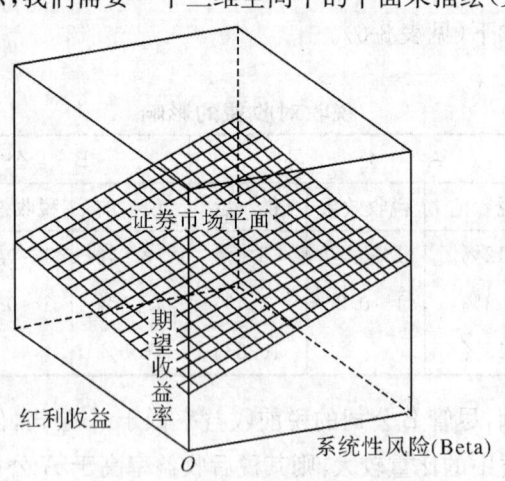

图 3-13　证券市场平面

我们看到垂直纵轴表示预期收益率,而 β 和红利收益以另外两个轴表示。先看红利与预期收益率的关系:红利越高,预期收益率越高。相似地,β 值越高,则预期收益率越高。因此,我们实际上是构造了一个证券市场平面来表示预期收益率、β 值和红利收益三者间的关系。

3. 通货膨胀因素

在我们讨论估值的原则时,隐含的前提是市场均衡的条件中运用的都是名义值。然而,实际上,投资者还非常关心通货膨胀问题,在进行投资决策时,他们通常参照的是真实收益率:

$$R_j^r = R_j - P$$

式中 R_j^r——证券 j 的真实收益率;

R_j——证券 j 的名义收益率;

P——当期通货膨胀率。

若通货膨胀率是可以预期的,则投资者只要将真实收益率加上通货膨胀溢价即可得市场的均衡收益率水平。由于只要通货膨胀率是可以预期的,它就不是不确定性的来源。因此,无论是以名义还是真实水平衡量,证券的风险都是由系统风险和非系统风险组成的。

若通货膨胀率是不可以预期的,即不确定的,则情况就不同了。此时,市场将无法预期到通货膨胀率的变化。而不确定的通货膨胀因素对于股票价值的作用是好还是坏将取决于其协方差:若股票收益率随着通货膨胀的增加而上升,则股票具备投资价值,其系统性风险将以真实水平被降低;相反,若股票收益率随着通货膨胀的增加而下降,则股票不具备投资价值,其系统性风险将以真实水平被提高。

股价与不可预期的通货膨胀协方差越大,则市场要求的预期名义收益率越低。因此,股票的预期名义收益率将表示为 β 的增函数和与不可预期通货膨胀率的协方差的减函数:

$$\bar{R}_j = R_f + b\beta_j - i \frac{\text{通货膨胀协方差}}{\sigma_i^2}$$

式中 i——表示证券与通货膨胀的协方差的相对重要性的系数;

σ_I^2——通货膨胀的方差。

上式中最后一个变量实际上是证券收益率与通货膨胀的 β 系数。

4. 股本规模(市值)

股本规模即公司发行在外的股本数与股票市价的乘积。实证经验表明,在其他条件不变的情况下,小股本公司的股票比大股本公司的股票收益率更高。

5. 市盈率及市价/账面值效应

在给定的 β 值下,低市盈率股票的收益率较高,而高市盈率股票的收益率较低。换句话说,投资于低市盈率股票的收益率高于 CAPM 模型的收益率,投资于高市盈率股票的收益率低于 CAPM 模型预测的收益率:

$$\bar{R}_i = R_f + b\beta_j - \rho(P/E'_j - P/E_m)$$

式中　ρ——表明证券的市盈率的重要性的系数;

P/E'_j——证券 j 的市盈率;

P/E_m——市场组合的加权平均市盈率。

我们也可以建立一个三维的证券市场平面图(见图 3-14)。

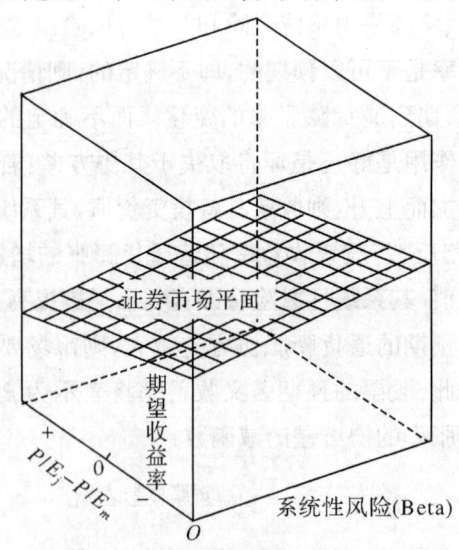

图 3-14　证券市场平面

如图 3-14 所示,证券的预期收益率随 β 的上升而上升,随 P/E'_j 的上升而下降。可见 β 系数并不能反映持有证券的全部风险。为了提高 CAPM 模型的解释力,我们需要加入一些新的变量,如 P/E。另外,M/B,即市价与账面值比率也被用来解释证券的收益率。

M/B 为公司股票的市值与公司资产的账面价值之比。在给定的 β 值下,M/B 低的股票比 M/B 高的股票的收益率更高。

法玛(Fama)和弗兰奇(French)认为公司市值和 M/B 都是用以解释股票收益率的重要因素。

综合考虑上述影响股票收益率的变量,我们就得到了扩展的 CAPM 模型。

$$\bar{R}_i = R_j + b\beta_j + c(变量\ 2) + d(变量\ 3) + e(变量\ 4) + \cdots + m(变量\ n)$$

其中,b、c、d、e 和 m 就是表示各变量的相对重要性的系数。这些变量实际上是对 β 的解释力的补充,从而更丰富和符合实际地描述了市场均衡的过程。

3.4.2 因素分析模型

也许对于 CAPM 模型最大的挑战就来自于 APT 理论。由于该理论实际上运用了因素分析方法,因此我们先来看看因素分析模型。与扩展的 CAPM 模型相似,因素分析模型也表明预期收益率是受一系列风险因素影响的。不同之处在于:尽管扩展的 CAPM 模型也包括许多因素,但核心因素仍是 β。

1. 因素分析模型

(1) 两因素模型。某证券的实际收益率为:

$$R_j = a + b_{1j}F_{1j} + b_{2j}F_{2j} + e_j$$

式中 a——当所有因素取值为零时的证券的收益率;

F_{nj}——第 n 个因素的取值;

b_{nj}——表明因素每单位的取值变化将对证券收益率带来的变化的系数;

e_j——误差项,是与特定证券相关的因素,是可以通过分散投资来消除的。

对于各因素对收益率的影响而言,只有不可预期的或"突然"的变化才会影响市场的均衡,证券的价格从而带来收益率的变化:

某因素的变化＝可预期成分＋不可预期成分。

可预期成分实际上已反映在证券的价格中,只有不可预期的变化成分才构成影响收益率的因素。

某证券的预期收益率为:

$$(E)\overline{R}_j = b_0 + b_1 F_{1j} + b_2 F_{2j}$$

b_0 为无风险资产收益率,其他的 b 值表示与各因素相关的风险溢价率。如 b_1 为当 $F_{1j}=1, F_{2j}=0$ 时某证券高于无风险资产收益的预期超额收益率,该系数可能为正,也可能为负。正的 b 表示市场对该因素是风险厌恶的,因而要求的风险溢价。负的 b 表明该因素带来的证券价值,从而对收益率的要求较低。

假定某股票的收益率取决于两个因素:$F_{1j}=1.4, F_{2j}=0.8$。如果无风险资产收益率为 8%,$b_{1j}=6\%$,$b_{2j}=-2\%$,则股票的预期收益率为:

$$(E)\overline{R}_j = 0.08 + 0.06 \times 1.4 - 0.02 \times 0.8 = 14.8\%$$

第一个因素反映了风险厌恶因而要求较高的风险补偿,而第一个因素对投资者而言意味着增值,因而降低了其收益率预期。因此,b 值实际上代表着与因素相关的市场价值的变化。

我们可以用图 3-15 表示在 λ 均为正值的情况下的两因素模型,图中纵轴为预期收益率,两个平面轴表示两个因素的变化。b_1 为资本市场平面与 F_{1j} 线之间的角度,b_2 为资本市场平面与 F_{2j} 线之间的角度。

(2) 多因素模型。某证券的预期收益率为:

$$(E)\overline{R}_j = b_0 + b_{1j} F_{1j} + b_{2j} F_{2j} + \cdots + b_{nj} F_{nj}$$

这里,因素个数为 n,b_0 为无风险资产收益率,b 表示与各因素相关的市场价格变化。该模型意味着,某证券预期收益率为无风险收益率加上 n 个风险因素的风险溢价。因此,某证券的全部风险溢价($\overline{R}_j - R_f$)取决于各风险因素的风险溢价之和。

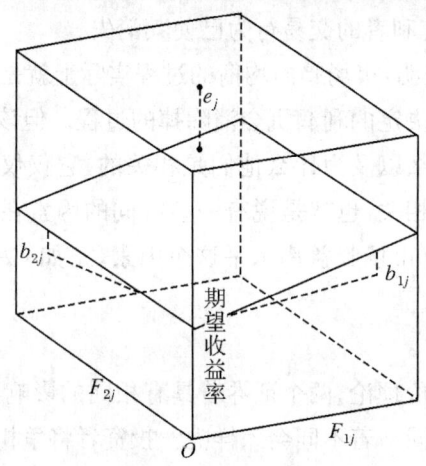

图 3-15 两因素模型

在上式中若所有的 F 值为零,则证券的预期风险溢价为零,因而证券将不存在风险,其预期收益率即为无风险收益率;一旦任一 F 值不为零,则证券的预期收益率都将高于无风险收益率。

因素分析模型的基本思想在于:所有证券的价格将受一些共同因素或偶然因素的影响而一齐变动或部分变动。该模型目的就是将一些偶然因素剔除,从而找出那些共同因素。其常用方法就是统计学里的因素分析法,另外也可以先在理论上确定一些因素,然后再进行实证检验。

3.5 套利定价理论

与 CAPM 一样,套利定价理论(APT)也是建立在均衡分析的基础上的。其基本思想是:在一个充分竞争的市场上,套利者的交易行为将使得风险相同的证券的预期收益率水平一致。最简单的套利行为就是:找到两种相同的证券,买入便宜的卖出(或卖空)昂贵的。套利者买贱卖贵以寻求利润的行为将最终使得证券价格得到调整从而套利机会消失,市场达到均衡。从这个意义上讲,市场效率的含义就是:不存在套利机会,因为套利者的交易行为已使其消失。

APT 理论表明:市场趋向均衡的过程实际上就是套利者通过其交易将由多种因素决定的利润机会消除掉的过程。但该理论并未告诉我们这些因素是什么以及为什么他们是相关的,它仅仅说明证券的预期收益与这些因素相关,也就是说有一些共同的因素在影响着证券的收益,其中也许就有市场收益率水平这个因素(正如 CAPM 模型所表明的),但也不尽然。

1. 套利过程

根据套利定价理论,两个证券若具有相同的影响系数 b,则其预期收益率水平应相同。若不同会怎样呢? 投资者将争相购买收益率较高的证券而卖出(或卖空)收益率较低的证券。

假定市场上证券的收益率由两个因素决定,而无风险收益率为 7%:

$$(E)\bar{R}_j = 0.07 + 0.04 \times b_{1j} - 0.01 \times b_{2j}$$

股票 A 和 B 具有相同的影响系数:$b_{1j} = 1.3$　$b_{2j} = 0.9$,则 A、B 的收益率应相同:

$$(E)\bar{R}_j = 0.07 + 0.04 \times 1.3 - 0.01 \times 0.9 = 11.3\%$$

但在市场上,A 的价格较低,收益率为 12.8%,而 B 的价格较高,收益率为 10.6%,这时聪明的投资者将买入 A,卖出(或卖空)B。若投资者的判断无误,即:两个证券的总风险水平是相同的,由共同的因素决定,则市场上的投资者实际上就是发现了套利机会,其交易行为将使得 A 的价格上升,而 B 的价格下降。直至二者的收益率水平均达至 11.3%。

根据套利定价理论,理性的投资者将使得市场的套利机会消失,市场达到均衡。

2. Roll-Ross 的五因素模型

Roll-Ross 研究发现实际上证券的风险是由五个因素决定的:① 预期通货膨胀率水平的变化;② 不可预期的通货膨胀的变化;③

不可预期的工业生产水平的变化；④ 不可预期的企业债券和政府债券的收益率之差的变化（即违约风险溢价）；⑤ 不可预期的长短期债券的收益率之差的变化（即利率的期限结构）。

前三个因素首先影响企业的现金流进而带来其红利的变化，后两个因素影响市场的资本化率或贴现率水平。

Roll-Ross 模型可表示为：

$$(E)\overline{R}_j = b_0 + b_1(F_{1j}U\triangle 通货膨胀) + b_2(F_{2j}E\triangle 通货膨胀) +$$
$$b_3(F_{3j}U\triangle 工业生产水平) + b_4(F_{4j}U\triangle 债券风险溢价) +$$
$$b_5(F_{5j}U\triangle 长短期债券息差)$$

其中 $E\triangle$ 是可预期的变化，$U\triangle$ 是不可预期的变化。

可见，某证券的收益率为无风险收益率加上各风险因素与影响系数乘积的和。

Roll-Ross 认为 CAPM 模型以 β 值度量风险过于严格，比如也许有几个证券有相同的 β 值，但却有大大不同的风险因素，如果投资者很重视这些风险因素的话，则 β 值将无法很好地决定股东的收益率水平。而此时找到 λ（即各种风险的溢价水平）和 b（各种风险对于证券收益的影响系数）则可以确定股票的收益率水平了。Roll-Ross 估计了月收益率水平的有关变量：

$$(E)\overline{R}_j = 0.00412 - 0.00013(F_{1j}E\triangle 通货膨胀) - 0.00063(F_{2j}U\triangle 通货膨胀) +$$
$$0.01359(F_{3j}U\triangle 工业生产水平) + 0.00721(F_{4j}U\triangle 债券风险溢价) -$$
$$0.00521(F_{5j}U\triangle 长短期债券息差)$$

假定某公司股票的 F 值分别：$F_1 = 1.8, F_2 = 2.4, F_3 = 0.9, F_4 = 0.5, F_5 = 1.1$，则：

$$(E)\overline{R}_j = 0.00412 - 0.00013\times 1.8 - 0.00063\times 2.4 + 0.01359\times 0.9 +$$
$$0.00721\times 0.5 - 0.00521\times 1.1 = 1.25\%$$

但实际上，各种实证研究均对于 F 的稳定性提出了质疑，因而对 APT 模型提出了挑战。

本 章 小 结

　　本章在介绍有效市场假说及其实证研究的基础上,研究了证券组合的风险,分析了基于风险和收益平衡关系的最佳投资组合,最后介绍了证券定价的资本资产定价模型、因素模型和套利定价理论。

第4章 期权定价理论与投资策略

我们已经讨论了具体证券的定价问题,下面我们要讨论的是一种基于基本证券(股票、债券等)的衍生证券——期权的定价问题。期权赋予其持有者一种权利(而非义务):按约定价格购入或出售特定证券的权利。买方(看涨)期权的持有者可按约定价格购入证券卖方(看跌)期权的持有者按约定价格出售的证券。

4.1 期权的到期日价值

欧式期权只可在约定到期日行权,而美式期权可在到期日前(含到期日)任一时间行权。假定我们拥有一份基于股票且不分红的欧式看涨期权,该买方期权的到期日价值为:

$$C_T = \text{Max}(S_T - K, 0)$$

式中　S_T——股票在期权到期日的市场价格;

　　　K——期权的约定行权价格;

　　　Max——取 $S_T - K$ 和 0 中最大者。

例如,某公司股票在期权到期日的价格为 \$25,而买方期权的行权价为 \$15,则期权的价值为 \$25 - \$15 = \$10。我们注意到:期权价值不过是由股票价格与行权价之差决定的。然而,期权价值不可能为负。当股票价格低于行权价时,期权的价值为零。例如,在上例中若股票价格为 \$12,则期权的价值为 0 而非 \$12 - \$15 = -\$3。

在图 4-1 中,横轴为股票价格,纵轴为期权的价值。当股票价格高于行权价时,期权价值为正值且与股票价格呈线性关系。当股票价格等于或低于行权价格时,期权价值为零。

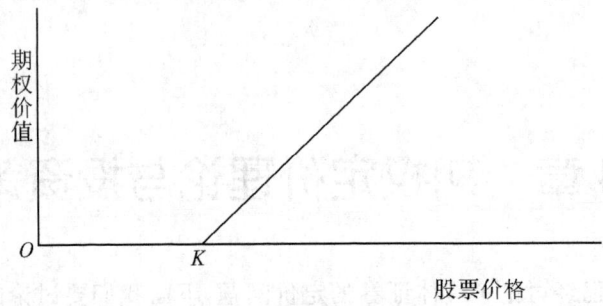

图 4-1　欧式看涨期权的到期日价值

　　那么,期权的持有者即投资者的利损情况如何呢?为了确定投资者的利损,我们必须考虑期权的价格,也就是期权费。若忽略不计资金的时间价值和交易费用的话,投资者在到期日的利损就是期权的价值减去期权费。盈亏平衡点就是股票价值等于期权费加上行权价的点(如图 4-2 所示)。随着股票价格的上升,持有者将开始盈利。

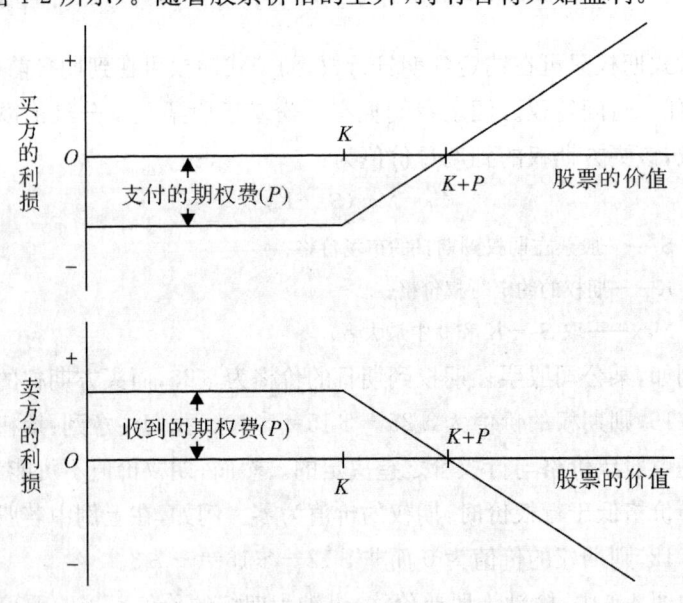

图 4-2　欧式看涨期权买方与卖方的利损图

　　对于期权的卖方,则情况恰好相反。从图 4-2 的下半部分可以看出,卖方收到期权费,只要到期日股票的价格盈利,若到期日股票的价格高于行权价与期权费之和,卖方就发生亏损,随着股票价格的上升,亏损将不断加大。

可见,在期权交易中,买方和卖方互为反向,这是一个零和游戏,即一方的盈利为另一方的亏损。

4.2　期权价值的一般规律

考虑单期期权的定价问题,这里的单期是指 1 个单位时间,至于这个单位时间的长度则可以任意选择。还假定是欧式期权,即仅可以在到期日行权。尽管我们并不知道股票在到期日的价格,但我们假设我们可以得到到期日价格的可能性情况。

图 4-1 表明了普通股股票的初始价格与基于该股票的看涨期权的价格的理论关系。45°线表示的是期权的理论价值:股票的价格与期权行权价之差。当股票价格低于行权价时,期权的理论价值为 0,随着股票价格的上升,期权的理论价值沿该直线上升。

1. 市场价格与理论价值

只要在到期日之前,期权的市场价格就可能高于其理论价值。原因在于期权合约的本质:它赋予期权持有者购入股票的灵活性。假设 ABC 公司股票的当前价格与行权价相同,为 \$10,从理论上讲基于该股票的看涨期权的价值为零。然而,实际上,若在到期日之前股票价格存在高于 \$10 的可能性,则期权将有正的价值从而持有者在到期日之前行权是有利的。比如该期权离到期日还有 30 天,而且在到期日股票价格变为 \$5 的概率为 0.3,变为 \$10 的概率为 0.4,变为 \$15 的概率为 0.3,则期权到期日的预期价格将为:

$$0 \times 0.3 + 0 \times 0.4 + (\$15 - \$10) \times 0.3 = \$1.50$$

可见,即使期权的基础股票价格低于或等于行权价,期权的价格也可能为正。由于期权的价格不可能低于零为负,即使当股票价格低于行权价,通常期权的价格也会高于其理论价值,其高出的幅度部分地取决于离到期日的时间的长短。图 4-3 表明了股票价格与不同到期日期权的价值之间的关系。

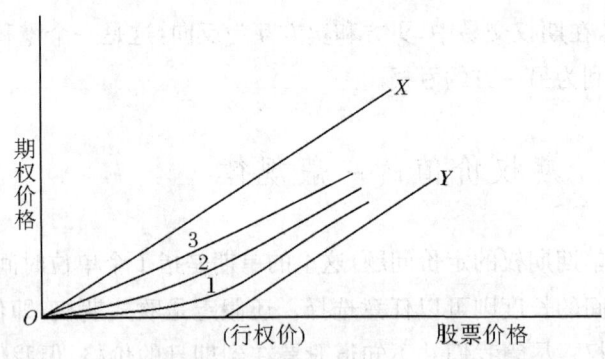

图 4-3　不同到期日的期权的价值与股票的价格的关系

2. 期权价值的临界值

期权的最高可能价值为其所基于的股票的价格(在图 4-3 中由 45°线 X 表示),这只有在期权到期日非常长时才可能实现。此时行权价的现值接近于零,从而期权的价值接近于基础股票的价格。期权的最低可能价值为其理论价值,在图 4-3 中由原点至行权价加上 Y 的折线表示,此时的期权已逼近到期日。因此,直线 X 和 Y 表示了期权基于股票价格的临界值。

对于大部分期权而言,其价值与股票价格的关系处在上述两个边界之间。一般地,期权的理论价值决定了最高的期权费水平。如果股票价格低于期权的行权价,则期权被称为沽亏价(out of the Money),在图中,越向左移期权越有可能在到期日变得无价值。若股票当前价格高于期权的行权价,则期权被称为沽盈价(in the Money),若股票当前价格等于期权的行权价,则期权被称为沽平价(at the Money)。

3. 到期日

一般地,距离到期日的时间越长,期权相对于其理论价值的价值越高。原因在于:期权将可能具有价值的时间越长,而且时间间隔越长,行权价的折现值越低。在其他条件不变的情况下,这些因素都将提高期权的价值。随着到期日的临近,期权价值与基础股票价格的关系将变得越呈凸性。如图 4-3 所示,线 1 代表的期权距离到期日的时间短于线 2 代表的期权距离到期日的时间,而线 3 所代表的期权距离到期日的时间最长。

对于期权持有者而言,提前行权从来都不是最优选择。从图 4-3 中可以看出:期权的实际价值线位于其理论价值线之上。在到期日,期权的实际价值自然等于其理论价值,在到期之前,期权的实际价值,通常高于其理论价值。对于美式期权持有者有权在到期前行权,但由于行权实际上不过是实现了理论价值,持有者应持有期权。相反地,对于期权的卖方,则存在促使买方尽早行权的动因。

4. 利率

期权估价的另一个特点是资金的时间价值。当你通过购入看涨期权来获得股票时,相当于你首先支付了一个"首付款"——期权费,然后在行权日再付余款,这种"延期付款"的价值将随着市场利率的上升而上升,因为,利率水平的上升实际上降低了行权价的折现值。可见,距离到期日的时间间隔越长、利率水平越高则期权的价值越高。

5. 股票价值的波动性

通常在期权定价中最重要的因素是相关基础证券价格的波动性。具体地说,在其他条件不变的情况下,证券价格的可能极端值越高,期权的价值越高。在图 4-3 中,证券价格的波动性越高,期权价值线越高;反之,则越靠近低限 Y。例如,在期初,我们考虑基于两只股票的期权(见表 4-1),在期末两只股票的预期价格相同都为 $40,但 B 的离散度高于 A。假定基于 A 和 B 的看涨期权的行权价都为 $38。

表 4-1

两只股票在期末价格的概率分布

概率 价　格	0.10	0.25	0.30	0.25	0.10
股票 A	$ 30	$ 36	$ 40	$ 44	$ 50
股票 B	20	30	40	50	60

基于股票 A 和 B 的期权的期望价值为：

期权 A $= 0 \times 0.10 + 0 \times 0.25 + (\$ 40 - \$ 38) \times 0.30 +$

$\qquad (\$ 44 - \$ 38) \times 0.25 + (\$ 50 - \$ 38) \times 0.10$

$\qquad = \$ 3.30$

期权 B $= 0 \times 0.10 + 0 \times 0.25 + (\$ 40 - \$ 38) \times 0.30 +$

$\qquad (\$ 50 - \$ 38) \times 0.25 + (\$ 60 - \$ 38) \times 0.10$

$\qquad = \$ 5.80$

股票 B 的较高的价格波动性导致其期权到期日的期望值高于 A。因为,期权的价值不可能为负,所以股票较高的价格波动性意味着股票价格减去期权费的值呈正向变化的幅度越大,从而提高期权的价值。

如图 4-4 所示,两只股票的价格分布不同。若期权的行权价同为 K,所以期权价值的下限也相同,即图中从原点至 K 再向右上倾斜的折线。就期末价格而言股票 B 比股票 A 的概率分布宽,即波动性大。由于股票 B 带来的潜在可能收益高于 A,所以其期权更具价值。

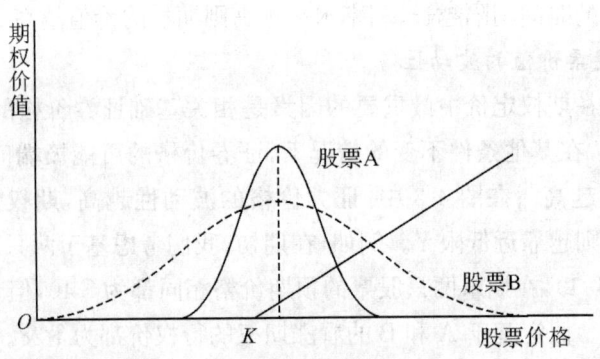

图 4-4　两只股票的波动性及其期权价值

随后,我们将看到,实际上期权的价值不取决于股票的价格。考虑两只股票:具有相同的波动性并且期权条件相同,但一只股票的价格期望值高于另外一只。尽管如此,基于两只股票的期权的价值是相同的。这里,真正起作用的是股票的价格的波动性,这一点至关重要,而且可以贯穿运用到金融风险管理中各种问题的解决。

现在,我们来总结一下看涨期权的价值决定问题,其价值或价格将取决于以下变量的变化(见表 4-2)。

表 4-2

期权价值与各变量的关系

变 量 的 增 加	期权价值的变化
股票价格的波动性	上升
距离到期日的时间	上升
利率	上升
行权价	下降
股票当前价格	上升

这些关系将有助于我们进一步探讨研究期权定价问题。

4.3 对冲头寸的二项式期权定价

如果持有两个相关的金融资产——一只股票和基于该股票的期权,我们就构建了一个无风险的对冲头寸。此时,一个金融资产的价格变化将会被另一个金融资产价格的变化冲销。

1. 对冲的过程

若股票在期末的价格有两种可能。一种可能是高于当前价格以 μS_t 表示;另一种可能是低于当前价格以 dS_t 表示,S_t 为股票的当前价格,μ 为 1 加上股票价格期末比期初上升的百分比,d 为 1 减去股票价格期末比期初下降的百分比。而且,股票价格上升的概率为 q,下降的概率为 $1-q$。

图 4-5 赋予了上述变量具体的数值。股票价格有 3/4 的概率上升 50%,有 1/4 的概率下降 50%。股票价格期末的期望为 $55,即收益率为 10%。假定无风险利率 r_f 为 25%、期权的行权价为 $100。从图 4-5 的右下部分可以看到,期权的价值将为 $50 或 $0(取决于股票价

格的涨跌)。

(a) 期末股票价格

当前股票价格	发生的概率	期末股票价格
$S_t = \$100$	3/4	$1.50 \times \$100 = \$150$
	1/4	$0.50 \times \$100 = \$50$

期末股票价格的
期望值 $=(3/4) \times \$150 + (1/4) \times \$50 = \$125$

(b) 期末期权价值

期末股票价格	发生的概率	期末期权价格
\$150	3/4	$Max(\$150 - \$100) = \$50$
\$50	1/4	$Max(\$50 - \$100) = 0$

期末期权价值的
期望值 $=(3/4) \times \$50 + (1/4) \times 0 = \$37.5$

图 4-5　对冲头寸

此时可以通过买入股票(多头)与卖出期权来构建对冲头寸。在本例中就是构建一个无风险对冲头寸。对冲比率就是期权 Delta。

$$\text{期权 Delta} = \frac{\text{期权价值的可能价差}}{\text{股票价格的可能价差}}$$

代入数据:

$$\text{期权 Delta} = \frac{\mu S_t - d S_t}{\mu S_t - d S_t} = \frac{\$50 - \$0}{\$150 - \$50} = \frac{1}{2}$$

通过上述交易,有关头寸的期末价值将如表 4-3 所示。

表 4-3

各头寸的期末价值

期末的股票价格	股票多头头寸的价值	期权空头头寸的价值	对冲头寸的价值
\$150	$1 \times \$150 = \$150$	$-2 \times \$50 = -\$100$	\$50
\$50	$1 \times \$50 = \$100$	$-2 \times \$0 = 0$	\$50

我们看到,若期末股价为 $150,则 1 单位股票的价格为 $150,扣除期权空头的价值 $100 就得到对冲头寸的价值 $50;若期末股价为 $50,则 1 单位股票的价格为 $50,而期权空头无亏损,从而对冲头寸的价值为 $50。可见,无论股票价格在期末如何,总头寸都实现了完全对冲。

2. 确定期权的价值

上述对冲头寸的收益取决于期初期权的价值或期权费。由于对冲头寸是无风险的,在一个有效的市场里,我们希望该头寸的收益等于无风险利率即 25%。我们知道,对冲头寸期末的价值为 $150,而期初在股票上的投资为 $200,期初在对冲头寸上的总投资为减去卖出 3 份期权所得到的收入。换言之,空头带来的是现金流入,多头带来的是现金流出,而我们关心的是净头寸。

若总的收益率为 25%,则期权期初的价值 C 应通过以下公式确定:

$$[\$100-2(C)]\times 1.25=\$50$$

$$2.5C=\$125-\$50$$

$$C=\$30$$

$$(\$50-\$40)/\$40=25\%$$

因此,在期初的对冲头寸投资为 $100-2\times $30=$40。而该对冲头寸的收益为:($50-$40)/$40=25%,即无风险利率。换言之,在对冲头寸上投资所获收益等同于投资于 $40 无风险资产所获收益。由于两种投资都是无风险的,因而其收益率应相同。

总而言之,若期权与股票对冲头寸结合的话,期权的价格应使得对冲头寸的收益等于无风险利率。若完全对冲头寸可以提供超额收益的话,将诱使投资者购入从而抬高其价格,降低其收益直到达到均衡。这就是套利行为的市场均衡过程。

下面我们来说明一下著名的看涨—看跌平价定理(Put-call Parity Theorem):

　　套利行为引发的市场均衡过程决定了看涨、看跌期权和股票的价格之间存在一定的关系。考虑一个欧式看涨期权和一个欧式看跌期权,若二者具有相同的到期日和行权价 ＄30。我们的投资策略是卖出一个看跌期权、买入一个看涨期权,若忽略不计收到和支付的期权费,则两个期权的到期日价值如图 4-6 所示。

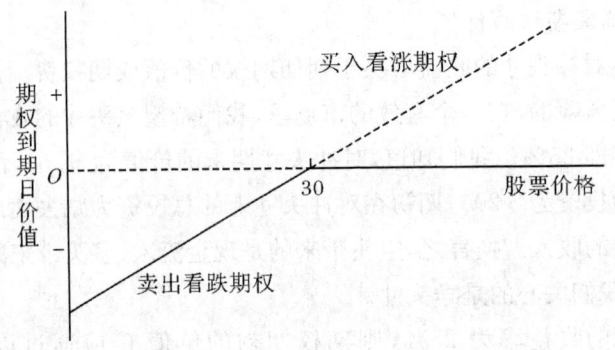

图 4-6　看涨和看跌期权的到期日价值

　　我们看到,我们的投资策略的到期日价值为股票价格减去行权价 ＄30。现在假定我们买入股票并借入与行权价等额的并应在期权到期日偿还的资金。则该投资头寸的到期日价值,在不考虑利息的情况下,也为股票价格减去行权价 ＄30,可见,两种投资策略的结果相同。

　　在不存在套利机会的均衡市场中,看涨、看跌期权的市场价值和股票的价格之间存在精确的数量关系。我们已经说明:买入一个看涨期权并卖出一个看跌期权以及买入股票并借入与行权价相同的资金,两种投资策略的收益是一样的。将资金的时间价值因素考虑进来,则上述关系可表示为:

$$C - P = S_t - PV(K)$$

式中　C——看涨期权的价值;

　　　　P——看跌期权的价值;

　　　　S_t——股票的价格。

　　$PV(K)$ 为行权价的折现值,其时间跨度为距离期权到期日的时间长度。

整理上式,我们得到:

$$-S_t+PV(K)+C-P=0$$

这就是看跌—看涨平价定理。

这个基本表达式可以进一步整理得出每一个变量的表达式:

看涨期权:

$$C=S_t+P-PV(K)$$

看跌期权:

$$P=-S_t+C+PV(K)$$

股票价格:

$$S_t=C-P+PV(K)$$

考虑一个价值为 \$3 的看跌期权,两种期权的行权价都为 \$30,到期时间间隔都为 6 个月,6 个月的利率水平为 4%,股票价格为 \$35,若不存在套利机会,则看涨期权的价值为:

$$C= \$35+ \$3- \$28.80= \$9.20$$

只要看涨期权的价格不等于这个值,市场上就存在套利机会。

可见,看跌—看涨平价定理可用于确定股票和期权是否定价正确。无套利机会意味着三种资产的价值之间存在均衡关系。看跌—看涨平价定理最实用的含义是:在均衡状态下,期权价值等于期权delta(即对冲比率)乘以股票价格。

4.4　布莱克—斯克尔斯期权模型

费谢尔·布莱克(Fisher Black)曾是芝加哥大学的教授,后就职于高盛公司(Goldman Sachs);迈隆·斯克尔斯(Myron Scholes)原是斯坦福大学的教授,后加盟长期资本公司(Long-term Capital)。这两位教授于 1973 年在《政治经济学》杂志上发表了一篇题为《期权定价与公司债务》的文章,提出了一个影响极为深远、堪称金融理论经典之一的期权定价模型,并很快就在业内被广泛地应用。

后来,他们又发现期权定价的理念可以用于其他或有债权的定价。尤其是,该模型深入地探析了债券相对于股票的定价问题。随后,布莱克—斯克尔斯模型又得到了扩展,并被开发了新的用途。该模型对于或有债权的定价具有重大理论价值并对于发现被市场低估或高估的期权具有实践意义。

1. 模型的一般描述

布莱克—斯克尔斯模型是一个关于欧式的股票看涨期权的定价模型,它设定了一系列假设条件:

(1) 该模型仅仅考虑欧式期权,即只能在到期日行权。

(2) 不存在交易成本。期权和股票可以无限细分,信息是无成本地提供给所有人的。

(3) 在卖出期权或买空股票过程中不存在市场不完美问题。

(4) 在期权合约持续期内,短期利率是已知且固定的。市场参与者可以以此利率无限制地借入或贷出。

(5) 股票不支付红利。

(6) 股票价格呈连续的随机游走状态。

(7) 股票收益率呈正态分布。

(8) 股票收益率的方差在持续期内是不变的,且为市场参与者所知晓。

根据上述假设:股票遵循伊藤过程。伊藤过程是一种一般化的维纳过程,而维纳过程又是马尔科夫过程的一种特殊形式。因此,股票价格行为可表示为:

$$dS = \mu S dt + \sigma S dz$$

式中　t——当前时刻;

　　　μ——股票价格的预期收益率;

　　　σ——股票价格波动率;

　　　$dz = \varepsilon \sqrt{dt}$[其中,$\theta \sim N(0,1)$]。

此股票价格行为模型有时也称为几何布朗运动。根据上式,应用数学中的伊藤定理,可以得出:$\ln S_T \sim N\left[\ln S+\left(\mu-\dfrac{\sigma^2}{2}\right)(T-t),\sigma\sqrt{T-t}\right]$,即 S_T 服从对数正态分布。

假设股票价格服从连续性的伊藤过程,而欧式的股票看涨期权的价值(C)是股票价格(S)与期权合约的期限(t)的函数,即:$C=C(S,t)$。股票的市场价格变化与时间的推移对看涨期权价值的影响为:

$$dC=C(S+\Delta S,t+\Delta t)-C(S,t) \tag{1}$$

为得到 $C(S+\Delta S,t+\Delta t)$,可求助于微积分中的泰勒级数二阶展开式:

$$C(S+\Delta S,t+\Delta t)=C(S,t)+\frac{\partial C}{\partial S}\Delta S+\frac{\partial C}{\partial t}\Delta t+\frac{1}{2}\frac{\partial^2 C}{\partial S^2}(\Delta S)^2 \tag{2}$$

将式(2)代入式(1),于是有:

$$dC=C(S+\Delta S,t+\Delta t)-C(S,t)$$

$$=\frac{\partial C}{\partial S}\Delta S+\frac{\partial C}{\partial t}\Delta t+\frac{1}{2}\frac{\partial^2 C}{\partial S^2}(\Delta S)^2 \tag{3}$$

式(3)中的 ΔS^2 可解释为股票价格变动的方差(即 $\Delta S^2-\sigma^2 S^2\,dt$),将其代入式(2),并假设 ΔS 和 Δt 趋于零,于是,上述方程就成为以极限形式出现的伊藤定理:

$$dC=\frac{\partial C}{\partial S}dS+\left(\frac{\partial C}{\partial t}+\frac{1}{2}\frac{\partial^2 C}{\partial S^2}S^2\sigma^2\right)dt \tag{4}$$

为了进一步了解上式所揭示的期权价格变动情况,我们可借助于图形来将式(4)分解成两个部分。图 4-7 显示,对于股票市价发生的一个微小变化,期权价格所作出的相应变动是期权价格曲线的切线斜率 $\dfrac{\partial C}{\partial S}$ 乘以股价的变化 dS,它构成了式(4)等号右边的第一项 $\dfrac{\partial C}{\partial S}dS$,这是惟一的一项呈随机变动特征的变量。

式(4)等号右边的第二项没有随机性,它与期权合约有效期的变化有关,这可用图 4-8 来表示。

看涨期权的价格（C）

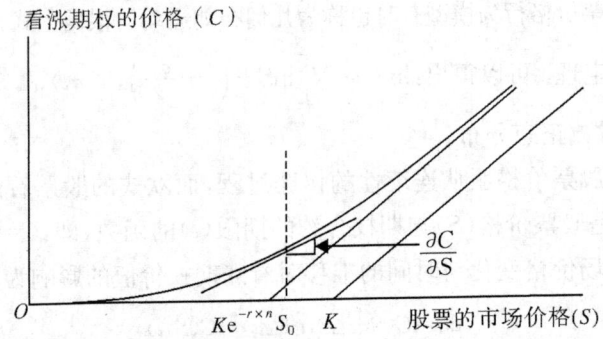

图 4-7　由股票的市价变化（dS）引起的看涨期权价格的变化（dC）

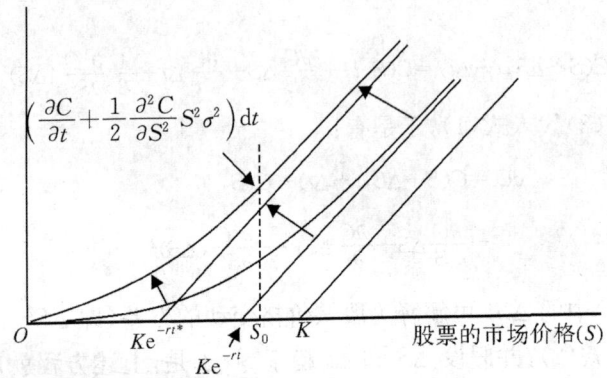

图 4-8　期权合约有效期变化 dt 对看涨期权价格的影响 dC

图 4-8 表明，给定股票的现行市价，期权合约有效期限随时间的推移而缩短（从原来的 t 缩短至目前的 t^*）会减小期权的价值，因为期权执行价格的现值从 Ke^{-rt} 左移至 Ke^{-rt^*}，期权定价曲线相应地也朝左边移动。

在上述假设条件下，就可以概括模型得到期权的均衡价值，若期权的市场价格偏离其均衡价值，我们就可以构建一个无风险的对冲头寸，从而取得高于短期利率水平的超额收益，而套利者的交易行为又会进一步促使市场价格逼近均衡价值，直至套利机会消失。

例如，一个由股票和股票期权构成的无风险对冲性或保值型资产组合（The Hedge Portfolio），这又称为无套利的资产组合（The No

Arbitraged Portfolio)，即：

$$V_H = Q_s S + Q_c C$$

式中　V_H——对冲性资产组合的价值；

　　　　Q_s——对冲性组合中的股票数量；

　　　　Q_c——对冲性组合中的股票看涨期权的数量。

假定 Q_s 和 Q_c 的数量不变，在一个较短的时段里，对冲性资产组合的价值变化源自于股票的市价变化和看涨期权的价格变化：

$$dV_H = Q_s dS + Q_c dC \tag{5}$$

将表示看涨期权价格变化的公式 $dC = \dfrac{\partial C}{\partial S} dS + \left(\dfrac{\partial C}{\partial t} + \dfrac{1}{2} \dfrac{\partial^2 C}{\partial S^2} S^2 \sigma^2 \right) dt$ 代入式(5)，对冲性资产组合的价值变化为：

$$dV_H = Q_s dS + Q_c \left[\dfrac{\partial C}{\partial S} dS + \left(\dfrac{\partial C}{\partial t} + \dfrac{1}{2} \dfrac{\partial^2 C}{\partial S^2} S^2 \sigma^2 \right) dt \right] \tag{6}$$

从式(6)可看出，通过适当选择股票与看涨期权的数量（Q_s 和 Q_c），可使式中 $Q_s dS$ 与 $Q_c \dfrac{\partial C}{\partial S} dS$ 这两项相互抵销，从而消除对冲性资产组合中的受随机性因素（即股票的市场价格变化）影响的部分，使该资产组合的价值成为可预测的。

如何来选择呢？其实，一个适当的股票多头寸(Long Position)与看涨期权的空头寸(Short Position)能做到这一点。签发股票看涨期权会因股票市价上涨而蒙受损失，而持有股票却因股价上扬而获得收益，两者能相互抵销；反之，股价下跌使看涨期权空头寸获得的收益被股票多头寸所蒙受的亏损正好相抵。从数量上讲，通过使 $\dfrac{Q_s}{Q_c} = \dfrac{\partial C}{\partial S}$，期权价格因随机性股票价格涨跌而发生的变动被股票价格本身的变动所抵销。这样，期权合约到期日的日渐缩短对期权价格产生的影响是对冲性资产组合仅有的价格变动根源，但它是可预测的。

所以，结论是：在股票市价和看涨期权的价格随时间的推移而发生随机变化的情况下，只要恰当地选择构成对冲性资产组合的股票和期权的数量,该资产组合就会变得没有风险。

设 $Q_c = -1$,$Q_s = \dfrac{\partial C}{\partial S}$,公式 $V_H = Q_s S + Q_c C$ 成为:

$$V_H = \left(\frac{\partial C}{\partial S}\right)S - C$$

而公式 $\mathrm{d}V_H = Q_s \mathrm{d}S + Q_c\left[\dfrac{\partial C}{\partial S}\mathrm{d}S + \left(\dfrac{\partial C}{\partial t} + \dfrac{1}{2}\dfrac{\partial^2 C}{\partial S^2}S^2\sigma^2\right)\mathrm{d}t\right]$ 则变成:

$$\mathrm{d}V_H = -\left(\frac{\partial C}{\partial t} + \frac{1}{2}\frac{\partial^2 C}{\partial S^2}S^2\sigma^2\right)\mathrm{d}t$$

从这个公式来看,$\mathrm{d}S$ 所代表的随机性变量被消除了,余下的仅仅是可预测的 $\mathrm{d}t$ 项,所以,$\mathrm{d}V_H$ 也是可预测的。这就决定了对冲性资产组合是无风险的,其收益率一定等于无风险利率(r),即:$\dfrac{\mathrm{d}V_H}{V_H} = r\mathrm{d}t$。对此式移项后有:$\mathrm{d}V_H = V_H r\mathrm{d}t$。

当然,导出上式的对冲资产组合并非一直是无风险的,它仅仅是在一个很短的时期内如此。因为随着 S 和 t 在不断地发生变动,$\dfrac{\partial C}{\partial S}$ 也在相应地发生变化,所以,为了从根本上确保对冲性资产组合没有风险,必须经常地进行调整,即根据基础资产的价格变动适当地改变股票现货与股票期权在资产组合中的比重。

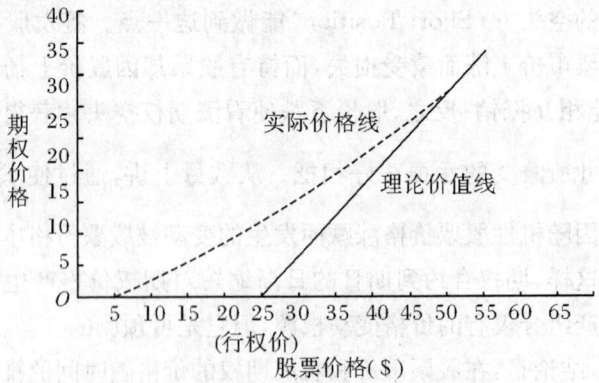

图 4-9 XYZ 公司股票与期权价格的关系

图 4-9 表明的是 XYZ 公司股票的价格与期权价值之间的关系。假定股票价格为＄20,期权价格为＄7。当股票价格为每股＄20 时,图 4-9中曲线的斜率为 1/2。对冲头寸可以通过以＄20 价格买入 1 股股票和以＄7 价格卖出两份期权构建。该头寸的净投资为＄20－2（＄7）＝＄6。

本例中的期权 Delta 为 1/2,也就是说我们通过买入两份期权复制股票的预期收益。相反地,也可以通过买入 1/2 股股票构建 1 份期权。

持有 1 股股票(多头)和卖空两份期权(空头)可以让我们达到对冲风险的目的。如果股票价格小幅下降,则空头头寸的价值将近似上升同样的值。这里,我们说"近似"是由于随着股票价格的变化和时间的变化,理想的对冲比率也会变化:在图 4-9 中,随着股票价格的上升,曲线的斜率增加,因而,需要卖出的期权量减少;随着股票价格的下降,曲线的斜率减小,因而,需要卖出的期权量增加。一般地,股票价格相对于期权的行权价越高,则期权的风险越小,需要用于对冲风险的期权量越大。除股票价格的因素,随着离到期日的时间临近,因图 4-9 中的期权实际价格线将向下移。可见,随着股票价格和时间的变化,对冲头寸也需不断调整。

2. 具体模型

在上述假设条件下,以布莱克—斯克尔斯模型定价的看涨期权价值为:

$$C = S_t N(d_1) - K e^{-rt} N(d_2)$$

式中　S_t——股票的当前价格;

　　　K——期权的行权价;

　　　$e = 2.71828$;

　　　r——短期的计连续复利的年利率;

　　　τ——距离期权到期日的时间间隔$(T - t)$。

$$d_1 = \frac{\ln(S_t/K) + \left[r + \frac{1}{2}(\sigma^2) \right]\tau}{\sigma\sqrt{\tau}}$$

$$d_2 = \frac{\ln(S_t/K) - \left[r + \frac{1}{2}(\sigma^2) \right]\tau}{\sigma\sqrt{\tau}}$$

$$d_2 = d_1 - \sigma\sqrt{\tau}$$

式中　σ——股票收益率的标准差。

这个公式似乎显得很复杂,但实际上其含义却很简单明了。式中 $N(d_1)$ 表示 Delta 即对冲比率:为对冲风险应保持的股票与期权头寸比率。根据我们前面的分析,期权的持有者实际是个杠杆投资者,他以利率 r 借入相当于行权价的资金。因此,公式中右边第二项代表了借款,即相当于行权价的资金的折现值再乘以调整项 $N(d_2)$,所以上式的含义是:

$$\text{期权价值} = \left(\frac{\text{期权}}{\text{Delta}} \times \frac{\text{股票}}{\text{价格}} \right) - \text{贷款调整额}$$

布莱克—斯克尔斯模型的一个重要含义在于:期权价值是短期利率、距离到期日的时间间隔、股票收益率的方差的函数,但却不是股票期望收益率的函数。期权价值随着 τ、σ^2、r 的增加而增加,其中利率 r 对于期权价值的影响最小。随着 τ、r 和 σ^2 的增加,期权的价值将逼近股票的价格(这是一个极限值)。

在定价公式的求解过程中,我们知道 5 个变量中的 4 个变量:当前股票价格、距离期权到期日的时间、行权价和短期利率。最关键的未知变量是股票价格的标准差。Black 和 Scholes 假定股票的计连续复利的收益率服从拥有固定方差的正态分布。通常的解决方法是用历史上最近期间的股票价格的波动性作为在期权有效期内股价波动性的替代。我们可以用过去 1 年股票价格的周观察值,求得股票相对价格的自然对数,从而得到其年标准差。当然也有一些其他方法可以估计出波动性的收益率的标准差为 0.40,通过查找金融类报刊,我们可以找到其他 4 个变量的值:

股票当前价格:$St = \$30$

期权的行权价:$K = \$28$

短期计连续复利的年利率：$r = 0.10$

距离到期日的时间：$\tau = 0.5$ 年

则：

$$d_1 = \frac{\ln(30/28) + \left[0.10 + \frac{1}{2}(40)^2\right](50)}{0.40\ \sqrt{0.50}}$$

$$= \frac{0.15893}{0.282843} = 0.562$$

$$d_2 = \frac{\ln(30/28) - \left[0.10 + \frac{1}{2}(40)^2\right](50)}{0.40\ \sqrt{0.50}}$$

$$= \frac{0.078993}{0.282843} = 0.279$$

期权定价公式中的 $N(d_1)$ 和 $N(d_2)$ 为服从标准正态分布的变量取值小于 d_1 和 d_2 的概率。对于钟形的正态分布，变量处于均值加减 1 个标准差区间的概率为 68.26%，处于均值加减 2 个标准区间的概率为 95.44%，处于均值加减 3 个标准区间的概率为 99.74%。

$$N(d_1) = N(0.562) = 1 - 0.287 = 0.713$$

$$N(d_2) = N(0.279) = 1 - 0.390 = 0.610$$

所以：　　　$C = \$30 \times 0.713 - e^{\frac{\$28}{0.10 \times 0.5}} \times 0.610 = \$5.14$

可见，根据 B-S 模型，基于拥有上述特征的股票的看涨期权的价格为 $\$5.14$。

$N(d_1)$ 即为合意的对冲比率，在本例中为 0.713，这意味着股票价格的一个单位的变动将伴随着期权价格的 0.713 个单位的变动，为了对冲风险，则每卖出 1 份期权应购入 0.713 股股票，在这种投资比例安排下，金融资产价格的变化可以互相冲抵。上述结果还表明：如果期权的价格高于或低于 $\$5.14$，则存在市场高估或低估问题。

然而，在运用计算结果时必须非常小心，因为我们是用过去的标准差来估计未来的标准差，这种近似未必合适，而定价公式实际上对于标准差的取值非常敏感。

表 4-4 列示了在取不同参数情况下,定价公式的计算结果。

表 4-4

参数取值与期权价格

标 准 差	行 权 价	$r=5\%$		
		$t=1$ 个月	$t=4$ 个月	$t=7$ 个月
0.20	$35	5.15	5.77	6.42
0.20	40	1.00	2.18	3.02
0.20	45	0.02	0.51	1.11
0.30	35	5.22	6.26	7.19
0.30	40	1.46	3.08	4.20
0.30	45	0.16	1.26	2.24
0.40	35	5.39	6.90	8.11
0.40	40	1.92	3.99	5.38
0.40	45	0.42	2.11	3.44

在实践中人们非常关注对于波动性的假设。在对期权或具有期权特性的合约进行定价时,通常首先要作出类似于这样的声明:"估价是基于 23% 的标准差假设的。"

3. 运用概率分析推导 B-S 模型

(1) 欧式看涨期权的定价的两个关键问题。有公式如下:

$$E(C_T)=\text{Max}(S_T-K,0)$$

上式表明,在期权合约的到期日,期权的价值由股票市场价格和期权执行价格的差额与零这两者之间的较高的一个构成。如果 $S_T>K$,有 $\text{Max}(S_T-K,0)=S_T-K$;反之,如果 $S_T<K$,则 $\text{Max}(S_T-K,0)=0$。

将 ρ 定义为 $S_T>K$ 的概率,公式 $E(C_T)=\text{Max}(S_T-K,0)$ 可改写为:

$$E(C_T)=\rho\times[E(S_T|S_T>K)-K]+(1-\rho)\times 0$$

$$=\rho\times[E(S_T|S_T>K)]$$

这是欧式看涨期权在到期日的预期价值,式中的 $E(S_T|S_T>K)$ 代表 $S_T>K$ 条件下(即看涨期权处于"沽盈价"时)的 S_T 的预期值。假如要求得到该欧式看涨期权在交易日的价值,则必须对上式进行贴现:

$$C = e^{-r\times\tau}E(C_T)$$
$$= \rho\times e^{-r\times\tau}\times[E(S_T|S_T>K)-K]$$
$$= \rho\times e^{-r\times\tau}\times E(S_T|S_T>K)-\rho\times e^{-r\times\tau}K$$

从上式可看出:欧式看涨期权的价值等于股票预期价格的现值与一个概率的乘积减去期权执行价格的现值与相同概率的乘积。这样,欧式看涨期权的定价可归纳为两个主要问题:一是在期权到期日,$S_T>K$(即看涨期权处于"沽盈价"状态)的概率是多少? 二是股票在期权到期日的预期价值 $E(S_T|S_T>K)$ 是多少? 这两个问题都可以从金融资产价格的对数分布中找到答案。

图 4-10 展示了一个对数正态分布。如果我们想为执行价格为 $120 的期权定价,图中的阴影部分则提供了在期权到期日股价超过 $120 的分布情况,即图中标示出阴影的部分占了整个分布的 0.340308,它意味着在期权到期日股票市价超过 $120 的概率为 34.0308%,而阴影部分的预期值为 $137.886。这就为期权的定价提供了十分重要的参数依据。

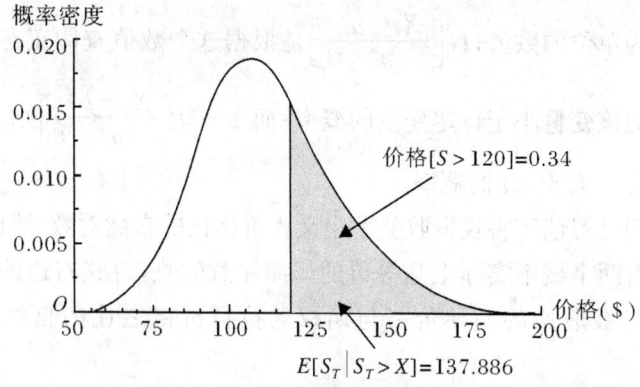

图 4-10　股价对数的正态分布

那么,这 34.0308％的概率与＄137.886 的期望值又是如何计算出来的呢? 下面,我们就围绕这两个问题展开分析。

(2) $S_T>K$ 的概率推导。股票在期权到期日的市场价格(S_T)超过某一个价格(K)的概率(ρ),实际上与股权投资在某一个时期里的收益率(R)超过特定收益率($\tilde{R}$)的概率是一样的。股票价格运动服从对数正态分布,收益率则服从正态分布,后者比前者更容易计算。

一般来说,收益率大于或小于某一特定值(如预期收益率)的概率可先通过计算 z,然后再查阅正态分布表来得到:

$$z=\frac{R-\hat{R}}{\sigma}$$

z 值计算出来之后,然后查阅正态分布数值表,便可找出投资回报率偏离某个特定值的概率。

推而广之,任何变量(x),其大于某一特定值(X_s)的概率由下式给出:

$$Prob(x>x_s)=1-N\left[\frac{X_s-\mu^*}{\sigma^*}\right]$$

式中的 μ^* 为 x 变量的期望值,σ^* 为 x 变量的标准差,$N(\ )$代表累积正态分布;$\frac{X_s-\mu^*}{\sigma^*}$ 是将特定变量 X_s 与期望值 μ^* 的离差转化成以标准差为单位的数值;$N\left[\frac{X_s-\mu^*}{\sigma^*}\right]$ 是根据这个数值查阅正态分布表后找到的该变量小于特定变量的概率;而 $1-N\left[\frac{X_s-\mu^*}{\sigma^*}\right]$ 则反之,它代表的是 x 大于 X_s 的概率。

我们已习惯于将投资收益率定义为价格比的自然对数,所以,以下等式左右两个概率实际上是等价的。需注意的是,等式右边的特定变量(X_s)已被股票的初始价格与期权的执行价格之比的自然对数所取代。

$$Prob[S_T>K]=Prob\left[收益率>\ln\left(\frac{S_t}{K}\right)\right]$$

前面已介绍过,期权定价是基于风险中立理论之上的。如果将以连续复利形式计算的无风险利率(r)定义为 $r=\mu+\dfrac{\sigma^2}{2}$,那么,股票价格比的自然对数的期望值($\mu^*$)与标准差($\sigma^*$)就分别是 $\left(r-\dfrac{\sigma^2}{2}\right)\tau$ 和 $\sigma\sqrt{\tau}$。

将 $\mu^*=\left(r-\dfrac{\sigma^2}{2}\right)\tau$ 与 $\sigma^*=\sigma\sqrt{\tau}$ 代入公式 $Prob(x>x_s)=1-N\left[\dfrac{x_s-\mu^*}{\sigma^*}\right]$ 之中,再将此式与公式 $Prob[S_T>K]=Prob\left[收益率>\ln\left(\dfrac{S_t}{K}\right)\right]$ 合并,便可得到:

$$\rho=Prob[S_T>K]=Prob\left[收益率>\ln\left(\frac{S_t}{K}\right)\right]$$

$$=1-N\left[\frac{\ln\left(\dfrac{S_0}{K}\right)-\left(r-\dfrac{\sigma^2}{2}\right)\tau}{\sigma\sqrt{\tau}}\right]$$

正态分布的对称性意味着 $1-N(d)=N(-d)$,因此有:

$$\rho=Prob[S_T>K]=N\left[\frac{\ln\left(\dfrac{S_0}{K}\right)+\left(r-\dfrac{\sigma^2}{2}\right)\tau}{\sigma\sqrt{\tau}}\right]$$

上式中方括号里的一项如果用 d_2 来代替,在期权到期日,股票的市价大于期权执行价格的概率如下:

$$\rho=Prob(S_T>K)=N(d_2)$$

(3) 期望值 $E(S_T|S_T>K)$ 的推导。与推导 $S_T>K$ 的概率相比,推导期望值 $E(S_T|S_T>K)$ 的过程则比较复杂,它涉及微积分技巧的运用。我们已了解到,布莱克—斯科尔斯的期权定价模型曾假设在任何未来的日子里,股票价格的运动都服从对数正态分布。因此,欧式看涨期权定价公式也可采取下列形式:

$$C=\mathrm{e}^{r\times\tau}\int_{\infty}^{\infty}(S^*-K)L'(S^*)\mathrm{d}S^*$$

期望值 $E(S_T|S_T>K)$ 的推导要求我们运用克利夫·史密斯(Cliff Smith)于 1976 年提出的定理来对对数正态分布的密度函数从 x 到 ∞ 进行积分,其结果是:

$$E(S_T|S_T>K)=S_t e^{r\times\tau}\left[\frac{N(d_1)}{N(d_2)}\right]$$

其中,

$$d_1=\left[\frac{\ln\left(\frac{S_t}{K}\right)+\left(r+\frac{\sigma^2}{2}\right)\tau}{\sigma\sqrt{\tau}}\right]=d_2+\sigma\sqrt{\tau}$$

$$d_2=\left[\frac{\ln\left(\frac{S_t}{K}\right)+\left(r-\frac{\sigma^2}{2}\right)\tau}{\sigma\sqrt{\tau}}\right]=d_1-\sigma\sqrt{\tau}$$

至此,有了 ρ 和 $E(S_T|S_T>K)$ 的完整表达式,将之代入公式:

$$C=e^{-r\times\tau}E(C_T)$$
$$=\rho\times e^{-r\times\tau}\times[E(S_T|S_T>K)-K]$$
$$=\rho\times e^{-r\times\tau}\times[E(S_T|S_T>K)-\rho\times e^{-r\times\tau}]$$

便得到了标准的欧式股票看涨期权的定价公式,它与公式 $[C=SN(d_1)-Ke^{-r\times T}N(d_2)]$ 完全相同:

$$C=e^{-r\times\tau}E(C_T)$$
$$=\rho\times e^{-r\times\tau}\times[E(S_T|S_T>K)-K]$$
$$=N(d_2)\times e^{-r\times\tau}\times\left\{S\times e^{r\times\tau}\times\left[\frac{N(d_1)}{N(d_2)}\right]\right\}$$
$$=SN(d_1)-Ke^{-r\times\tau}N(d_2)$$

4. 对模型的一些修正

前面我们曾提到,Delta 对冲比率应随价格和波动性的变化而作出调整。理论上,需要进行连续的调整以保证实现无风险对冲。但实践中有些变化是不可能连续实现的,如交易处理的延迟和交易成本的存在。许多人在使用 B-S 模型时,每周调整一次对冲比率。价格变化迅速时比之价格稳定时,需要更高频率的调整。当然,我们实际上无法达到完美的对冲,仅仅可能近似地对冲。

到目前为止,我们的重点一直在于寻求 Delta 即对冲比率对于股票及期权的均衡价格的作用。实际上,如果拥有其他一些参数,将可以提高模型的精确度:

(1) Gamma:期权价值对于股票价格的二阶导数。

(2) Theta:期权价值对于距离到期日时间间隔的一阶导数。

(3) Rho:期权价值对于利率的一阶导数。

(4) Vega:期权价值对于股票价格波动性的一阶导数。

这些参数共同构成了度量期权风险的希腊字母体系,我们在第 7 章还将对其进行详细分析。

5. 美式期权

在前面的部分,我们讨论的是对基于不分红的股票的欧式期权的定价问题。现在我们放弃欧式期权和不分红两个假设来讨论期权定价问题。

美式期权的持有者可以在到期日之前的任何时间行权,由于其持有者拥有欧式期权的所有权利之外又具备了欧式期权的价值,在一些情况下应高于后者的价值。但在前面我们也分析过,美式不分红期权持有者将不会提前行权。提前行权者不仅放弃了其行权的权利而且因支付行权价而失去了资金的时间价值。而对于美式期权,若不提前行权,其实际上与欧式期权无异。只有对于基于分红的股票的期权,美式和欧式才存在差别,我们称之为分红效应。

普通股的现金分红将降低其期权的价值。在其他条件不变的情况下,分红越高,期权的价值越低。在本质上,现金分红表示股东(而非期权持有者)对企业的所有权的部分变现。股票分红后其市场价格将下降一定幅度(由于税收原因,将低于分红额)。在其他条件不变时,在期权到期日前,股票分红额的现值越高,期权价值越低。这种关系如图 4-11 所示。图中曲线表示在不同分红水平下的期权的实际价值。在其他条件不变时,分红额越高期权价格线越靠近理论价值线。

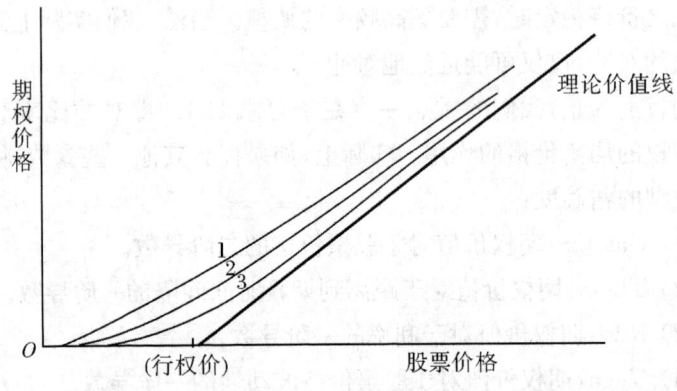

图 4-11　在不同分红水平下股价和期权价格的关系

　　分红政策将对美式期权的行权时间产生影响,因为行权购入股票可以享受红利,但提前行权的不利之处在于将失去资金的时间价值。由此,红利与利息之间形成了一种替代关系,从而决定了最优的行权时间。

　　6. 债务及其他期权

　　除了股票期权,还有基于其他证券的期权。也有指数期权(Index Option),如基于 Standard & Poor's 500 指数或 NYSE 指数的期权。

　　另一种期权是债务期权(Debt Option),即基于实际的债务工具或利率期货合约的期权。这种期权提供了一种规避不利的利率变化的方法。另外还有外汇期权。

　　事实上,期权作为一种选择权,在经济领域中几乎无处不在:普通股股票可以看作是一种对公司资产的看涨期权;经济主体发行的零息票贴现债券,其实质是一种经过抵补的看涨期权,它的利损图类似于出售一份看跌期权。复杂一些的公司财务工具也都具有期权的特点,如上市公司增资扩股时给予股东的优先购买权或认股权证、公司发行的附息债券、可赎回债券、可求偿偿债基金债券、可转换债券和可交易债券等。在公司财务的投资项目决策、保险公司业务和担保公司业务中,期权思想都得到了体现。尤其是,期权的不同交易投资策略可以用于市场风险管理,期权的思想及定价原理可用于信用风险管理。下面我们就来研究以上交易的投资策略,至于其在信用风险管理中的运用,我们将在第8章研究。

4.5　期权交易的投资策略

期权是最富有创造性的一种金融衍生工具,其非对称性的盈亏特征,能适应市场行情的变幻莫测和投资者的不同预期心理,可以形成不同的投资策略:由各种期权合约以及由期权交易与基础资产的期货或现货交易组合而成的投资策略几乎是无穷的。

以往的任何交易形式(包括传统的现货交易以及衍生的远期交易和期货交易),其买进与卖出的损益图形都是对称的。在图 4-12 中,左边的是买进或做多(Buy Long)的损益图形,右边则是卖出或做空(Sell Short)的损益图形。

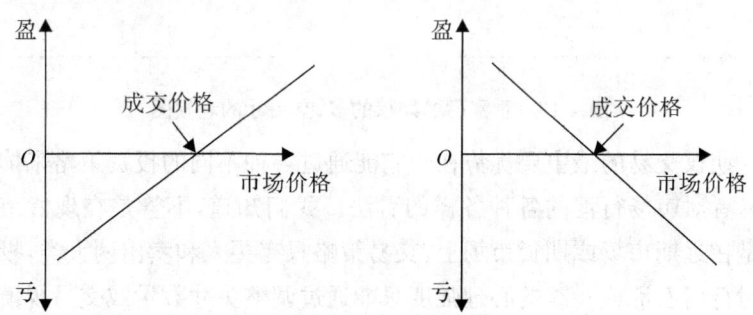

图 4-12　现货(即期)交易、远期交易和期货交易的利损图

在买进或做多的情况下,市场价格上升就盈利,市场价格下跌就亏损;而卖出或做空的情况下则相反,即市场价格上升就亏损,市场价格下跌反而盈利。

期权是一种极富创造性的交易工具,它的诞生形成了四种不对称的基本损益图(见图 4-13),这直接导致了市场交易的形式和内容发生了深刻变革:一方面期权交易通过本身的组合可衍生出各种形状的损益图形;另一方面期权交易也可与现货(即期)交易、远期交易或期货交易进行组合,并由此改变了投资者最初的头寸状况。

买入看涨期权　　　　　　　　　　买入看跌期权

卖出看涨期权　　　　　　　　　　卖出看跌期权

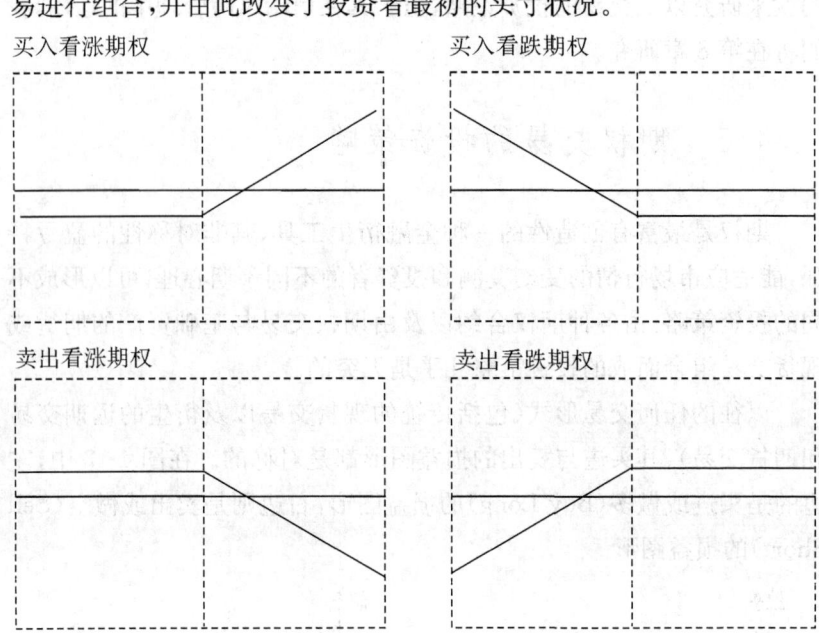

图 4-13　看涨(跌)期权的多、空头寸的利损图

　　期权交易的最主要优势在于它能通过各种不同的投资策略来体现交易者对市场行情的各种各样的看法。我们知道,不管是在现货市场还是在远期市场或期货市场上,交易策略只有买入和卖出两大类,投资者对行情看涨或看跌的心理强度只能通过调整头寸数量或交易规模来反映。换言之,现货交易策略和期货(远期)交易策略是两维的、平面的,是比较简单的。

　　期权交易则可形成许多种投资组合,它能有效利用市场上可能出现的各种机会,即不管市场行情是看涨还是看跌,不管市场行情是发生急剧变化还是趋于稳定、在预期市场剧烈波动时不管对变化方向是有把握还是抓不准,只要期权交易的组合策略得当,随时随地都存在盈利赚钱的机会。然而,上述有些行情(如市场价格稳定、或者对市场变化方向把握不准等)对于现货交易和期货(远期)交易来说,要想积极牟取利润则往往是无能为力的。所以说,期权交易是三维的、立体的,是更复杂、更富有动感的。

1. 买进保护性质的看跌期权

即投资者在买进现货或期货的同时,买进该种资产的看跌期权(Buying a Protective Put)。这适用于投资者预期牛市将出现,但又希望规避万一价格下跌而造成的损失,因而可以通过买进看跌期权对现货或期货的多头头寸进行对冲。

假定某投资者以每股 $ 40 买入股票但又不愿承担未来股价下跌的风险,就可以买入一个看跌期权,后者的价值将随股价的下跌而上升。若 6 个月期的行权价为 $ 40 的看跌期权的市场售价为 $ 2.5,表4-5 就显示了该投资策略损益情况。

表 4-5

保护性看跌期权的利损

股票价格	股票头寸的收益	看跌期权的内在价值	看跌期权头寸的利润	总利润
$ 20	($ 20)	$ 20	$ 17.50	－ $ 2.50
25	(15)	15	12.50	－2.50
30	(10)	10	7.50	－2.50
35	(5)	5	2.50	－2.50
40	0	0	(2.50)	－2.50
45	5	0	(2.50)	2.50
50	10	0	(2.50)	7.50
55	15	0	(2.50)	12.50
60	20	0	(2.50)	17.50

可见,无论股价如何下跌,投资者的最大损失为 $ 2.5,而若股价上升,理论上其利润是无限上升的,当然,在对冲了股价下跌的风险的同时也将其潜在利润扣除一个相当于期权费的金额。这实际上形成了一个看涨期权(Symthetic Long Call)(如图 4-14 所示)。

现货多头   看跌期权多头

看涨期权多头

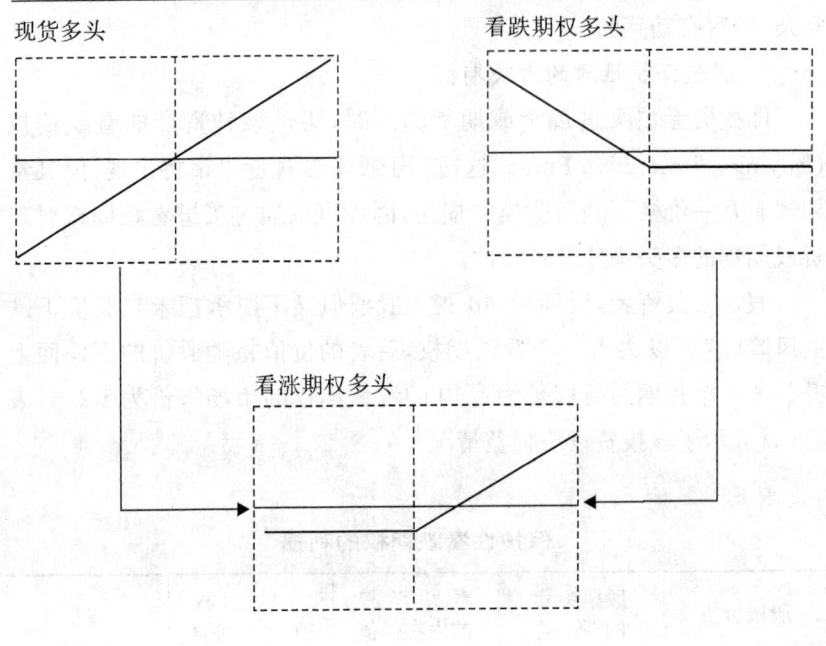

图 4-14　合成看涨期权

2. 卖出经过抵补的看跌期权

即投资者在卖出现货或期货的同时,卖出该种资产的看跌期权(Writing a Covered Put)。这适用于投资者预期市场价格在长期将呈弱势,但在近期比较稳定,因此,通过出售看跌期权来赚取一部分期权费收入。这样,若看跌期权的持有人行权,投资者可以用其交付的股票弥补股票的空头头寸。这种策略限制了投资者的潜在利润,但也规避了风险,当然若股价不断上涨,其理论亏损是无限的,盈亏平衡点为股价处于股价加上期权费的价格水平上。另外,若投资者预期股价不是稳定的,而是将大幅下跌,则采取卖空股票的同时买入看跌期权的策略将为其带来更大收益。

假定市场情况:股票价格为 $52,看跌期权行权价 $55,看跌期权的价格 $5.50。

显然,该看跌期权为沽盈价(因为其内在价值为正 $P_e - P_s = \$55 - \$52 = \$3$)。由于投资者预期股价将保持稳定并缓慢下降,则可以卖空股票的同时卖空看跌期权,该投资策略的利损情况如表 4-6 所示。

表 4-6

卖出经过抵补的看跌期权的利损

股票价格	股票空头头寸的利损	看跌期权的内在价值	看跌期权头寸的利损	净利损
$ 40	$ 12	$ 15	$ (9.50)	$ 2.50
45	7	10	(4.50)	2.50
50	2	5	0.50	2.50
52	0	3	2.50	2.50
55	(3)	0	5.50	2.50
57.50	(5.50)	0	5.50	0
60	(8)	0	5.50	(2.50)
65	(13)	0	5.50	(7.50)

在该例中无论是低于还是等于 $5.5,即期权的行权价,投资者的最大可能利润都是 $2.5,而若股价上升,其潜在亏损是无限的,盈亏平衡点为 $57.50(见图 4-15)。

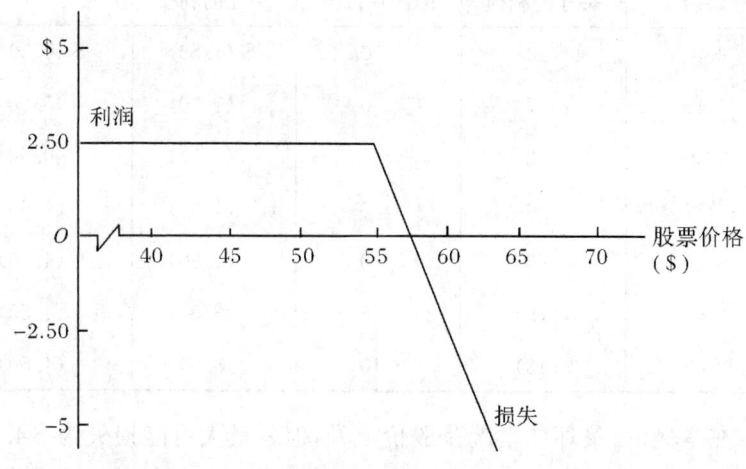

图 4-15　卖出经过抵补的看跌期权的利损

可见,这种策略相当于复制了一个看涨期权的空头头寸。

3. 买进保护性看涨期权

若投资者预期股价将大幅下跌,则上述策略显然不合适:它限制了价格下降可能带来的收益。此时投资者可以卖空股票(或买入看跌期权),但若股价上升,则又无法避免损失。为此,可以在卖空股票的同时买入看涨期权,此即买进保护性看涨期权(Buying a Protective Call)的投资策略。这种策略是买进保护性看跌期权的反向策略(以看跌期权头寸的盈利抵补股票多头头寸的亏损)。

假定市场情况:股票价格为 \$52,看涨期权的行权价 \$55,看涨期权的价格 \$1.50。

该看涨期权为沽亏价,因为行权价高于当前股票价格。

投资者可以在以 \$52 卖空股票的同时,以 \$1.50 买入看涨期权,则其利损情况如表 4-7 所示。

表 4-7

买进保护性看涨期权的利损

股票价格	股票空头头寸的利损	看涨期权的内在价值	看涨期权头寸的利损	净利损
\$40	\$12	\$0	\$(1.50)	\$10.50
45	7	0	(1.50)	5.50
50	2	0	(1.50)	0.50
52	0	0	(1.50)	(1.50)
55	(3)	0	(1.50)	(4.50)
60	(9)	5	3.50	(4.50)
65	(13)	10	8.50	(4.50)

在本例中,最坏的情况是股价上升,但其最大可能损失为 \$4.5。理论上,当价格上升时空头头寸的亏损是无限的,而该策略则通过看涨期权的盈利限制(或对冲)了这种风险。当然,为此投资者也放弃了一

些利润(即期权费),如图 4-16 所示。

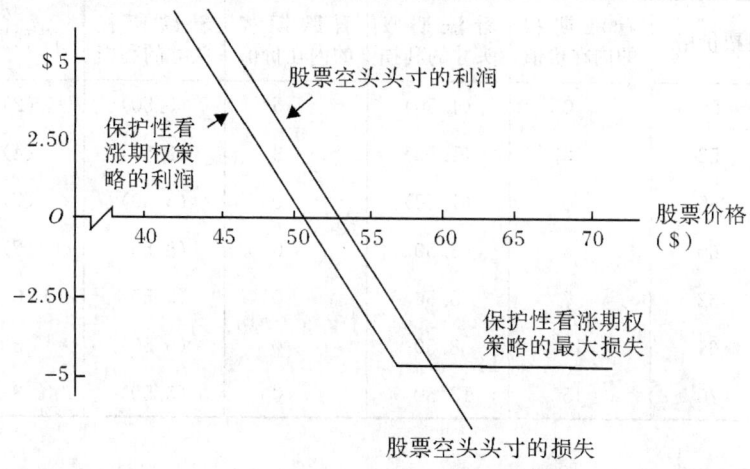

图 4-16 保护性看涨期权策略的利损

4. 同价对敲

即同时买进(或卖出)期限相同、行权价相同的看涨和看跌期权(Straddle)。若同时买进,则无论股票价格上升还是下降,投资者都将盈利,而其最大可能损失不过是两笔期权费。这种策略适用于当投资者预期股价将变化,但对其方向(上升还是下降)却不确定。

假如市场情况:股票价格 $52,看涨期权的价格(行权价 $55)$1.50,看跌期权的价格(行权价 $55)$5.50。

该策略的利损情况如表 4-8、图 4-17 所示。

表 4-8

同价对敲多头策略的利损

股票价格	看涨期权的内在价值	看涨期权头寸的利损	看跌期权的内在价值	看跌期权头寸的利损	净利损
$40	$0	$(1.50)	$15	$9.50	$8
45	0	(1.50)	10	4.50	3
48	0	(1.50)	7	1.50	0

(续表)

股票价格	看涨期权的内在价值	看涨期权头寸的利损	看跌期权的内在价值	看跌期权头寸的利损	净利损
50	0	(1.50)	5	(0.50)	(2)
52	0	(1.50)	3	(2.50)	(4)
55	0	(1.50)	0	(5.50)	(7)
60	5	3.50	0	(5.50)	(2)
62	7	5.50	0	(5.50)	0
65	10	8.50	0	(5.50)	3
70	15	13.50	0	(5.50)	8

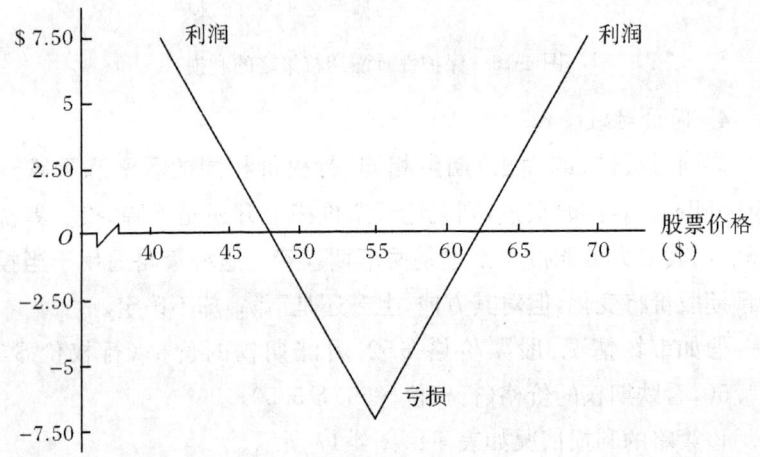

图 4-17　同价对敲多头策略的利损

从图 4-17 中可见,当股价低于 $62,高于 $48 时该投资者将发生亏损,最大可能亏损为 $7。

同价对敲多头头寸使投资者在其预期的股价变化发生时获得盈利,同时又可以在股价未按预期发生变化时限制其损失水平。

若投资者预期股票将保持稳定,则采取卖出同价对敲头寸的策略。其利损如表 4-9、图 4-18 所示。

表 4-9

同价对敲空头策略的利损

股票价格	看涨期权的内在价值	看涨期权头寸的利损	看跌期权的内在价值	看跌期权头寸的利损	净利损
$40	$0	$1.50	$15	$(9.50)	$(8)
45	0	1.50	10	(4.50)	(3)
48	0	1.50	7	(1.50)	0
50	0	1.50	5	0.50	2
52	0	1.50	3	2.50	4
55	0	1.50	0	5.50	7
60	5	(3.50)	0	5.50	2
62	7	(5.50)	0	5.50	0
65	10	(8.50)	0	5.50	(3)
70	15	(13.50)	0	5.50	(8)

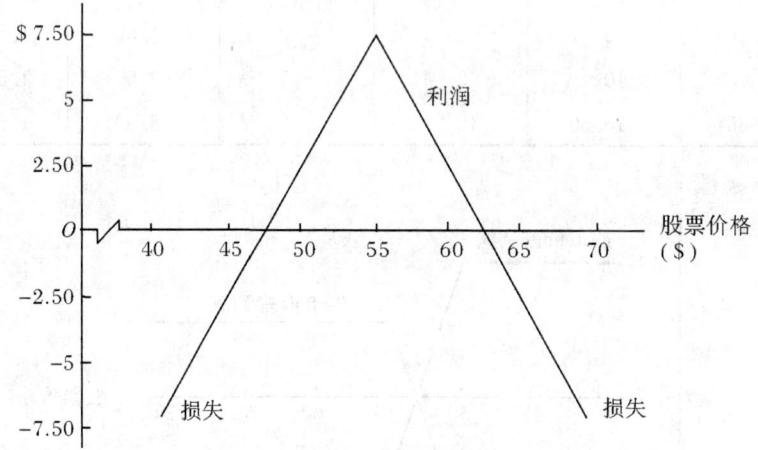

图 4-18 同价对敲空头策略的利损

该投资者将在股价位于 $48 与 $62 之间时,获得盈利最大,可能为 $7,但若股价向任一方向发生大幅度变动,其将蒙受巨大损失。

5. 看涨期权牛市价差

投资者同时买进和卖出两个看涨期权,买进的看涨期权的行权价较低,付出的期权费较多;而卖出的看涨期权的行权价较高,收取的期权费较少。

假如市场情况:股票价格为＄52,看涨期权(行权价＄50)为＄5,看涨期权(行权价＄55)为＄1.5。

其利损如表 4-10、图 4-19 所示。

表 4-10

看涨期权牛市价差的利损

股票价格	行权价为＄50的看涨期权的内在价值	行权价为＄50的看涨期权的利损	行权价为＄55的看涨期权的内在价值	行权价为＄55的看涨期权的利损	净利损
＄40	＄0	＄(5)	＄0	＄1.50	＄(3.50)
45	0	(5)	0	1.50	(3.50)
50	0	(5)	0	1.50	(3.50)
53.50	3.50	(1.50)	0	1.50	0
55	5	0	0	1.50	1.50
60	10	5	5	(3.50)	1.50
65	15.50	10	10	(8.50)	1.50

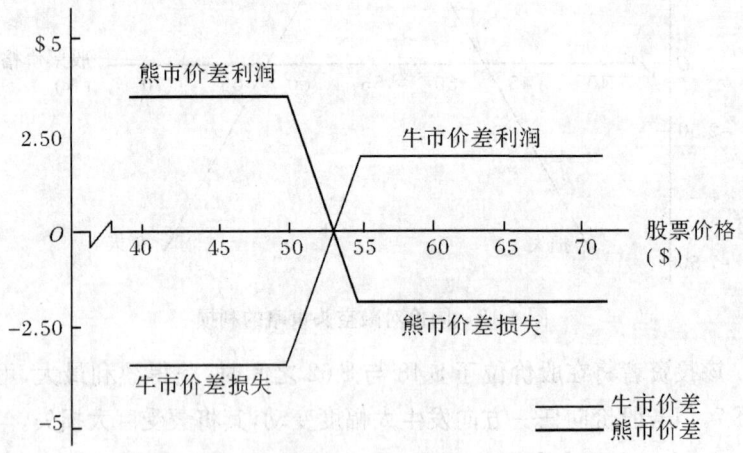

图 4-19　看涨期权牛市或熊市价差的利损

该投资者将在股价高于＄53.5时盈利,最大可能为＄1.50,而其最大可能损失为＄3.5(即期权费的净值)。可能这种利润显得较低,但考虑到其投资成本仅为＄3.50,所以收益率高达42.8％(＄1.50/＄3.5)。

6. 看涨期权熊市价差

买进的看涨期权的行权价较高,付出的期权费较少,而卖出的看涨期权的行权价较低,收取的期权费较多。

其利损如表4-11、图4-20所示。

表4-11

看涨期权熊市价差的利损

股票价格	行权价为＄50的看涨期权的内在价值	行权价为＄50的看涨期权的利损	行权价为＄55的看涨期权的内在价值	行权价为＄55的看涨期权的利损	净利损
＄40	＄0	＄5	＄0	＄(1.50)	＄3.50
45	0	5	0	(1.50)	3.50
50	0	5	0	(1.50)	3.50
53.50	3.50	1.50	0	(1.50)	0
55	5	0	0	(1.50)	(1.50)
60	10	(5)	5	3.50	(1.50)
65	15.50	(10)	10	8.50	(1.50)

该投资者将在股票价格低于＄50时盈利,最大可能为＄3.50,而股价等于、高于＄55时最大可能的损失为＄1.50。

上述两种策略都适用于投资者预期股价变化不大时的情形:当预期股价小幅下跌时,则构建看涨期权熊市价差头寸;当预期股价小幅度上升时,则构建看涨期权牛市价差头寸。

当股价向其预期方向变动时,可盈利;否则,损失也得到了限制。

7. 蝶形价差

该策略涉及三个行权价不同的期权:买入(或卖出)两份行权价居中的期权并卖出(或买入)行权价较高和较低的期权。

假如市场情况:看涨期权价格①(行权价＄50)为＄8,看涨期权价格②(行权价＄55)为＄5,看涨期权价格③(行权价＄60)为＄3。

投资者买入两份②,并卖出①、③各一份,则其利损如表 4-12、图 4-20 所示。

表 4-12

蝶形价差策略的利损

股票价格	行权价为$50的看涨期权的内在价值	行权价为$50的看涨期权的利损	行权价为$55的看涨期权的内在价值	行权价为$55的看涨期权的利损	行权价为$60的看涨期权的内在价值	行权价为$60的看涨期权的利损	净利损
$40	$0	$8	$0	$(10)	$0	$3	$1
45	0	8	0	(10)	0	3	1
50	0	8	0	(10)	0	3	1
51	1	7	0	(10)	0	3	0
55	5	3	0	(10)	0	3	(4)
59	9	(1)	4	(2)	0	3	0
60	10	(2)	5	0	0	3	1
65	15	(7)	10	10	5	(2)	1

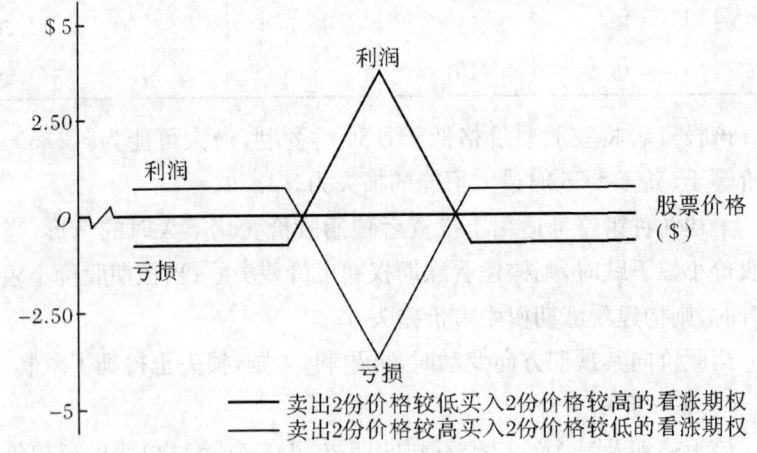

图 4-20　蝶形价差的利损

只要股价低于＄51 或高于＄59，投资者将盈利＄1，而股价位于＄51 和＄59 之间时，将发生亏损，最大亏损为＄4（股价为＄55 时）。这种蝶形期权适用于投资者预期"蝶子"的翅膀将"振动"，但"蝶子"不会在＄55 附近"翻飞"。

投资者也可以进行反向操作：卖出两份②，并买入①、③各一份，则其利损如表 4-13、图 4-20 所示。

表 4-13

蝶形价差策略的利损

股票价格	行权价为＄50 的看涨期权的内在价值	行权价为＄50 的看涨期权的利损	行权价为＄55 的看涨期权的内在价值	行权价为＄55 的看涨期权的利损	行权价为＄60 的看涨期权的内在价值	行权价为＄60 的看涨期权的利损	净利损
＄40	＄0	＄(8)	＄0	＄10	＄0	＄(3)	＄(1)
45	0	(8)	0	10	0	(3)	(1)
50	0	(8)	0	10	0	(3)	(1)
51	1	(7)	0	10	0	(3)	0
55	5	(3)	0	10	0	(3)	4
59	9	1	4	2	0	(3)	0
60	10	2	5	0	0	(3)	(1)
65	15	7	10	(10)	5	2	(1)

当股价位于＄51 和＄59 之间时，获得一定利润，而股价位于＄51 以下或＄59 以上时，损失仅为＄1。这适用于投资者预期"蝶子"将在＄55 附近"翻飞"，当然若翅膀振动，其损失也不会大。

8. 区间头寸

若投资者持有股票的多头头寸，并希望对股价可能变化的风险进行对冲，就可以构造区间头寸（Collars）：卖出一份看涨期权的同时买入一份行权价较低的看跌期权。如表 4-14：

表 4-14

两份期权

行 权 价	看涨期权价格	看跌期权价格
$45	—	$2
$50	$3	—

若股票当前市价为 $48,而投资者拥有 100 股,则可以卖出行权价为 $50 的看涨期权,获得 $3 期权费,买入行权价为 $45 的看跌期权,支付 $2 期权费,净现金流入为 $1。该投资者持有头寸为:股票多头,看涨期权空头以及看跌期权多头。则其利损如表 4-15 所示。

表 4-15

区间头寸的利损

股票价格	利 润			净 利 润
	股 票	看涨期权	看跌期权	
$60	$12	($7)	($2)	$3
55	7	(2)	(2)	3
50	2	3	(2)	3
48	0	3	(2)	1
45	(3)	3	(2)	(2)
40	(8)	3	3	(2)
35	(13)	3	8	(2)

无论股价上升还是下跌其利损都不大(受到了限制),这有点类似牛市价差,但后者不拥有股票头寸。

构建区间头寸的情况可能如下:

(1) 可用于限制账面资本利得,从而推迟纳税。

(2) 可用于雇员原始股的风险锁定。

雇员在锁定期内不能全部出售股票,可以通过构建区间头寸将未来股价下跌的风险锁定。

(3) 可用于高管期权的风险锁定。

高管期权往往由于法律或税收等原因,不能将行权后获得的股票出售,此时可用区间头寸锁定价格风险。

9. 投资组合保险

投资组合保险(Portfolio Insurane)是指为保证投资组合的最低价值,在风险资产和无风险资产之间进行动态调整。对于证券市场的非系统性风险,可以通过建立有效的投资组合方式规避,但是系统风险则无法规避。通过投资组合保险技术的运用可保障投资组合不会因为股市下跌而导致低于初始投资额,并有参与增值的能力。这对于风险厌恶或是对股市未来走势不明晰的投资者来说,是一个很好的投资策略,不仅保障了本金的安全,还可以享受股市上涨的收益。

投资组合保险的概念最初来自股票和看跌期权的组合。如果投资者买入 1 单位的股票,支付的成本为 S 元,如果在某一段时间后,他持有的资产价值至少为 K 元,则他可以购入以该 1 单位股票为标的的看跌期权,支付的成本为 P 元,这样,投资者在期初投入了 1 个单位的股票及看跌期权所支付总成本为 $S+P$ 元,当期末股价低于 K 元时,投资者行权,可收回 K 元;当到期日时股价高于 K 元,投资者则任由期权到期。比起不买看跌期权的情况,投资者多支出了期权费(P),这笔期权费,这种投资策略实际上就是投资者替股票买了一个保险所支付的保费。其作用机理如图 4-21 所示。

若仅仅进行某股票投资组合,则头寸价值如图 A 中 45°线所示。假定投资组合市场价值为 $1 000 万,则头寸价值亦为 $1 000 万。

图 4-21(b)是一个基于投资组合的欧式看跌期权:行权价为 $1 000万,期限为 T 年,纵轴为期权的市场价值,若仅仅投资于该期权,则其市场价值为头寸的净值。

若同时买入投资组合和看跌期权,则总头寸的价值为图 4-21(a)、图 4-21(b)之和,此时投资得到了保险,最低价值为 $1 000 万,期权费为 $200 万。

但若市场上不存在对应的看跌期权,则必须用 B-S 模型引出的策略复制。

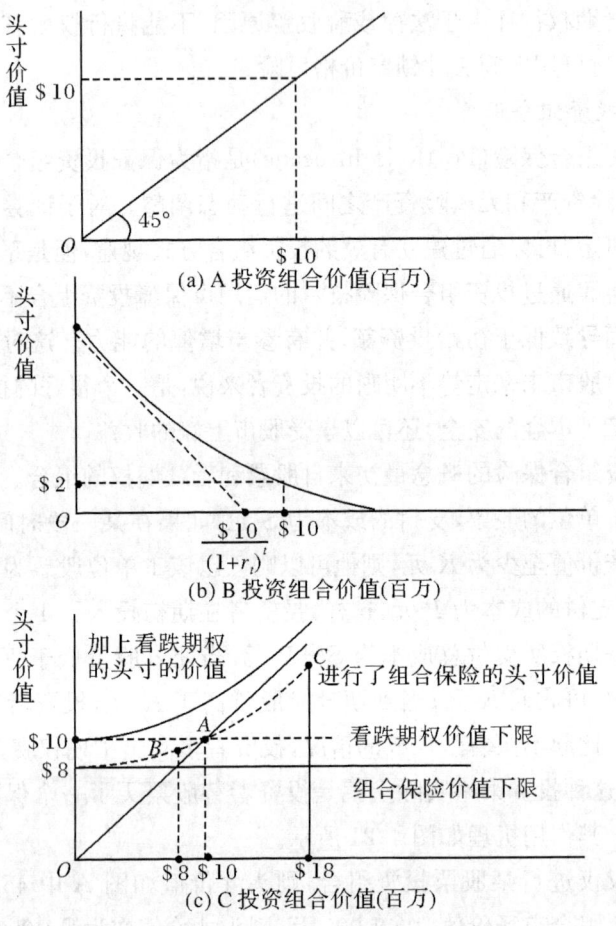

(a) A 投资组合价值(百万)

(b) B 投资组合价值(百万)

(c) C 投资组合价值(百万)

图 4-21　投资组合保险

复制性看跌期权策略是依据 B-S 模型,来调整风险性资产和无风险资产的比例,以复制出欧式看跌期权。

根据 B-S 模型,由 Put-call(看跌看涨期权)的平价关系:$S_t + P_t = C_t + Ke^{-r(T-t)}$,有:

$$S_t + P_t = S_t N(d_1) + [1 - N(d_2)]Ke^{-r(T-t)}$$

假设投资者在时点 t 有 W 的财富,正好等于标的资产的价格(S_t),于是他可以将 W 的财富用于购买一个单位的风险性资产。如果

投资者希望在 T 时至少能拿回 K 的资金,他便可以再购买一个以该一个单位风险性资产为标的物的欧式看跌期权,而此期权在 T 时到期。

在这里,购买期权所需的权利金需额外付出,相当于是购买保险所必须支付的保费。从等式的右边,则可发现受保险的投资组合由两部分构成,一部分是股票,另一部分是无风险资产。至于构成的比重则随时间及资产的价值而变化,故需不断地调整股票资产与无风险资产的比例。

上述表示方法是将保费以外加的方式处理,如果投资者不希望于 t 时在投入 W 之外,还要额外支付保费,则可采用保费内加的处理方式。上式可以修正为:

$$n(S_t + P_t) = W$$

$$n \times K = F = W \times f$$

$$n = (W \times f)/K$$

式中　　n——所需购买标的风险资产及卖权的单位量;

F——投资者要求于 T 时至少拿回的资金;

f——要保额度占期初财富的比例,因此等于 F/W。

将上式整理得:

$$\frac{Wf}{K}\{S_t N(d_1) + [1 - N(d_2)]Ke^{-r(r-t)}\} = W$$

理论上可解出 n 及 K,不过由于方程式中含有标准正态分布变量的累计概率分布函数,不易精确计算其理论值,必须借助计算机,以数值分析方法,求出 n 及 K 的近似值。

从期权定价公式可以看出,标的资产价格、无风险利率、执行价格、距到期日的期间长短及标的资产报酬的波动率等影响期权价值的五个因素。复制性看跌期权是要复制出保护性看跌期权策略的报酬,故期间的调整动作也就受到这五个因素影响。除波动率外,另外四个因素都可精确得知,然而波动率的估计却是一项复杂的任务。截至目前为止,尚未发展出一种绝对理想的波动率估计模型,而波动率估计的精确与否,就成了复制性看跌期权策略是否成功的关键因素。

假定你最初在 A 点,即将全部资产全投资于风险资产,根据 B-S 模型可以求出 $N(d_1)$(即看涨期权定价曲线在 $1 000 万处的斜率)。

若 $N(d_1)=0.4$,则意味着若风险资产价值下降 $1 你的净头寸价值将下降 $0.4,你应将 60% 的资金投资于无风险资产(国债)。

若你的资产组合价值降为 $800 万,$N(d_1)=0.3$,你应将 70% 资产投资于无风险资产。

反之,若资产组合价值上升至 C,$N(d_1)=0.99$,你在无风险资产上的投资将甚微。

但如此频繁地调整投资组合,很不现实,所以通常设定一个"触发点"(Trigger Points):价值底线的一定比例。

为了免除波动率估计所造成的困扰,希望能找出不需估计波动率就能达到保险目的的简便方法,这就是固定比例投资组合保险(CPPI)及时间不变性投资组合保险策略(TIPP)。CPPI 及 TIPP 与复制性看跌期权最大的区别在于复制性看跌期权必须对股价波动率进行精确的估计,CPPI 及 TIPP 策略则不对波动率进行估计。

(1)固定比例投资组合保险(CPPI)。布莱克(Black),琼斯(Jones)和派罗德(Perold)(1986)提出了固定比例投资组合保险策略(CPPI),只需设定简单的参数,免去合成看跌期权(Synthetic Put)繁杂的调整公式及波动率估计的工作,而同样能达到保险的目的。

利用以下公式决定投资于风险性资产和无风险资产的金额:

投资于风险性资产额=乘数×(受保投资组合总价值-保险额度)

其中,乘数及保险额度于期初决定后便不再变更,
CPPI 所根据的公式是:

$$E=M(A-F)$$

式中　E——应投资于主动性资产金额;

　　　M——乘数;

　　　A——资产总值;

F——保险额度。

两类资产中较高风险、较高报酬的为主动性资产,较低风险、较低报酬的则为保留性资产,因此一种资产可能在某些情况下是主动性资产,但在某些情况下则变成保留性资产。在股票和债券资产的例子中,主动性资产指的就是股票,而债券资产则是保留性资产。由以上公式决定了主动性资产的投资额后,与总资产的差额便是应配置在保留性资产上的金额。

(2) 时间不变性投资组合保险策略(TIPP)。埃斯塔普(Estep)和克利茨曼(Kritzman)(1988)提出了时间不变性投资组合保险策略(TIPP)。TIPP 和 CPPI 的调整公式非常类似,惟一的差异在于保险额度并非不变,而是在该时点资产值的某一固定比例和原先的保险额度中,取其大者,作为新的保险额度。保险额度的设定:

$$保险额度(F') = \text{Max}(A \times f, F)$$

式中　f——投资者所设定的保险比例(如 90%);

　　　F——期初所决定的保险额度。

做这样修正的理由,主要是着眼于投资者关心的应是当前的财富水平,而不是过去的财富水平。当投资者的财富增加时,他所要求的保险额度也要越高。而在他财富减少时,也不希望他的财富低于期初所设定的保险额度。由此看来,TIPP 实际上是比 CPPI 更为保守的保险策略。

本 章 小 结

本章介绍了期权定价理论及投资策略,分析了期权价值的一般规律、二项式期权定价模型和布莱克—斯克尔斯期权模型,研究了各种运用期权交易进行风险管理的投资策略。

第5章　利率风险管理

20世纪20年代以来,在金融自由化浪潮之下,各国先后放松或取消了利率管制,任由市场力量决定利率水平。加之金融混业的推进、金融衍生品的不断开发和涌现以及国际银行业竞争的加剧,这些因素加大了商业银行经营管理的难度,利率风险已成为银行的基本风险之一,利率风险管理也成为银行进行资产负债管理的重要内容。

5.1　利率风险的分类

利率是资金的价格,银行是资金供给者与需求者的中介机构,其资产与负债(无论是交易账户还是银行账户)绝大多数透过利率来计价。当资产与负债对利率变动的敏感程度不一时,就会产生利率风险,给银行带来净利息收入损失或资本损失。根据巴塞尔委员会的监管原则,利率风险主要有重定价风险、基准风险、收益率曲线风险、期权风险4种表现形式。

1. 重定价风险

重定价风险是最主要和最常见的利率风险形式,就是指由于银行资产负债或表外业务到期日的不同(对固定利率而言)或是重定价的时间不同(对浮动利率而言)而产生的风险。例如,银行以短期存款作为长期固定利率贷款的融资来源,当利率上升时,贷款的利息收入是固定的,但存款的利息成本却会随利率的上升而增加,从而使银行的未来收益减少和经济价值降低。重新定价风险又称为期限错配风险。

2. 基准风险

基准风险的产生是由于在计算资产收益和负债成本时,采用了不同类别的基准利率。在期限相同的条件下,当二者采用的不同类别的基准利率发生了幅度不同的变化时,就产生基准风险。例如,一家银行可能用 1 年期存款作为 1 年期贷款的融资来源,贷款按照美国国库券利率每月重新定价一次,而存款则按照伦敦同业拆借市场利率每月重新定价一次。虽然用 1 年期的存款为来源发放 1 年期的贷款,由于利率敏感性负债与利率敏感性资产的重新定价期限完全相同而不存在重新定价风险,但因为其基准利率的变化可能不完全相关,变化不同步,仍然会使该银行面临着因基准利率的利差发生变化而带来的基准风险。

3. 收益率曲线风险

收益率曲线风险是指,当正常情况下的上升型收益率曲线变为平坦型或下降型时,即收益率曲线非平行移动,银行面临的风险。例如:银行发放了一笔 3 年期的浮动利率贷款,每年年初以高于同期国库券利率 1 个百分点的水平来设置贷款利率;同时吸收了一笔 2 年期的定期存款,每年年初以高于同期国库券利率 0.5 个百分点的水平来设置存款利率。第 1 年年初,3 年期的国库券利率为 5%,2 年期的国库券利率为 4%。国库券收益率曲线为上升型曲线。此时,贷款利率应按高于 3 年期的国库券利率 1 个百分点的水平来设置,那么,贷款利率应为 6%。存款利率应按高于 2 年期的国库券利率 0.5 个百分点的水平来设置,那么,存款利率应为 4.5%。银行的利差为 1.5%;第 2 年年初,上升型的收益率曲线变为下降型。3 年期国库券利率为 6%,2 年期国库券利率为 7%,1 年期国库券利率为 8%。此时,贷款利率应按高于 2 年期的国库券利率 1 个百分点的水平来设置。那么,贷款利率应为 8%。存款利率应按高于 1 年期的国库券利率 0.5 个百分点的水平来设置,那么存款利率应为 8.5%。银行的利差为 -0.5%。银行遭受了损失。

4. 期权风险

期权风险是指由于利率变化,客户提前偿还贷款或提取存款而导致银行利息收入发生变化的风险。比如,若利率变动对存款人或借款人有利,存款人就可能选择重新安排存款,借款人可能选择重新安排贷款,从而对银行产生不利影响。目前,越来越多的期权品种因具有较高的杠杆效应,可能还会进一步对银行财务状况产生不利的影响。

5.2 利率风险的衡量

银行要有效地管理利率风险,需将利率风险予以量化,以制定出利率风险管理的目标,并衡量利率风险。从目前西方银行的实践来看,衡量利率风险的方法很多,每种方法各有利弊和不同的适应性。其中最主要的衡量方法有二:重新定价模型,即缺口分析(Gap Analysis);持续久期模型,即久期分析(Duration Analysis)。还有我们将在第6章介绍的VAR模型。

1. 缺口分析

依据剩余到期日或重新定价的期限,可将银行资产与负债分为利率敏感性与非利率敏感性两类。所谓利率敏感性资产(IRSA)和利率敏感性负债(IRSL),分别指该资产的利息收入或该负债的利息支出,于剩余到期日或重新定价的期间内将受利率变动影响。利息收入或利息支出将不随利率走势而改变的,则为非利率敏感性资产(NRSA)和非利率敏感性负债(NRSL)。利率敏感性资产减利率敏感性负债所得之差额则称为利率敏感性缺口。

利率敏感性缺口=利率敏感性资产规模-利率敏感性负债规模

此缺口的形成主要是由于银行资产与负债的结构不一致或失衡所造成。如果银行能够准确预测利率走势的话,银行可利用较大资金缺口获取较大的利息收益;但如果银行预测失误,较大的资金缺口也会导致巨额利息损失。

利率敏感性缺口反映的是绝对额,利率敏感性比率(Rate-sensitive Ratio)反映的则是相对额,可用于不同银行的对比。利率敏感性比率是利率敏感性资产和利率敏感性负债金额之比,用公式表示为:

$$利率敏感性比率 = \frac{利率敏感性资产规模}{利率敏感性负债规模}$$

当利率敏感性资产等于利率敏感性负债时,此比率等于 1,为轧平;当利率敏感性资产大于利率敏感性负债时,此比率大于 1,为正缺口;反之,则小于 1,为负缺口。利率敏感性缺口和利率敏感性比率都反映了银行的利率风险。当运用利率敏感性比率分析资产负债敏感程度时,在利率敏感性比率接近于 1 时,银行管理者仅知道利率敏感性资产接近利率敏感性负债,但它们之间的差额为多少并不知道,而利率敏感性缺口则准确反映了银行资金利率敏感性部分的大小。因此,当银行进行资金缺口管理时,通常将利率敏感性缺口和利率敏感性比率两项指标结合起来考察银行资产、负债的利率敏感程度,这样才能有利于作出科学的决策。见表 5-1。

表 5-1

利率敏感性缺口、利率敏感性比率、

利率变动与银行净利息收入变动之间的关系

利率敏感性缺口	利率敏感性比率	利率变动	净利息收入变动
正值	>1	上升	增加
正值	>1	下降	减少
负值	<1	上升	减少
负值	<1	下降	增加
零	=1	上升	不变
零	=1	下降	不变

缺口分析可以用不同的时间期限为基础,如 7 天、30 天、90 天、半年、1 年等。现在银行广泛使用计算机系统来发现利率敏感性资产和负债的缺口。

缺口分析的缺点:① 未考虑货币时间价值,如一年期缺口的现值与二年期同额缺口的现值应有不同,但计算利率敏感性缺口时未考虑其现值差异,而将之视为等值予以加总计算累积。② 仅评估利率变动对利息净收入的影响,未考虑利率变动对业主权益现值的影响,亦即缺口分析仅就会计层面而未从经济层面考虑利率风险。③ 该分析只反映了利率变动对收入的影响,而没有考虑到利率变动对银行负债的整体价值的影响。要评估利率波动对银行资产和负债的总体影响,需要运用久期分析工具。

2. 持续期间分析

持续期分析又称为期间(或久期)分析(Duration Analysis),是利率风险管理方法的另一重要工具,用来揭示银行资产和负债的市场价值对利率变动的敏感性。所谓久期是指一个债务支付流量的加权平均寿命或加权平均有效期,这一持续期从债权人角度看是资产持续期,从债务人角度看是负债持续期。资产持续期是把一笔资产作为现金收回平均所需时间,而债务持续期则是把一笔债务付清平均所需时间。久期分析利率敏感性,源自债券操作上以存续期间反映现值变动的观念。以债券为例,久期模型的公式可定义如下:

$$D = \frac{1 \times \dfrac{C}{(1+R)} + 2 \times \dfrac{C}{(1+R)^2} + \cdots + N \times \dfrac{C+F}{(1+N)^N}}{\dfrac{C}{(1+R)} + \dfrac{C}{(1+R)^2} + \cdots + \dfrac{C+F}{(1+R)^N}} \tag{1}$$

式中　D——久期;

　　　C——息票;

　　　R——收益率;

　　　N——到期数;

　　　F——债券面值。

式(1)分母是债券的目前价格(P),式(1)经整理后可得:

$$\frac{dP}{P} = -D\left[\frac{dR}{1+R}\right] \tag{2}$$

或:

$$\frac{dP}{P} = -MD \times dR \tag{3}$$

式(2)可解释为利率变动时,债券价格将呈反向的变动,变动的程度为 D 的大小。式(3)的 MD 为修正的 D,即 $D/(1+R)$。国际清算银行(BIS)1993 年有关利率一般市场风险之计算即主要以修正久期乘上收益变动率为基础。久期模型之基本假设为收益率只作微小变动,但是在收益率作较大变动时,债券价值变动与收益率变动之关系式呈现凸性(Convexity)的现象,若式(2)及式(3)微分符号改为变量符号,并利用 Taylor 氏展开式,则可得:

$$\frac{\Delta P}{P} = -D\,\frac{\Delta R}{(1+R)} + \frac{1}{2}CX(\Delta R)^2,$$

或

$$\frac{\Delta P}{P} = -MD\Delta R + \frac{1}{2}CX(\Delta R)^2$$

其中,CX 表示凸性或曲度调整数(Curvaturea Adjustment)。

常用的 CX 估计式为:

$$10^8\left[\frac{\Delta P-}{P} + \frac{\Delta P+}{P}\right]$$

用久期模型来衡量资产或负债的利率敏感性,比其他两种模型更为完整。该分析方法的优点:① 久期分析,考虑了资产或负债的平均年限(Average Life)。不仅考虑了资本或负债项目的到期,而且也考虑到现金流量的到达时期,分析重点在于资产负债现金流量是否轧平,评估市场利率变动对银行资产面及负债面现金流量现值的影响是否相等。② 提供了一个简便的衡量利率风险的指针,对个别存放款的平均到期日未加以限制,可用来管理不同的目标账户。

5.3　久期模型

久期因将与时间相关的现金流因素和期限因素二者综合起来了,从而比之期限更能精确反映和度量金融机构的利率风险,下面分析运用久期模型进行利率风险管理机理。

5.3.1　久期的含义与计算

如前所述,久期即各期现金流的期限的加权平均值,权重为各现金流的折现值占现金流折现值总额的相应比重。其一般计算公式为:

$$D = \frac{\sum\limits_{t=1}^{N} CF_t \times DF_t \times t}{\sum\limits_{t=1}^{N} CF_t \times DF_t} = \frac{\sum\limits_{t=1}^{N} PV_t \times t}{\sum\limits_{t=1}^{N} PV_t}$$

式中　D——久期(年)；

　　　CF_t——第 t 期的现金流；

　　　N——最后一期的期数；

　　　DF_t——折现因子：$1/(1+R)^t$，R 为市场年利率；

　　　PV_t——第 t 期现金流的折现值。

　　例如 1 个 6 年期的息票率为 8%，市场利率为 8% 的欧元债券的久期为 4.993 年(见表 5-2)。

表 5-2

6 年期的息票率和市场收益平均为 8% 的欧元债券的久期

T	CF_t	DF_t	$CF_t \times DF_t$	$CF_t \times DF_t \times t$
1	80	0.9259	74.07	74.07
2	80	0.8573	68.59	137.18
3	80	0.7938	63.51	190.53
4	80	0.7350	58.80	235.20
5	80	0.6806	54.45	272.25
6	1 080	0.6302	680.58	4 083.48
			1 000.00	4 992.71

$$D = \frac{4\ 992.71}{1\ 000} = 4.993 (年)$$

　　对于每半年付息一次的附息债券，则久期为：

$$D = \frac{\sum\limits_{t=1/2}^{N} \dfrac{CF_t \times t}{(1+R/2)^{2t}}}{\sum\limits_{t=1/2}^{N} \dfrac{CF_t}{(1+R/2)^{2t}}}$$

$$t = 1/2,\ 1,\ 1\frac{1}{2},\ \cdots,\ N$$

若年内付息次数为 m，则：

$$D=\frac{\sum\limits_{t=1/m}^{N}\dfrac{CF_t\times t}{(1+R/m)^{mt}}}{\sum\limits_{t=1/m}^{N}\dfrac{CF_t}{(1+R/m)^{mt}}}$$

零息债券的久期与其期限相同：$D_B=M_B$

无限期债券的期限是无穷长的：$M_C=\infty$，其久期为：$D_C=1+\dfrac{1}{R}$

久期具有以下特点（如图 5-1 所示）。

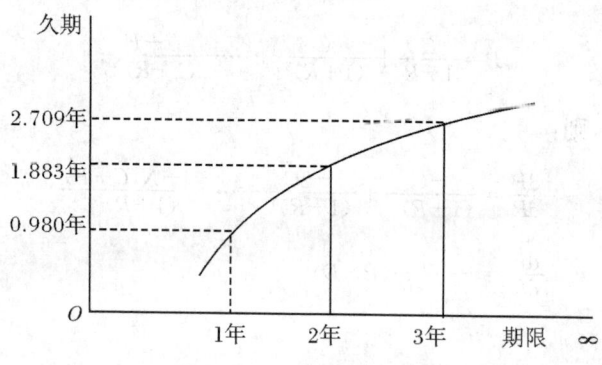

图 5-1　久期的特点

（1）久期与期限。久期随着期限的加长而增加，但增加比率递减：

$$\frac{\partial D}{\partial M}>0,\ \frac{\partial D^2}{\partial^2 M}<0$$

图 5-1 中是息票率都为 12%、市场利率为 8% 的 3 年期、2 年期和 1 年期的美国国债的久期。当期限从 1 年增至 2 年，久期从 0.9803 年增至 1.883 年，增幅为 0.903 年；当期限从 2 年增至 3 年，久期从 1.883 年增至 2.709 年，增幅为 0.826 年。

（2）久期与市场收益率。久期随着市场收益率上升而减少：

$$\frac{\partial D}{\partial R}<0$$

市场利率上升意味着时间越靠后的现金流折现值越低，从而权重越低。

（3）久期与息票率。久期随着息票率（付息额）提高而下降：

$$\frac{\partial D}{\partial C}<0$$

因为付息额提高意味着时间越靠前的现金流的权重越高。

久期的经济含义实际上就是一项资产或负债的利率敏感性或弹性，即敏感性越高，资产或负债因利率变动而引起的变化越大。

考虑一个期限为 N，每年付息为 C，面值为 F 的债券，其现值为：

$$P=\frac{C}{1+R}+\frac{C}{(1+R)^2}+\cdots+\frac{C+F}{(1+R)^N}$$

求导，则：

$$\frac{dP}{dR}=\frac{-C}{(1+R)^2}+\frac{-2C}{(1+R)^3}+\cdots+\frac{-N(C+F)}{(1+R)^{N+1}}$$

$$\frac{dP}{dR}=-\frac{1}{1+R}(P\times D)$$

即：

$$\frac{dP/P}{dR(1+R)}=-D$$

如图 5-2 所示。

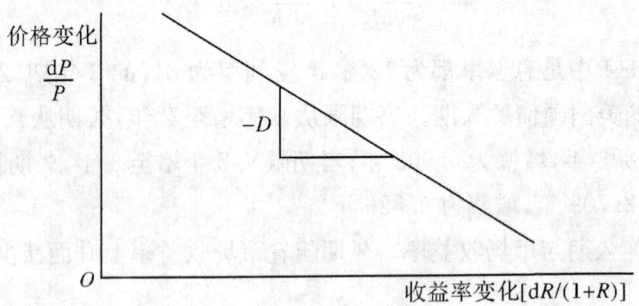

图 5-2　久期与市场收益率

通常我们称 $D/(1+R)$ 为修正久期 MD。

可见：　　　　　　　　　　$dP/P = -MDdR$

5.3.2　久期与利率免疫

既然久期反映的是利率敏感性,因此金融机构可以运用久期对其资产、负债项目进行利率免疫或对其资产负债表净值进行利率免疫。在实践中,通常金融机构在以下两种情况下运用久期进行利率免疫。

1. 保险公司和养老基金为保证其对投保人或收益人未来特定时间的付款承诺,而进行利率免疫

通常,人寿保险公司和养老基金都会面临以下问题：

构建合理的投资组合以保证未来对投保人或受益人的付款承诺。一个典型的例子就是在投保人退休时,一次性支付一定金额的资金。保险公司面临的风险就是运用保险金所进行的投资的利率下降从而累积收益率降低,无法保证支付。

例如,假定在 2004 年保险公司承诺在 2009 年支付投保人一定金额的资金：$1 469。(这相当于一项金额为 $1 000 的 5 年期年复利为 8％的投资。)

为了防范利率风险,保险公司必须确定选择进行何种投资方可保证无论利率如何变化,5 年后的现金流入都为 $1 469。该机构可投资于 5 年期的到期还款额为 $1 469 的零息债券。由于 $1 000 × $(1.08)^5$ ＝ $1 469,所以,买入 $1 000 元债券即可。该债券的久期亦为 5 年,所以利率无论如何变化,到期还款额均不会变化；该机构也可投资于期限虽不为 5 年,但久期恰好为 5 年的附息债券。从前述例子中我们知道一只期限为 6 年,息票率和市场利率均为 8％的欧元债券的久期为 4.993 年(约 5 年)。若在 2004 年购入该债券持有 5 年至 2009 年(恰好与付款承诺期限匹配)。则无论此后市场利率如何变化,该投资在第 5 年产生的现金流入为 $1 469。也就是说该投资(债息＋再投资收益＋本金)得到了利率免疫。

表 5-3、表 5-4 表明无论市场利率降至 7％还是升至 9％,5 年末的现金流入总额都为 $1 469。

表 5-3

利率降至 7% 后的现金流

5 年内的现金流为：	
债息：(5×$80)	$400
再投资收入：	$60
出售债券收入：	$1 009
总　　计	$1 469

因为息票额是固定的，所以为 $5×\$80=\$400$

再投资收入：

$$\left[\frac{(1+0.07)^5}{0.07}-1\right]\times\$80-400=5.751\times\$80-400=\$60$$

这比利率为 8% 时低 $9。

出售债券收入：

$$P_5=\frac{\$1\,080}{1.07}=\$1\,009$$

可见，再投资收入因利率下降的降低额恰好为出售债券收入的增加额（资本利得 Capital Gain）抵补。

表 5-4

利率升至 9% 后的现金流

5 年内的现金流为：	
债息：(5×$80)	$400
再投资收入：(5.985×$80-400)	$78.8
出售债券收入：($1 080/1.09)	$991
总　　计	$1 469

利率上升所引致的再投资收入的增加额恰好冲抵出售债券的资本损失（Capital Loss）。（注：再投资收入的计算：每年收到固定的债息，实际上相当于收到一笔年金（每年$80），若每年再将其按市场利率进行投资，则每年投资$1 的收入为：$FVAF_{n,R}=\left[\frac{(1+R)^n-1}{R}\right]$）

2. 金融机构运用久期对其资产负债表的净值的利率风险暴露进行利率免疫

金融机构的利率风险暴露可以用其资产和负债的久期缺口（Duration Gap）来衡量：

$$D_A = X_{1A}D_1^A + X_{2A}D_2^A + \cdots + X_{nA}D_n^A$$

$$D_L = X_{1L}D_1^L + X_{2L}D_2^L + \cdots + X_{nL}D_n^L$$

式中　　$X_{1j} + X_{2j} + \cdots + X_{nj} = 1$；

　　　　$j = A, L$；

　　　　X_{ij} 即各资产负债项目的市场价值在总价值中的比例。

例如，若一笔 30 年期的国债的投资占其总资产组合的 1%，D_1^A（债券的久期）为 9.25 年，则 $X_{1A}D_1^A = 0.01 \times 9.25 = 0.0925$。

可见，金融机构的资产或负债的久期为其各资产或负债项目的久期按其市场价值占总值的比重加权平均的值。表 5-5 是一个简化的资产负债表。

表 5-5

简化的资产负债表

资　　产（万）		负　　债（万）
$A = \$10\,000$		$L = \$9\,000$
		$E = \$1\,000$
$\$10\,000$		$\$10\,000$

$$A = L + E$$

$$\Delta A = \Delta L + \Delta E$$

或

$$\Delta E = \Delta A - \Delta L$$

下面我们来看 ΔE 与久期的关系：

$$\frac{\Delta A}{A} = -D_A \frac{\Delta R}{1+R}$$

$$\frac{\Delta L}{L} = -D_L \frac{\Delta R}{1+R}$$

从而：

$$\Delta A = -D_A \times A \times \frac{\Delta R}{1+R}$$

$$\Delta L = -D_L \times L \times \frac{\Delta R}{1+R}$$

$$\Delta E = \left(-D_A \times A \times \frac{\Delta R}{1+R}\right) - \left(-D_L \times L \times \frac{\Delta R}{1+R}\right)$$

$$= (-D_A A + D_L L)\frac{\Delta R}{1+R}$$

$$= -(D_A A - D_L L)\frac{\Delta R}{1+R}$$

因为：　　　　$k = L/A$（杠杆率）

所以：

$$\Delta E = -(D_A - D_L k) \times A \times \frac{\Delta R}{1+R}$$

则金融机构净值的利率风险可以分解为以下因素：

（1）经杠杆调整的久期缺口：$D_A - D_L k$

缺口的绝对值越大，机构面临的利率风险越大。

（2）金融机构的规模：A

规模（资产额）越大，机构面临的利率风险越大。

（3）利率变化幅度：$\Delta R/(1+R)$

幅度越大，机构面临的利率风险越大。

上述三个因素中，第（3）个取决于宏观经济形势和货币政策的变化，因而是机构无法控制的。但前两个因素则是可以控制的。

下面以一个简单的例子说明金融机构如何根据其对利率的预期及其资产负债久期缺口情况，调整其资产负债结构从而对冲净值的利率风险。

假定某金融机构的资产负债表如表5-6所示，且：

$$D_A = 5 \text{ 年}, D_L = 3 \text{ 年}$$

该机构预期利率将由 10%升至 11%,即:

$$\Delta R=1\%$$

则:

$$\Delta E = -(D_A - kD_L) \times A \times \frac{\Delta R}{1+R}$$

$$= -(5-0.9\times3) \times \$100\,000\,000 \times \frac{0.01}{1.1}$$

$$= -\$209\,万$$

即该机构损失 $209 万的净值,由于其初始股东权益为 $1 000 万,可见,利率上升将损失近 21%的净值,其资产负债表将改变,如表 5-6 所示。

表 5-6

新的资产负债表

资　　产(万)	负　　债(万)
$A=\$9\,545$	$L=\$8\,754$
	$E=\$791$
$\$9\,545$	$\$9\,545$

尽管该机构从经济上不会破产,但其净值与总资产比率(权益资产比)却由 10%降至 8.2%。

为了防止这种利率风险,可以调整久期缺口。在极端的情况下,令其为 0,则:

$$\Delta E = -〔0〕 \times A \times \Delta R(1+R)=0$$

在本例中,即:

$$D_A = kD_L = 5\,年$$

所以,若 $D_A=5$,则 $D_L=5.55$。

为此,该机构至少有三种办法可供选择:

(1) 降低 D_A 至 2.7 年:

$$[D_A - kD_L] = 2.7 - 0.9\times3 = 0$$

（2）同时降低 D_A 提高 D_L：

$$D_A - kD_L = 4 - 0.9 \times 4.44 = 0$$

（3）改变 k 和 D_L：

$$D_A - kD_L = 5 - 0.95 \times 5.26 = 0$$

总之，这三种办法都可以使金融机构的资产负债久期缺口为 0，从而达到规避净值的利率风险的目的。

5.3.3　运用久期模型进行金融机构利率风险管理的若干问题分析

利率的波动会给金融机构带来利率风险：重新定价风险和市场价值变动风险。传统的资产负债管理方法：缺口（Gap）管理，只能解决前者而对后者无措。因而，后来理论界和业界开始广泛推崇和实行久期（Duration）方法。久期充分考虑了与时间因素相关的现金流问题，可以同时兼顾利率变动对于收益和资本利得或损失的影响，从而实现利率免疫（Interest Immunization）。巴塞尔委员会（2001 年）推荐的监管银行利率风险的模型就是以久期模型为基础的。然而，也有些人认为该模型在金融机构资产负债管理中实际运用起来有种种困难，并对该模型提出了许多批评意见，下面将逐一分析这些问题及解决之道。

1. 匹配久期的成本太高

有人认为：尽管原则上讲，金融机构管理者可以改变资产的久期（D_A）和负债的久期（D_L），实现久期的匹配从而对金融机构的利率风险进行免疫管理。但是，在实践中，要对一个规模较大、业务复杂的金融机构进行久期匹配则非常耗时，而且成本较高。

从历史上看，这种观点也许是对的，而且可能是现实存在的。但随着金融市场的迅猛发展和各种金融创新工具的涌现，金融机构可以不需要支付很高的交易成本而很快地实现对资产负债结构的重构：如利用资产证券化和贷款出售市场等。加之，金融机构对于久期模型的运用不仅仅限于直接地进行资产组合调整，还可通过持有衍生证券等对冲头寸实现利率免疫，如远期、期货、期权、上限、下限、区间和互换等。

2. 免疫是一个动态过程

假定某保险公司试图购买这样的债券：保证其在 5 年内无论利率

如何变化都能收到累计为 $1 469 的现金流。我们知道,该机构应购入一个期限为 6 年,息票率为 8％的久期为 5 年的附息债券,才可以实现利率免疫:避免利率随即变动所带来的风险。这里"随即"是指购买债券后紧跟着的利率变动。然而,事实上,利率水平可以在持有期内任何时点发生变动。而且,债券的久期也会随时间而变化,即随着到期日的临近而变化。

若保险公司 2004 年购入久期为 5 年(期限为 6 年),息票为 8％的债券以实现其在 2009 年的现金流为 $1 469 的目标。若该机构就此认为已实现了利率免疫且对该头寸置之不理。一年后,利率由 8％降至 7％。此时距离到期日还有 4 年,重新计算久期则为 4.33。这意味着该机构的久期不再是匹配的:4.33 年的久期大于 4 年的投资期限。因此,该机构将不得不再调整其债券结构。一个办法是卖掉一部分 5 年期(久期为 4.33 年)的债券,并买入一些久期较短的债券从而使得投资组合的总久期为 4 年。

例如,卖掉一半的上述债券,且用收回的资金购入久期和期限均为 3.67 年的零息债券。由于零息债券的久期和期限是相同的,则投资组合的久期为:

$$D_A = [4.33 \times 0.5] + [3.67 \times 0.5] = 4 (年)$$

这个例子说明,以久期模型为基础的利率免疫是一个动态的过程。理论上,金融机构需要不断地调整其资产组合才能保证其投资组合的久期与负债的久期相匹配。

由于持续地调整组合头寸实际上很难实现,而且交易成本过高,因此,大部分金融机构只是近似地定期进行调整,如每季一次。

可见,在实现完全利率免疫和动态地保持免疫头寸的交易成本之间存在一种替代关系。

3. 利率的大幅度变动与凸性

久期可以精确地刻画固定收益证券对于利率的较小变动的价格敏感性。但若利率的变动较大,比如为 2％或 200 个基点,则久期就无法准确反映价格的变化了。如图 5-3 所示。

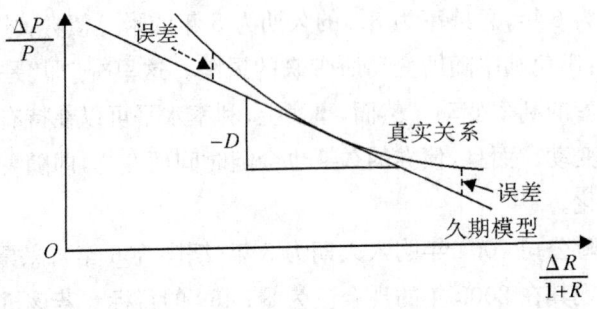

图 5-3　久期模型与真实关系

　　根据久期模型,利率变化与债券价格变化的关系将与 D(即久期)成比例。然而,若用精确的债券估值方法测算债券价格的变化,我们将发现:当利率大幅度上升时,久期模型高估了债券价格的跌幅;当利率大幅度下降时,久期模型低估了债券价格的升幅。久期模型预测的利率升降对于债券价格的影响是对称的。实际上,利率上升的资本损失效应(Capital Loss Effect)小于利率下降的资本利得效应(Capital Gain Effect)。产生这种结果的原因在于债券价格—收益率的关系呈现凸性(Convexity)而非久期模型所描述的线性(Linearity)。

　　我们注意到,把握住凸性的各种特点,对于金融机构的资产组合管理是有益的。购入一个凸性较强的债券或资产组合,实际上就等于是部分地实现了利率风险保险:较强的凸性意味着利率下降引致的资本利得效应将很好地对冲掉利率上升引致的资本损失效应。

　　下面举例说明凸性对于估计较大的利率变动对于金融机构组合的影响。考虑一个 6 年期,息票率为 8% 的欧洲债券(见表 5-7)。

表 5-7

6 年期的息票率为 8% 的欧洲债券的久期

t	CF_t	DF_t	$CF_t \times DF_t$	$CF_t \times DF_t \times t$
1	80	0.9259	74.07	74.07
2	80	0.8573	68.59	137.18

（续表）

t	CF_t	DF_t	$CF_t \times DF_t$	$CF_t \times DF_t \times t$
3	80	0.7938	63.51	190.53
4	80	0.7350	58.80	235.20
5	80	0.6806	54.45	272.25
6	1 080	0.6302	680.58	4 083.48
总　计	—	—	1 000.00	4 992.71

$$D = \frac{4\,992.71}{1\,000.00} = 4.993 (年)$$

其久期为 4.993 年,在 8% 的市场收益率水平下的现价为 \$1 000。

$$P_0 = \frac{80}{(1.08)} + \frac{80}{(1.08)^2} + \frac{80}{(1.08)^3} + \frac{80}{(1.08)^4} + \frac{80}{(1.08)^5} + \frac{1\,080}{(1.08)^6}$$

$$= \$1\,000$$

即图 5-4 中的 A 点。

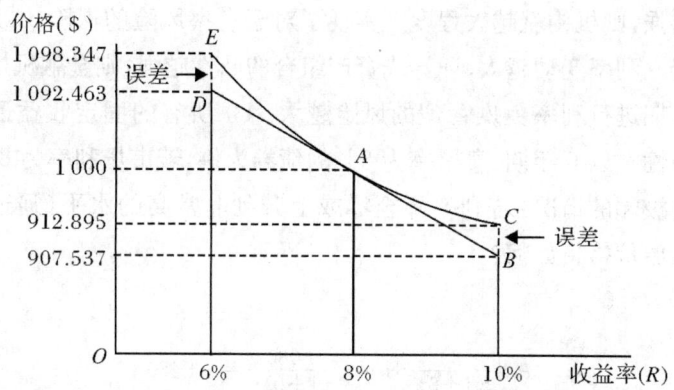

图 5-4　6 年期欧元债券的价格收益率曲线

若利率由 8% 升至 10%,则久期模型预测的债券价格将下降 9.2457%,即:

$$\frac{\Delta P}{P} = -4.993\left(\frac{0.02}{1.08}\right) = -9.2463\%$$

或者说价格从 \$1 000 降至 \$907.537(图 2 中的 B 点),但是,精确地计算债券价格的变化为:

$$P_0 = \frac{80}{(1.1)} + \frac{80}{(1.1)^2} + \frac{80}{(1.1)^3} + \frac{80}{(1.1)^4} + \frac{80}{(1.1)^5} + \frac{1\,080}{(1.1)^6}$$

$$= \$912.895$$

即图 5-4 中的 C 点。

可见,实际价格的下降低于久期模型的测算结果,其中存在误差。同样,在利率下降时,价格变化的测算结果也存在误差。例如,利率由 8% 降至 6%,则久期模型测算的价格为 D(\$1 092.463),与精确的价格 E(\$1 098.347)之间存在误差:久期模型低估了价格的上升幅度。

金融机构所面临的问题是:这种误差是否应引起足够的重视!

显然,这取决于机构的资产规模大小和利率变动幅度的高低。

凸性有以下三个特点:① 凸性是有益的。某证券或资产组合的凸性越强,则机构就越大程度上实现了对于利率风险的保险。② 凸性与久期。利率变动越大、证券或资产组合的凸性越强,则金融机构仅仅运用久期进行利率免疫管理的风险越大。③ 所有的固定收益证券都具有凸性。以 6 年期、息票率为 8% 的债券为例,若市场利率为 8%,考虑两种极端的情况:若利率降至零或上升到非常高的水平(逼近无穷大),债券价格将如何?

若 $R=0$

$$P = \frac{80}{(1+0)} + \cdots + \frac{1\,080}{(1+0)^6} = \$1\,480$$

即价格为债息收入与债券面值的简单加总。由于实际上 R 不可能降至零,因此,\$1 480 是债券价格的上限。

若 $R=\infty$

$$P=\frac{80}{(1+\infty)}+\cdots+\frac{1\,080}{(1+\infty)^6}\approx 0$$

可见,随着收益率逼近无穷大,债券价格将逼近零。由于价格不可能为负,因此其下限为 0(见图 5-5)。

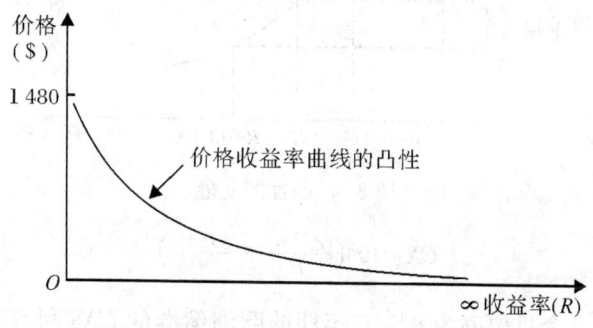

图 5-5　债券价格与收益率

既然,凸性是有益的,那么金融机构会问:凸性是否可以度量？可否将凸性纳入久期模型以改善其精确度？

答案是肯定的。

理论上讲,久期是价格—收益率曲线的斜率,而凸性则是斜率的变化率。根据 Taylors 展开级数,一级即为 dP/dR:久期,二级即为 d^2P/dR^2,凸性(以 CX 表示)。

$$\frac{\Delta P}{P}=-D\frac{\Delta R}{(1+R)}+\frac{1}{2}C\times(\Delta R)^2$$

$\dfrac{D}{1+R}$ 即为修正久期。

凸性(CX)反映了价格—收益率曲线的"突出"程度,即在利率上升或下降相同幅度时,资本利得效果大于资本损失效果的程度(如图 5-6 所示)。

$$CX=10^8\left[\begin{array}{c}\text{利率每变化一个基}\\\text{点引致的资本损失}\end{array}+\begin{array}{c}\text{利率每变化一个基}\\\text{点引致的资本利得}\end{array}\right]$$

　　　　　　　　(负面效果)　　　　　(正面效果)

乘数 10^8 将其转化为 1 个百分点的变化。

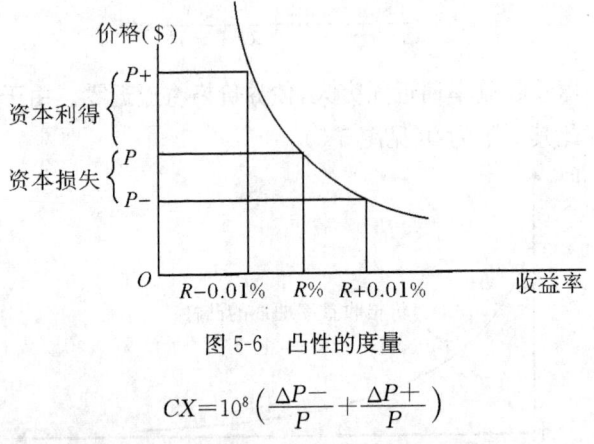

图 5-6　凸性的度量

$$CX=10^8\left(\frac{\Delta P-}{P}+\frac{\Delta P+}{P}\right)$$

计算一个息票率为 8%,6 年期的欧洲债券的 CX(利率为 8%,债券面值为 \$1 000)。

$$CX=10^8\left(\frac{999.53785-1\ 000}{1\ 000}+\frac{1\ 000\ 462.43-1\ 000}{1\ 000}\right)$$

$$CX=10^8\times0.00000028$$

$$CX=28$$

所以: $\dfrac{\Delta P}{P}=-MD\Delta R+\dfrac{1}{2}\times28\Delta R^2$

假设利率由 8% 升至 10%,则:

$$\frac{\Delta P}{P}=-\frac{4.993}{1.08}\times0.02+\frac{1}{2}\times28\times0.02^2$$

$$=-0.0925+0.0056$$

$$=-0.0869(或-8.69\%)$$

式中第一项表明:根据久期模型,利率上升 2% 将使债券价格下降 9.25%。

加上第二项表明:将凸性纳入久期模型将使价格少下降 0.56%,这很接近于精确值 8.71%。可见凸性因素的纳入减少了误差。

表 5-8 表明了凸性的一系列特点。

表 5-8

凸 性 的 特 点

凸性随久期增大		债券类型不同凸性不同		久期相同的零息凸性小于附息债	
例　子		例　子		例　子	
A	B	A	B	A	B
N　6	18	6	6	6	5
R　8%	8%	8%	8%	8%	8%
C　8%	8%	8%	0	8%	0
D　5	10.12	5	6	5	5
CX　28	130	28	36	28	25.72

式中　N——期限；

　　　　R——收益率；

　　　　C——年度债息；

　　　　D——久期；

　　　　CX——凸性。

　　表的左部表明：随着债券期限(N)延长，其凸性(CX)上升，这一点与久期一致。

　　表的中部表明：同样期限的债券，附息债的凸性小于零息债。但对于同样久期的债券，表的右部表明：附息债的凸性大于零息债(如图5-7所示)。

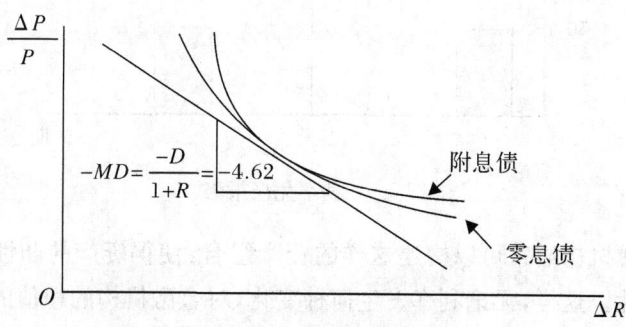

图 5-7　附息债与零息债的凸性

　　既然凸性是有益的:相当于对利率风险的一种保险。金融机构就可以通过建立资产组合以最大化这种效果。

　　例如，美国某养老基金面临着 15 年期的支付需求,为对其进行利率免疫,该机构应购入久期为 15 年的债券。考虑以下两种策略:

　　策略 1:将 100% 的资金投资于 15 年期的收益率为 8% 的贴现债券。

　　策略 2:将 50% 的资金投资于货币市场(联邦基金市场),50% 投资于 30 年期的收益率为 8% 的贴现债券。

　　其久期和凸性分别为:

　　策略 1:$D=15, CX=206$

　　策略 2:$D=1/2(0)+1/2(30)=15, CX=1/2(0)+1/2(797)=398.5$

　　(联邦基金的久期和凸性为零)

　　策略 1 和策略 2 的久期是相同的,但后者的凸性较大,我们称其为"哑铃"组合(如图 5-8 所示)。

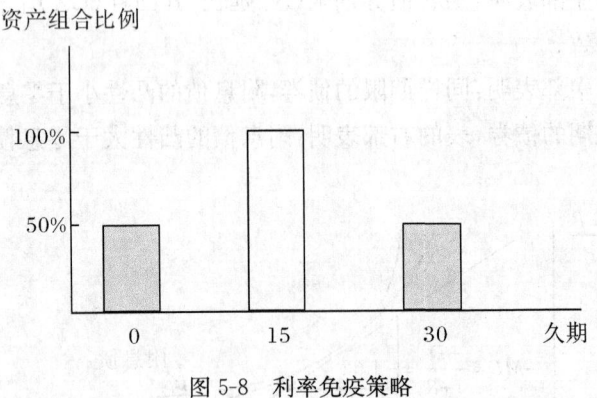

图 5-8　利率免疫策略

　　金融机构通常可以构建这样的资产组合:使得资产的凸性大于负债的凸性。这样,无论利率发生何种变化,对金融机构的净值的影响都是正面的(如图 5-9 所示)。

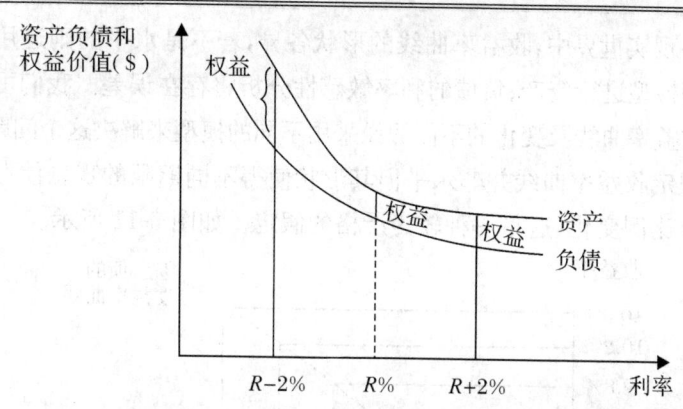

图 5-9　资产与负债的凸性

另一种办法就是金融机构发行可赎回债券(Callable Bond)作为负债,可赎回债券的资本利得是有限的,因为若利率下降到一个较低的水平,则发行人将赎回重发。这种资本利得的有限性是可赎回债券的价格——收益率曲线决定的:呈负凸性。因此,若资产具有正凸性,负债具有负凸性,则无论利率如何变化,对于金融机构的净值的影响都是正的。

4. 水平的利率期限结构问题

简单的久期模型的假设前提是利率的期限结构是水平的,且当利率变动时,收益率曲线平行移动。如图 5-10 所示。

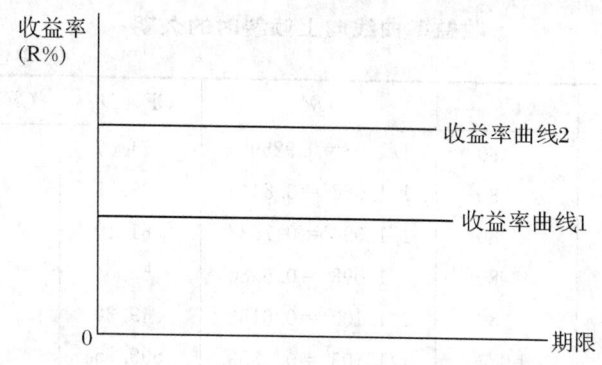

图 5-10　简单久期模型隐含的收益率曲线

在现实世界中，收益率曲线的形状各异，若不是水平的则运用简单的久期模型进行资产、负债的利率敏感性分析将存在误差。我们可以根据对收益率曲线及变化的不同假设采用不同的模型来解决这个问题。

假定收益率曲线并非水平但其形状使得不同期限的零息债券的收益率成比例变化，这是一种较为严格的假定。如图 5-11 所示。

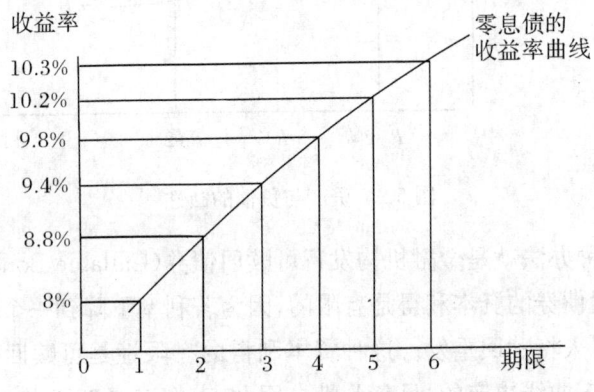

图 5-11　倾斜的收益率曲线

若 1 年期零息债券收益率上升，则：

$$\frac{\Delta R_1}{1+R_1}=\frac{\Delta R_2}{1+R_2}=\cdots=\frac{\Delta R_6}{1+R_6}$$

在这种严格假定下，则久期 D^* 如表 5-9 所示。

表 5-9

收益率曲线向上倾斜时的久期

单位：年

t	CF	DF	$CF\times DF$	$CF\times DF\times t$
1	80	$1/1.08=0.9259$	74.07	74.07
2	80	$1/1.088^2=0.8448$	67.58	135.16
3	80	$1/1.094^3=0.7637$	61.10	183.30
4	80	$1/1.098^4=0.6880$	55.04	220.16
5	80	$1/1.102^5=0.6153$	49.22	246.10
6	1 080	$1/1.103^6=0.5553$	599.75	3 598.50
			906.76	4 457.29

$$D^* = 4\,457.29/906.76 = 4.91562(年)$$

而收益率曲线水平时的久期为 4.993 年,D^* 与 D 不同,是由于收益率曲线向上倾斜从而后期的现金流折现率较高。

对于金融机构而言,选择 D^* 而非 D,除了资产负债的久期缺口($D_A^* - KD_c^*$)有所变化外,并未改变其基本问题。而且,对收益曲线形状的假定改变时,D^* 也会发生变化。

5. 违约风险问题

在久期模型中,未考虑违约风险问题:假定债券发行人或借款人一定会按期还本付息,不会违约或延期还款。但在现实生活中,还本付息常常会出问题而导致金融机构不得不与借款人重订贷款展期协议。

以 6 年期的息票率为 8% 的欧洲债券为例,若利率为 8%,发行人因陷入经济困境而无法付第一年的利息,金融机构与发行人双方达成协议可将利息延至第二年,这减轻了发行人的负担却延长了金融机构债券的久期:由约 5 年变为 5.08 年,如表 5-10 所示。

表 5-10

贷款展期与久期

单位:年

t	CF	DF	$CF \times DF$	$CF \times DF \times t$
1	0	0.9259	0	0
2	160	0.8573	137.17	274.34
3	80	0.7938	63.51	190.53
4	80	0.7350	58.80	235.21
5	80	0.6806	54.45	272.25
6	1 080	0.6302	680.58	4 083.48
			994.51	5 055.81

$$D = \frac{5\,005.81}{994.51} = 5.0837(年)$$

一般地，考虑到违约风险因素，金融机构可以将未来 t 期可能的现金流乘以付款可能性(P_t)，得到预期现金流 $E(CF_t)$。

$$E(CF_t) = P_t \times CF_t$$

然后再用同样方法计算久期即可。

6. 浮动利率贷款和债券

简单久期模型假定贷款或债券利息收入是固定的，即从发行至到期日保持不变。然而，实际上许多债券和贷款都是浮动利率：如盯住 LIBOR 的贷款，与国库券利率挂钩的可调利率抵押贷款（ARMs）、20 世纪 80 年代后出现的永久性浮动利率票据（FRNs）等。这些贷款或债券的久期如何计算呢？

浮动利率工具的久期为从购入该工具之日至下一次支付利息重新定价以反映利率变化的时间间隔，我们称之为重新定价的时间。

例如，投资者购入一个永久性的 FRN，该票据无到期日，在每年年初金融机构确定息票率，在年底支付。若投资者在第一年年中（$t = 1/2$）而非年初购买债券（如图 5-12 所示）。

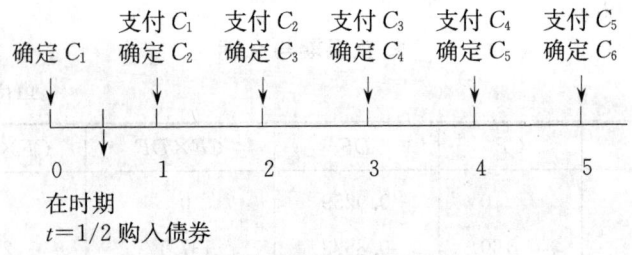

图 5-12　浮动利率债券

则该债券的现值为：

$$P = \frac{C_1}{(1+1/2R)} + \frac{C_2}{(1+1/2R)(1+R)} + \frac{C_3}{(1+1/2R)(1+R)^2} +$$

$$\frac{C_4}{(1+1/2R)(1+R)^3} + \frac{C_5}{(1+1/2R)(1+R)^4} + \cdots +$$

$$\frac{C_\infty}{(1+1/2R)(1+R)^{\infty-1}}$$

公式中有四点值得注意：① 投资者只需等待半年即可得到第一次债息，所以贴现率为 $1+1/2$；② 投资者只确知第一次债息 C_1；③ 金融机构在投资者购买债券前 6 个月确定息票率；④ 其他债息 C_2，$C_3,C_4,C_5,\cdots,C_\infty$ 在购买债券时是未知的，在未来重订时才可以确定。

重写上式为：

$$P=\frac{C_1}{(1+1/2R)}+\frac{1}{(1+1/2R)}$$

$$\left[\frac{C_2}{(1+R)}+\frac{C_3}{(1+R)^2}+\frac{C_4}{(1+R)^3}+\frac{C_5}{(1+R)^4}+\cdots+\frac{C_\infty}{(1+R)^{\infty-1}}\right]$$

括号内为若债券在第 1 年年末（第二次付息的起始日）出售的市场价（P_1），只要可调的债息恰好反映了利率的变化，则括号内的值就不会受利息变化影响，则：

$$P=\frac{C_1}{(1+1/2R)}+\frac{P_1}{(1+1/2R)}$$

因为 C_1 是在投资者购买前就已确定的现金流价值，P_1 是以现值计的固定现金流，购入该债券就相当于买入两只期限都为 6 个月的零息债券。由于零息债的久期即为其期限，该 FRN 的久期为：

$$D=1/2 \text{ 年}$$

也就是说，久期为购入债券日与第一次重订债息日之间的时间间隔。

7. 活期存款和支票存款

有许多银行都拥有大量的活期存款和支票存款，它们甚至是主要的存款来源。该类存款是没有期限的，那么如何计算其久期呢？

一个办法是分析其周转情况，比如若平均 \$1 存款 1 年周转 5 次，则意味着 \$1 的平均期限为 73 天（即 $365/5=73$）。

另一个办法是可以将这类存款视为随时可以向银行赎回现金的债券，则其久期应近似为 0。

还可以从久期的利率敏感性特点角度来解决这个问题。测算活期存款对利率变化的反应情况即 $\Delta DD/DD$ 对 ΔR 的敏感性。（可以用线性或非线性时间序列分析法),因为这类存款是不支付利息的,或利息水平较低,所以当市场利率上升时,存款人有可能将其转入较高利率的工具。

最后,也可以用模拟分析。即对未来一段时间的利率水平和存款人的提款额作出预期,并将这些现金流折现,即可求得久期。

8. 其他问题:抵押贷款和抵押贷款支持证券

计算抵押贷款和抵押贷款支持证券久期的难点在于其存在提前还款风险,因此需要模拟借款人的还款行为。另外,随着银行业务范围的扩展,期货、期权、互换等金融衍生品也是其资产的重要组成部分,这类工具对利率变化非常敏感,其久期的计算也极为复杂。

通过以上分析可见,尽管久期是金融机构管理利率风险的极好手段,但在实际运用中也存在一系列问题。针对这些问题根据不同情况,我们可以寻求相应的解决之道,从而使久期模型成为更加完善的利率风险管理工具。

5.4 利率期货

运用期货合约可以对冲金融机构净值的利率风险,下面分析其运作机理,以及不同的对冲策略:宏观对冲与微观对冲,完全对冲与选择性对冲。最后还指出了基本点风险和收益率曲线的期限结构风险。

5.4.1 运用期货合约对冲利率风险的策略选择

1. 微观对冲与宏观对冲

(1)微观对冲。即运用期货合约对一个特定资产或负债的风险进行对冲。例如,某金融机构试图对其债券资产所面临的利率上升的风险进行对冲,或者某金融机构为了锁定负债成本的短期利率上升风险而卖出 CD$_s$ 或国库券的期货合约。在微观对冲中,金融机构通常选取这样的期货合约:其基础资产与拟对冲风险的资产或负债头寸完全匹配。

（2）宏观对冲。即运用期货合约或其他金融衍生品对冲整个资产负债表的久期缺口。这与微观对冲是一种完全不同的策略，前者是逐一确认具体的资产和负债并寻找相应的期货合约或其他衍生品合约以对冲特定的风险，而后者则是从资产组合的角度出发，充分考虑各个资产负债项目的利率敏感性或久期之间的冲抵作用，其最终需要的总期货合约数与逐一对冲策略所需的合约数的总和不同。

2. 常规对冲与选择性对冲

常规对冲（Routine Hedging）即金融机构通过卖出足够多的期货合约以使其利率风险或其他风险降至最低的可能的水平，当然降低风险的同时，也使收益水平从而股东价值下降，因而有些机构并不进行这种完全对冲（图 5-13 表明了风险—收益之间的替代关系）。

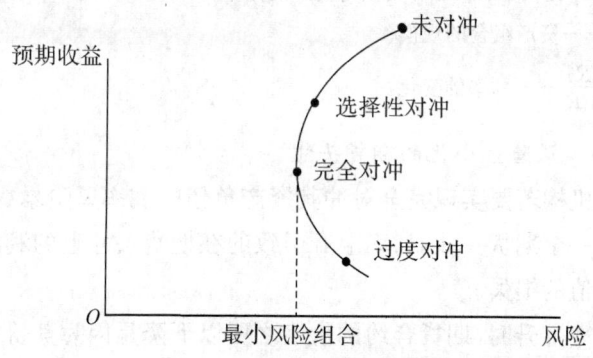

图 5-13　不同的对冲策略

有许多金融机构会基于其比较优势而愿意承担一定的利率风险、信用风险和外汇风险，而不进行完全对冲。一种可能性就是某金融机构对其资产组合进行选择性对冲（Hedge Selectively）。例如，一个机构可能在确定其期货合约头寸之前对远期利率水平形成了其预期，从而仅仅对于资产组合的一定比例选择性对冲；或者，该机构甚至可能决定根本不对冲或过度对冲（Overhedge）（即出售比其现金头寸需要的更多的期货合约。当然，监管当局会认为这种策略风险过大）。可见，完全对冲头寸即风险最小的资产组合仅仅是金融机构众多策略选择中的一种，其最终决策取决于金融机构对利率的预期、管理目标和对冲的风险—收益替代关系等因素。

5.4.2　运用期货合约进行宏观对冲

金融机构进行宏观对冲时应买卖期货合约的数量取决于其利率风险暴露的规模和方向以及完全对冲或选择性对冲的风险—收益替代关系。我们知道,金融机构净值的利率风险与其杠杆率、久期缺口和资产规模直接相关:

$$\Delta E = -(D_A - kD_L) \times A \times \frac{\Delta R}{1+R}$$

式中　ΔE——净值的变化;

　　　D_A——资产组合的久期;

　　　D_L——负债组合久期;

　　　k——杠杆率(L/A)即负债与资产的比率;

　　　A——资产组合的规模;

　　　$\frac{\Delta R}{1+R}$——利率的变化。

1. 实现风险最小化的期货头寸

金融机构若要实现完全对冲其资产负债的利率风险暴露,则可以构造这样一个期货头寸:利率上升引致的在期货头寸上的利润恰好冲抵资产净值的损失。

当利率上升时,期货合约的价格之所以下降是因为其价格反映了基础债券的价格变化。债券价格的利率敏感性取决于其久期,所以一只基于20年期的国债的期货合约比之基于3个月期的国债的期货合约的利率敏感性更大,因为前者的价格反映了其基础资产:20年期国债的价格(到期应交付的债券)。总之,期货合约价格的利率敏感性取决于其基础资产(债券)的久期,即:

$$\frac{\Delta F}{F} = -D_F \frac{\Delta R}{1+R}$$

式中　ΔF——期货合约价格的变化;

　　　F——期货合约的初始价;

　　　D_F——基础债券的久期;

　　　ΔR——预期的利率变化。

从而

$$\Delta F = -D_F \times F \times \frac{\Delta R}{1+R}$$

令

$$F = N_F \times P_F$$

式中　N_F——合约数量，N_F 为正时表示买入合约，为负时表示卖空合约；

　　　　P_F——每个合约的价格。

美国国债期货合约是标准化的，在交易所每份合约的面值为 $100 000，而通常其标价按每 $100 基础债券来标示，如 2005 年 9 月 25 日，基于国债的到期日为 2005 年 12 月的期货标价为 10 314/32，意味着买方愿意为该合约支付 $103 437.50 的价格。图 5-14 表示了 2005 年 9 月 25 日购入（或出售）的 2005 年 12 月到期债券期货头寸的利损情况。

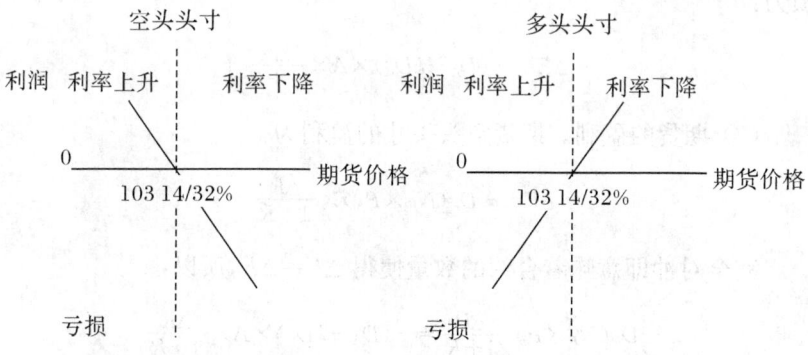

图 5-14　2005 年 9 月 25 日购入（或出售）的期货合约的利损

运用期货合约的空头头寸可以对冲金融机构的正久期缺口，而运用期货合约的多头头寸可以对冲金融机构的负久期缺口。

若在到期日（2005 年 12 月），期货合约价格为 103 14/32，则期货合约买方应支付 $103 437.50 给卖方并获得 $100 000 的 20 年期的息票利率为 8％的国债。但是如果只允许期货合约的卖方交付这一种债券，显然会引起该种债券头寸的不足。事实上，卖方可以有多种选择，除了交付 20 年期的息票率为 8％的国债，还可以选择交付任何期限为

15年以上的国债(通常会有25种不同类型的国债供选择)。若交付国债不是20年期的息票率为8%的国债,则期货合约的买方应按转换因子(Conversion Factor)测算出的应付款额付款。例如,若价值$100 000的18年期、息票率为6%的半年付息国债按5.5%的收益率折现,则其现值约为$105 667,因而其转换因子为1.057(或$105 667/$100 000)。这意味着应付款额为1.057×$103 437.50 = $109 300。

在实践中,卖方会选择交付最便宜的国债,即选择转换因子最小的国债。

下面我们来分析如何确定宏观对冲资产负债的利率风险暴露所需购入或售出的期货合约数量:

(1)净值的亏损。金融机构净值因利率上升而可能发生的亏损为:

$$\Delta E = -(D_A - kD_L) \times A \times \frac{\Delta R}{1+R}$$

(2)期货的盈利。期货空头头寸的盈利为:

$$\Delta F = -D_F(N_F \times P_F) \times \frac{\Delta R}{1+R}$$

完全对冲即意味着合约的数量使得 $\Delta F = \Delta E$,所以:

$$-D_F(N_F \times P_F)\frac{\Delta R}{1+R} = -(D_A - kD_L) \times A \times \frac{\Delta R}{1+R}$$

所以:

$D_F(N_F \times P_F) = (D_A - kD_L)A$,因而:

$$N_F = \frac{(D_A - kD_L)A}{D_F \times P_F}$$

(即应卖出的期货合约数)

2. 空头对冲

金融机构若预期利率将上升,其净值将下跌,则采取空头对冲,即卖空一定数量期货合约。利率上升引致期货头寸的盈利可以冲抵

净值的亏损。因为,利率上升,期货价格下降,从而空方头寸可以盈利:

假定在第 1 天卖方卖空一个 90 天期的期货合约(基于 20 年国债)价格为 \$97,第 2 天,由于利率上升,该期货只有 89 天到期,合约价格变为 \$96,则"盯市制度要求买方支付卖方补偿金:每 \$100 面值支付 \$1,则对于 \$100 000 的单位的合约面值,买方支付卖方 \$1 000。而若价格升至 \$98,卖方应支付买方 \$1 000"。盯市一直持续到合约到期。如果,在期限内,期货价格大部分时间是下降的,则空方积累正现金流,正是这种正现金流可以冲抵净值的亏损。

例如某金融机构的资产负债情况为 $D_A=3$ 年,$k=0.9$,$A=\$1$ 亿,$\Delta E=\$209.1$ 万。

若期货合约的当前报价为每 \$100 面值的 20 年期 8%息票率国债为 \$97,而单位合约价值为 \$100 000,国债久期为 9.5 年,即:

$$D_F=9.5 年,P_F=\$97\,000$$

所以:

$$N_F=\frac{(5-0.9\times3)\times\$100\,000\,000}{9.5\times\$97\,000}$$

$$=\frac{\$230\,000\,000}{\$921\,500}$$

$$=249.59(份合约)(卖空)$$

即应卖空 249 份期货合约。

假定运用 3 个月期的国库券期货对冲则:

$$N_F=\frac{(D_A-kD_L)A}{D_F\times P_F}$$

$$=\frac{(5-0.9\times3)\times\$100\,000\,000}{D_F\times P_F}$$

若期货报价为每 \$100 面值 \$97,且单位合约面值为 \$100 000 则 $P_F=\$970\,000$,$D_F=0.25$。

所以:

$$N_F = \frac{(5 - 0.9 \times 3) \times \$100\,000\,000}{0.25 \times \$970\,000}$$

$$= \frac{\$230\,000\,000}{\$242\,500}$$

$$N_F = 948.45 \text{(份合约)(卖空)}$$

5.4.3 运用期货合约进行微观对冲

金融机构进行微观对冲所需的合约数取决于其特定的资产或负债项目的利率风险暴露。即选择一定数量的期货合约以对冲这种风险。

我们知道,利率变化引致的某资产或负债项目的价值变化为:

$$\Delta P = -D \times P \times \frac{\Delta R}{1 + R}$$

可以通过以下步骤确定对冲所需合约数:

(1)利率上升引致的资产或负债项目的损失为:

$$\Delta P = -D \times P \times \frac{\Delta R}{1 + R}$$

(2)期货合约头寸上的盈利为:

$$\Delta F = -D_F \times (N_F \times P_F) \times \frac{\Delta R_F}{1 + R_F}$$

令 $\Delta F = \Delta P$,则:

$$-D_F \times (N_F \times P_F) \times \frac{\Delta R_F}{1 + R_F} = -D \times P \times \frac{\Delta R}{1 + R}$$

所以 $-D_F \times N_F \times P_F = -D \times P$,因而

$$N_F = \frac{D \times P}{D_F \times P_F}$$

(此为应买入或卖出的合约数)

5.4.4 确定对冲合约数量时需注意的问题——基本点风险

由于债券的现货和期货是在不同市场进行交易的,因而利率的变化:$\Delta R/(1+R)$对于资产负债头寸价值的影响,可能与 $\Delta R_F/(1+R_F)$ 对于期货合约的基础资产(债券)的价值的影响存在差异。即,现货和

期货价格的变化并非完全正相关,这就是基本点风险(Basis Risk),在不存在基本点风险的假设下,实际上就是假设

$$\Delta R/(1+R) = \Delta R_F/(1+R_F)$$

产生基本点风险的原因在于两点:

第一,拟对冲的资产负债项目与期货合约的基础资产(债券)并非完全一样,而资产负债项目的利率变化与债券收益率的变化并非完全正相关。

第二,现货利率变化与期货利率变化并非完全正相关。

在我们考虑到基本点风险后,如何确定对冲所需的最佳合约数量呢?

我们知道:

$$\Delta E = -(D_A - kD_L) \times A \times \Delta R/(1+R)$$

$$\Delta F = -D_F(N_F \times P_F) \times \Delta R_F/(1+R_F)$$

令 $\Delta E = \Delta F$,则:

$$N_F = \frac{(D_A - kD_L) \times A \times \Delta R/(1+R)}{D_F \times P_F \times \Delta R_F/(1+R_F)}$$

$$b_r = \frac{[\Delta R_F/(1+R_F)]}{[\Delta R/(1+R)]}$$

则:　　　　$$N_F = \frac{(D_A - kD_L)A}{D_F \times P_F \times b_T}$$

(应卖空合约数量)可以用历史数据进行回归得到两种利率变化的相关关系,从而确定 b_r。例如,在上例中若 $b_r = 1.1$,即现货利率每变化 $1\%[\Delta R/(1+R)]$,则期货合约的基础资产的收益率变化 1.1%,也就是说期货价格比现货市场价格更敏感,则:

$$N_F = \frac{(5 - 0.9 \times 3) \times \$100\,000\,000}{9.5 \times \$97\,000 \times 1.1}$$

$$= 226.9(份合约)$$

可见 $b_r > 1$,则期货价格敏感性更高,需卖空合约数较不存在基本点

风险时少;反之,则多。

最后,还应指出,上述多种方法均假定市场收益率曲线期限结构是水平的且平行的,而现实往往并非如此。

5.5 利率期权

金融机构通过购入看跌期权可以对冲其债券头寸的利率风险,下面分析金融机构运用看跌期权以对冲风险的机理及期权数量和合理的期权费水平的确定等问题。

5.5.1 运用看跌期权对冲债券头寸的利率风险

金融机构若已持有债券作为资产组合的组成部分,则买入 1 个基于债券的看跌期权可以对冲该组合的利率风险(见图 5-15)。

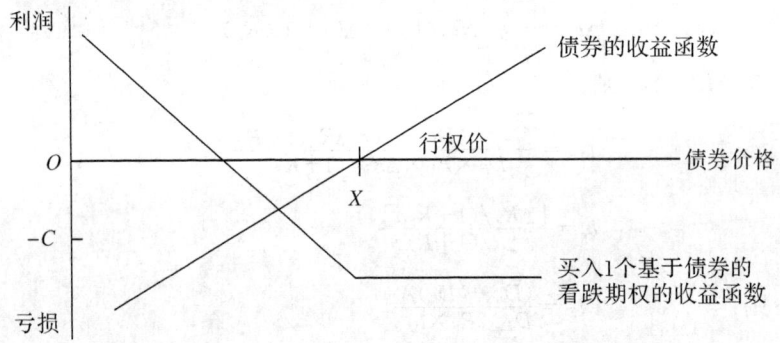

图 5-15 购入看跌期权对冲债券的利率风险

看跌期权可以将债券价格因利率上升而引致的亏损限制到一个最高上限,同时也将其因利率下降而引致的收益降低 1 个幅度(相当于期权费水平),但收益上升的潜在可能性是无限的。

债券多头头寸与看跌期权多头头寸的组合类似于 1 个看涨期权多头头寸,或者说是对后者的 1 个复制(见图 5-16)。

下面,我们来分析一下金融机构通过购入看跌期权对冲债券的利率风险的机理以及如何计算基于债券的看跌期权的合理价格。

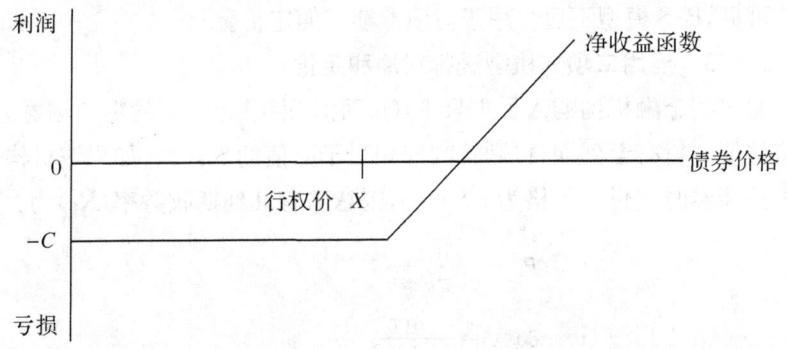

图 5-16　复制看涨期权（购入债券和看跌期权）

5.5.2　期权定价模型的选择

我们知道期权定价模型有两个：二项式模型和 B-S 模型。后者提供了对看涨和看跌期权的精确定价，被广泛用于对股票期权的定价。但若将 B-S 模型运用于对债券期权的定价则存在以下问题：

（1）B-S 模型假定短期利率是不变的，但通常情况并非如此。

（2）B-S 模型假定基础资产的方差是不变的。

而我们知道，债券价格从其发行日至到期日的变化路径是：若假定债券是平价发行的（at Par），则若利率上升，其价格会下降至发行价 100% 以下；反之，若利率下降，其价格会上升至发行价 100% 以上，且随着到期日临近，债券价格会回复至发行价水平（Pull-to-Par）。（如图 5-17 所示）。

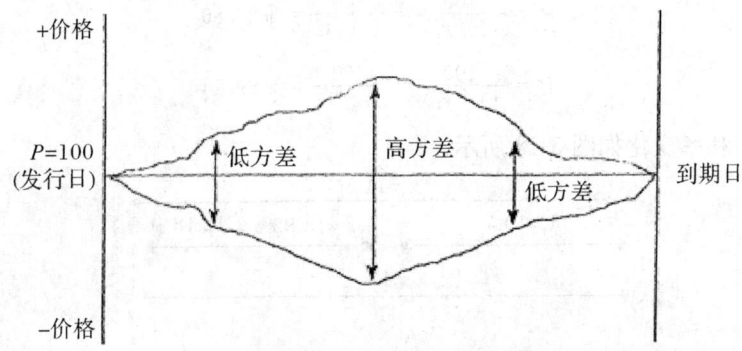

图 5-17　债券价格的方差

可见,B-S 模型不适合用于对债券期权的定价。

5.5.3 运用二项式模型进行对冲和定价

假定某金融机构购入了 1 只 \$100 面值,期限为 2 年的零息债券。若将该债券持有至到期日,则将收回相当于面值的 \$100。如果该机构购入该债券时支付的价格为 \$80.45,则意味着其到期收益率(R_2)为:

$$P_2 = \frac{100}{(1+R_2)^2}$$

$$80.45 = \frac{100}{(1+R_2)^2}$$

$$(1+R_2)^2 = \frac{100}{80.45}$$

$$1+R_2 = \sqrt{\frac{100}{80.45}}$$

$$R_2 = \sqrt{\frac{100}{80.45}} - 1 = 11.5\%$$

如果在第 1 年年末,利率突然上升,则存款者为寻求更高利息收入的投资渠道,就纷纷拟将存款取出,金融机构为应付这种流动性需求,就不得不将其上述 2 年期债券变现,而且由于利率上升,其市价下跌了。

假定在该机构购入债券时,市场上 1 年期零息债的到期收益率为 $R_1 = 10\%$。若该第 1 年年末的 1 年期零息债的到期收益率(r_1)变为 13.82% 或 12.18%,则上述债券可以按以下价格出售:

$$P_1 = \frac{100}{(1+r_1)} = \frac{100}{1.1382} = \$87.86$$

或

$$P_1 = \frac{100}{(1+r_1)} = \frac{100}{1.1218} = \$89.14$$

利率变化如图 5-18 所示。

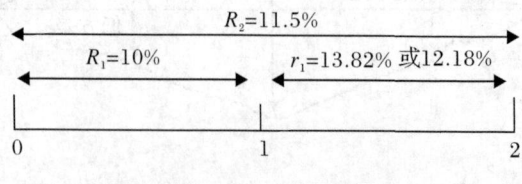

图 5-18 利率变化

若 r_1 变为 13.82% 或 12.18% 的概率各为 50%，则，从购入债券 1 年后，利率水平的期望值为：

$$E(r_1)=0.5(0.1382\%)+0.5(0.1218\%)=13\%$$

而上述债券在第一年年末的售价的期望值为：

$$E(P_1)=\frac{100}{1.13}=\$88.5$$

如果该金融机构希望出售债券应至少回收 \$88.5，否则将不得不寻求其他途径解决流动性如贴现窗口贷款等。为此，该金融机构应在第 0 期购入执行价为 \$88.5 的看跌期权。则若在第一年年末债券的市价低于 \$88.5，如 \$87.86，则该机构可以行权，向期权的购方交付债券得到 \$88.5。若在第一年年末债券的市价高于 \$88.5，如 \$89.14，则该机构放弃行权，并将其债券在公开市场出售得到 \$89.14。

可见购入看跌期权可对冲债券头寸的利率风险。但上述期权的价格应如何确定呢？图 5-19 表明了债券从购买日到到期日两年内的价格变化可能的路径。

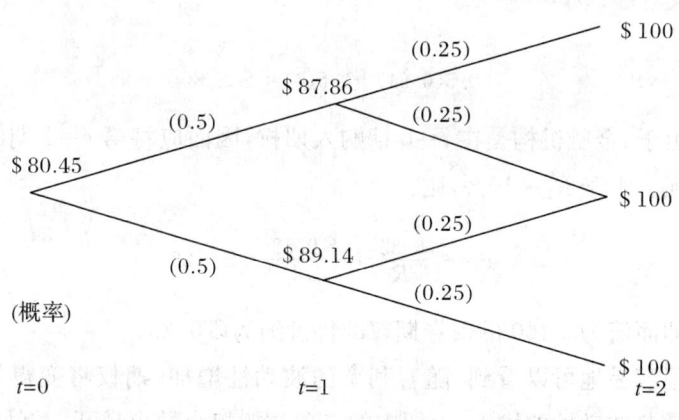

图 5-19 利率变化

金融机构以 \$80.45 美元购入 2 年期期限的债券。1 年后债券价格变为 \$87.86 或 \$89.14 的概率各为 50%。注意到在 $t=1$ 至 $t=2$ 债券价格将向面值逼近，即 \$100(Pull-to-Par)。

期权的价值如图 5-20 所示。

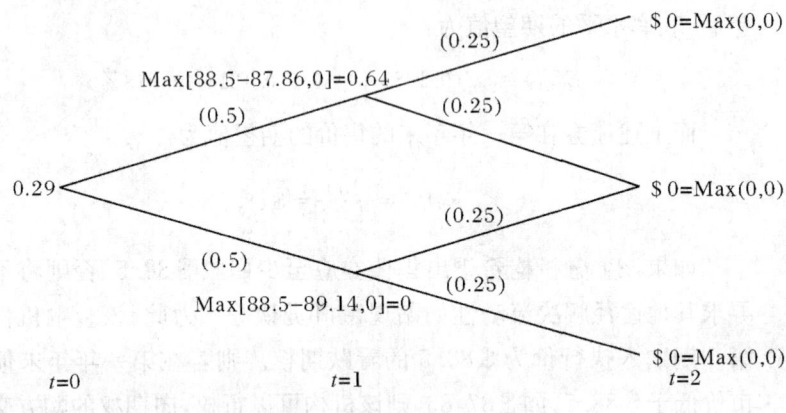

图 5-20　利率变化

该期权仅仅可以在第 1 年年末行权(t＝1),若距离到期日还有 1 年的零息债的市价为 $87.86,则该期权在第 1 年年末价值为 $88.5－$87.86＝$0.064;若距离到期日还有 1 年的零息债的市价为 $89.14,则该期权在第 1 年年末价值为 0,可见在第 1 年年末期权价值为:

$$0.5(0.64)＋0.5(0)＝\$0.32$$

由于,金融机构是在 $t＝0$ 期购入期权,因而应将第 $t＝1$ 期的期权价折现。由于 $R_1＝10\%$,则:

$$P＝\frac{\$0.32}{1＋R_1}＝\frac{\$0.32}{1.1}＝\$0.29$$

即面值为 $100 的债券期权的售价约为 $0.29。

很容易地可以看到,随着利率的波动性增加,期权将变得越有价值。随着波动性的增大,上图中的二项式树权会散得越开。例如,若第 1 年年末利率可能上升的值为 14.82% 而非 13.82%,则 1 年期的零息债的价格将为 $87.09,期权价值将为 $88.5－$87.09＝$1.41,则:

$$P＝\frac{0.5×1.41＋0.5×0}{1.1}＝\$0.64$$

我们知道,根据期权定价理论:

$$\frac{\partial P}{\partial \sigma} > 0$$

在这里显然得到证明:随着基础资产收益波动性的增加,看跌期权的价值将增加。

5.5.4　确定用以对冲风险的看跌期权的数量

某金融机构的资产负债表的利率风险暴露为:

$$\Delta E = -(D_A - kD_L) \times A \times \frac{\Delta R}{1+R}$$

式中　　ΔE——净值的变化;

　　　　$D_A - kD_L$——久期缺口;

　　　　A——资产额;

　　　　$\dfrac{\Delta R}{1+R}$——利率的变动幅度;

　　　　k——杠杆率(L/A)。

若该机构拥有正的久期缺口(如图 5-21 所示),则利率上升,将导致净值下降,因此,为对冲该风险应购入看跌期权:以看跌期权的盈利冲抵净值的下降。

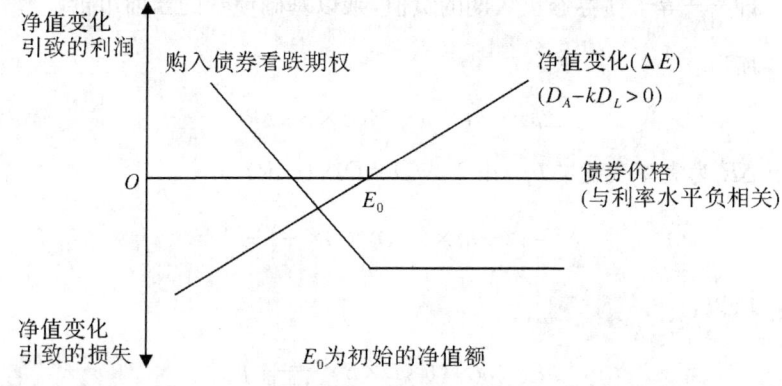

图 5-21　以看跌期权对冲利率风险

令 ΔP 表示看跌期头寸价值的总变化:

$$\Delta P = N_P \times \Delta p$$

式中　N_P——应购入的 \$100 000 面值的看跌期权合约的份数；

　　　Δp——每份 \$100 000 面值的看跌期权合约的价值的变化。

$$\Delta p = \frac{\mathrm{d}p}{\mathrm{d}B} \times \frac{\mathrm{d}B}{\mathrm{d}R} \times \Delta R$$

$\dfrac{\mathrm{d}p}{\mathrm{d}B}$ 表示债券价格每 \$1 的变化将引致的期权价值的变化，即期权的 δ（在 0 与 1 之间，对于看跌期权 δ 应附之以负号，因为基础债券价格上升则看跌期权价值下降）。

$\dfrac{\mathrm{d}B}{\mathrm{d}R}$ 表示利率每上升一个 bp，债券市价的变化，这可与久期联系起来：

$$\frac{\mathrm{d}B}{\mathrm{d}R} = -MD \times \mathrm{d}R$$

即利率的微小变化引起的债券价格变化与债券的修正久期（MD）成比例，则：

$$\frac{\mathrm{d}B}{\mathrm{d}R} = -MD \times B$$

即 $\dfrac{\mathrm{d}B}{\mathrm{d}R}$ 等于债券修正久期的负值，乘以基础债券的当前市价。

所以：

$$\Delta p = (-\delta) \times (-MD) \times B \times \Delta R$$

ΔR 为利率变化的 bp，由于 $MD = D/(1+R)$

$$\Delta p = \left[(-\delta) \times (-D) \times B \times \frac{\Delta R}{1+R} \right]$$

所以：

$$\Delta P = N_P \times \left(\delta \times D \times B \times \frac{\Delta R}{1+R} \right)$$

括号中为利率变化引起的每份 \$100 000 面值的看跌期权的价值的变化，N_P 为期权合约的份数。

为了对冲净值的风险,需要让当利率上升时引致的期权合约的利润(ΔP)正好冲抵净值的损失($-\Delta E$):

$$\Delta P = -\Delta E$$

$$N_p \times \left(\delta \times D \times B \times \frac{\Delta R}{1+R} \right) = (D_A - kD_L) \times A \times \frac{\Delta R}{1+R}$$

$$N_p \times (\delta \times D \times B) = (D_A - kD_L) \times A$$

$$N_p = \frac{(D_A - kD_L) \times A}{\delta \times D \times B}$$

例如,若某金融机构的资产负债表显示:$D_A = 5$, $D_L = 3$, $k = 0.9$, $A = \$1$ 亿,预期利率在未来 6 个月后将由 10% 升至 11%,从而该机构的净值损失为 \$209 万。假定看跌期权的 δ 为 0.5,看跌期权的基础债券的久期为 $D = 8.82$,面值为 \$100 000 的长期国债的现行市价 B 为 \$97 000,求 N_P(即应购入的看跌期权份数)。

$$N_p = \frac{\$230\,000\,000}{0.5 \times 8.82 \times \$97\,000} = \frac{\$230\,000\,000}{\$427\,770}$$

$$= 537.672(份)$$

取整为 537 份。

若利率由 10% 升至 11%,则看跌期权的价值变化为:

$$\Delta P = 537 \times \left(0.5 \times 8.82 \times \$97\,000 \times \frac{0.01}{1.1} \right)$$

$$= \$2\,090\,000$$

正好冲抵净值的损失。

假定国债看跌期权的价格为每份面值 \$100 000 期权售 \$2 500,则为购入这些期权应支付的价格为:

$$购入成本 = 537 \times \$2\,500 = \$1\,342\,500$$

约为 \$130 万,而该机构的总资产为 \$1 亿。

图 5-22 总结了上述对冲交易。若利率如预期一样上升,则机构的净值下降额为 \$209 万,恰好为期权头寸价值的上升抵补;反之则反。

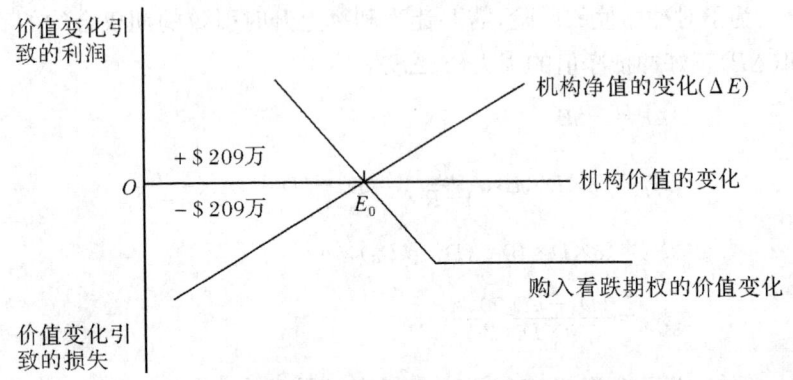

图 5-22 购入看跌期权对冲久期缺口的利率风险

在这里,之所以可以实现完全对冲是由于我们认为基本点风险 (Basis Risk) 为零。即,假定利率变化引起的资产负债表的变化等于利率变化引起的期权的基础债券的变化[即 $\Delta R(1+R)=\Delta R_b(1+R_b)$],若考虑到基本点风险,则:

$$N_p=\frac{(D_A-kD_L)\times A}{\delta\times D\times B\times b_T}$$

$$b_r=\frac{\dfrac{\Delta R_b}{1+R_b}}{\dfrac{\Delta R}{1+R}}$$

例如,上例中若 $b_r=0.92$(即利率变化引致的期权的基础债券的变化为资产负债变化的 92%),则:

$$N_p=\frac{\$230\,000\,000}{0.5\times8.82\times\$97\,000\times0.92}$$

$$=584.4262(份)$$

可见,为覆盖基本点风险,需增加期权的份数。

5.5.5 两点补充

另外,在使用期权工具对冲利率风险时还需要指出以下两点:

(1) 运用期货合约和运用期权合约对冲风险不同之处。

以期货合约对冲的策略同时降低了利率的上升或下降引致的收益

变化的波动性,(如图 5-23),即当利率上升时债券价格下降至 X 的左方,而期货合约的收益恰好冲抵这种亏损。而若利率下降,债券价格上升至 X 的右方,而期货合约的亏损恰好"吃掉"这种利润。

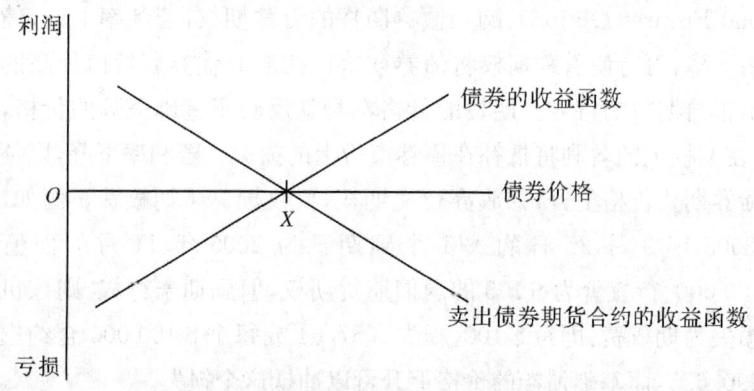

图 5-23　运用期货合约对冲债券的利率风险

与之形成对比的是,用期权对冲可以完全冲抵亏损但仅仅部分"吃掉"利润。(如图 5-24)。若利率上升机构的债券头寸发生亏损(X 的左方),而期权的冲抵作用使其亏损不会超过期权费,而利率下降时,债券头寸盈利,而期权头寸不会全部"吃掉"它。

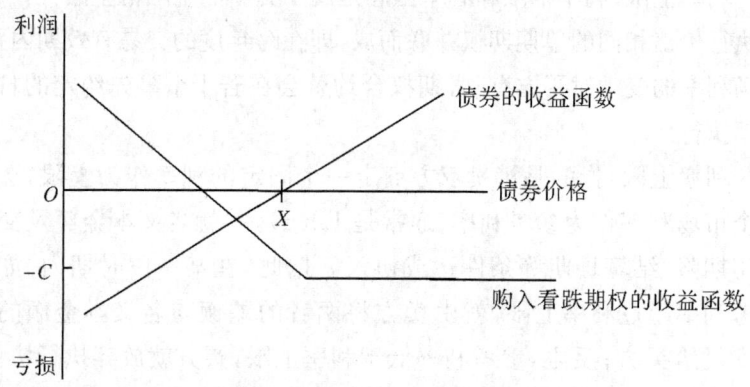

图 5-24　购入看跌期权对冲债券的利率风险

(2) 债券期货期权优于债券期权。

前面是一个简单的金融机构用购入债券的看跌期权对冲债券的利率风险的例子,事实上,金融机构有更多的 OTC 和交易所交易的期权品种供选择。通常,他们更倾向于使用基于利率期货合同的期权(Bond Futures Option):购入债券期货的看跌期权,若利率上升,债券价格下降,可行使看跌期权将债券期货以比届时债券期货市价高的水平出售给期权的售方。期货的价格本身就反映了基础债券的价格,因此,在期权上的盈利将抵补在债券市价上的损失。若利率下降,则债券和债券期货价格上升,则放弃行使期权,仅仅损失了期权费。例如,若在 2005 年 9 月 25 日购入 1 个到期日为 2005 年 11 月的面值为 $100 000、行权价为 $103 的国债期货期权,但到期未行权,则该机构的损失为期权费:即每 $100,损失 $57/64 或每个 $100 000 合约损失 $890.625,而基础债券的价格上升可以冲抵这个损失。

之所以更倾向于使用债券期货期权而非债券期权对冲风险,是由于前者不仅具备了普通期权的非对称性收益函数结构,而且还有以下期货合约所特有的特点:高流动性、防范信用风险的制度安排、标准化合约、盯市安排等,是二者的综合。

5.5.6 用利率上限利率下限和利率不同对冲利率风险

利率上限、利率下限和利率区间是属于更新的金融衍生品,由一系列执行价格相同的单期期权并联而成,即在跨年度的交易有效期内,若市场利率的变动对买方有利,期权合约就会在若干个事先约定的日期自动执行。

利率上限,指的是买卖双方商定一个固定的利率作为上限,选择某个市场利率作为参考利率(通常是 Libor),并就名义本金额及交易适用期限、结算日期等条件达成协议。据此,在某一段时期内,如果参考利率超过利率上限,就由卖方将两者的差额与名义本金额的乘积支付给买方;反之,参考利率低于利率上限,买方就放弃执行协议。作为获取这项看涨期权的对价,买方在签约时向卖方支付一定金额的期权费。

对于买入利率上限的一方来说,市场参考利率朝有利方向运动并

超过事先确定的上限时,他获得支付;反之,当市场参考利率朝不利方向运动时,他就放弃执行合约。支付数额的计算公式为:

$$支付数额 = (参考利率 - 利率上限) \times 名义本金 \times 计息期限$$

利率下限的交易结构与利率上限基本相同,只是交易双方商定一个固定的利率作为下限。协议生效后,在事先确定的未来各个结算日期,如果参考利率低于利率下限,就由卖方将两者的差额支付给买方;反之,参考利率高于利率下限,买方就放弃执行协议。作为购买费用,买方在签约时须向卖方支付一定金额的期权费。利率下限的支付数额公式为:

$$支付数额 = (利率下限 - 参考利率) \times 名义本金 \times 计息期限$$

利率区间又称"套做期权"。买入利率区间是指在较高的利率水平(执行价格)上买入一个利率上限(看涨期权)的同时,在较低的利率水平(执行价格)上买入一个利率下限(看跌期权),从而将实际的利率支付或收入水平限定在上限利率与下限利率的区间之内。

利率区间的使用者通过适当调整利率上限和利率下限,可在利率风险防范和成本开支之间找到一个满意的平衡点。这种调整甚至能产生一个零成本的利率区间(Zero-costcollar),即卖出利率下限所获得的期权费收入正好抵销购买利率上限所开支的期权费。

此类交易比利率互换更具吸引力。

金融机构可以运用上述三类新型衍生品像运用债券期权,或债券期货期权一样对冲某资产组合的利率风险:

(1)当前金融机构以浮动利率负债融入资金,而资产为固定利率,或存在债券多头头寸,或当金融机构资产负债表 $D_A - kD_L > 0$ 时,可购入利率上限。

(2)当金融机构负债是固定利率而资产为浮动利率,或存在债券空头头寸,或当金融机构资产负债表 $D_A - kD_L < 0$ 时,可购入利率下限。

(3)当金融机构不希望利率过于波动时,可购入利率区间。

1. 利率上限

假定某金融机构在第 0 期购入名义金额为＄1 亿,上限为 9％的利率上限并支付了相应的期权费,则卖方在协定期内的任何时间若参考利率高于 9％则补偿买方。通过这笔交易就将金融机构的浮动利率的负债成本转换成了固定利率成本。

若该利率上限协议的期限为 3 年,执行期为第 1 年和第 2 年年末,则买方可能会在这个日期获得补偿。实践中,通常将执行日与负债的付款日联系起来,如浮动利率票据(FRN)的息票付款日。如图 5-25、表 5-11 所示。

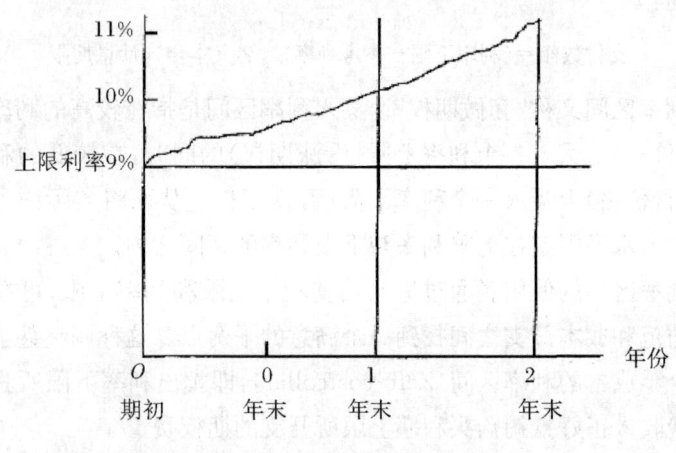

图 5-25　利率的变化路径

表 5-11

在利率上限协议下的支付款额

支付期(年末)	利率上限(％)	实际利率(％)	利 率 差	卖方给买方的支付额
1	9	10	1	＄100 万
2	9	11	2	＄200 万
总　　计				＄300 万

图 5-25 中显示的利率上限的卖方应在执行期向买方支付表 1 中所列的支付额。在这种情况下,购入利率上限的金融机构将在协议期内收到＄300 万(未贴现)以对冲其资产负债组合中的负债成本上升或

资产市价下降的风险。

然而,图 5-25 实际上仅仅显示了一种可能的情形。可以考虑另一种利率可能变化的情形,如图 5-26 所示。

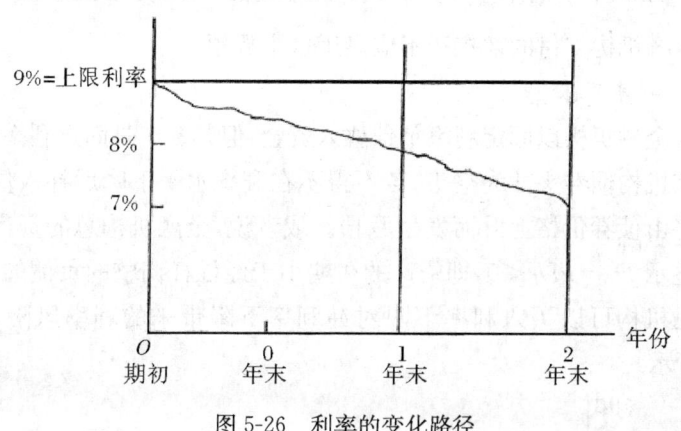

图 5-26　利率的变化路径

图 5-26 中,利率在第 1 年年末和第 2 年年末分别跌至 8％和 7％,因而购方未获得任何支付额。

对于运用利率上限对冲利率风险的金融机构而言,问题在于如何在未来利率水平不确定的情况下计算该 9％的利率上限合同的合理价值。事实上,金融机构根本不知道第 1 年年末的利率究竟会是 10％还是 8％,同样地,也不知道第 2 年年末的利率究竟会是 11％还是 7％,而且在购入利率上限时,期权费是必须支付的。

可以用二项式模型确定利率上限期权费(如图 5-27 所示)。

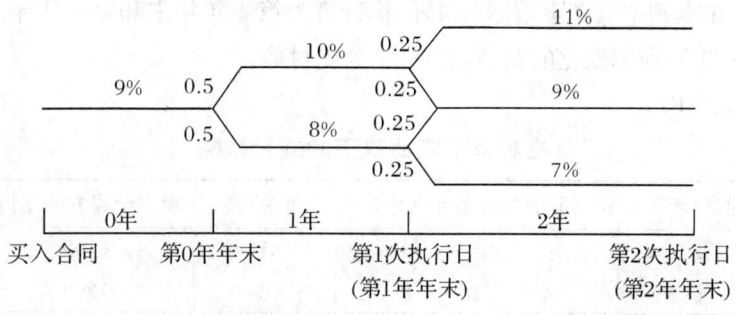

图 5-27　利率上限为 9％的合同

当前(第 0 期)利率上限的价值应为第 1 次执行日和第 2 次执行日得到的支付额的贴现值之和：

利率上限合理价值＝P＝第 1 次支付额现值＋第 2 次支付额现值

金融机构支付的期权费不应高于这个数额。

2. 利率下限

若金融机构以固定利率负债融入资金,但其资产是固定利率的,或者说该机构债券头寸为空头,若不得不在利率水平下降后补入债券头寸则将由债券价格上升而发生亏损。或者说,金融机构总的资产负债结构显示 $D_A - kD_L < 0$,即资产的久期小于经杠杆调整的负债的久期。则金融机构可以买入利率下限对冲利率下降带来的利率风险(如图 5-28 所示)。

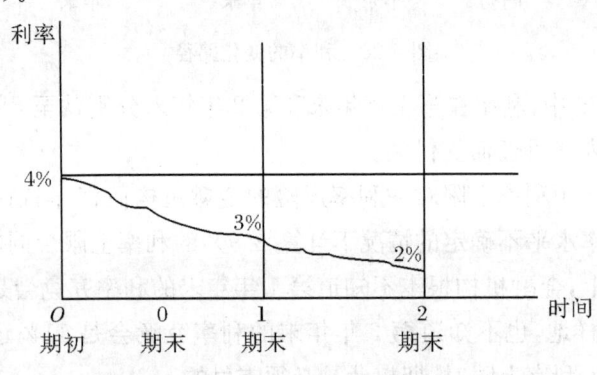

图 5-28　利率区间的收益

在本例中利率下限定为 4%,执行日为第 1 年年末和第 2 年年末。图 5-29 为利率变化的路径,表 5-12 为支付额。

表 5-12

在利率下限协议下的支付款额

支付期(年末)	利率下限(%)	实际利率(%)	利 率 差	卖方给买方的支付额
1	4	3	1	＄100 万
2	4	2	2	＄200 万
总　　计				＄300 万

同样,利率下限的合理价值也可以用二项式模型计算。

3. 利率区间

若金融机构是高度风险厌恶的,从而为了防止利率的高度波动的风险,就可买入利率区间,同时买入利率上限和下限。图 5-29 为买入一个 9% 的上限和 4% 的下限的情形。

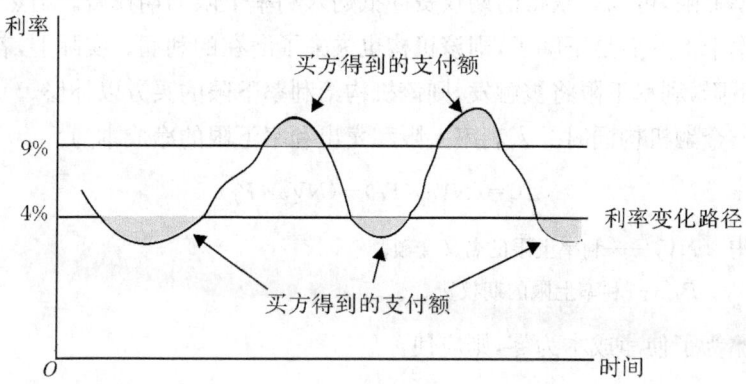

图 5-29　利率区间的收益

图中阴影部分为支付额发生区(实际利率＞9% 或＜4%),若利率在 4% 和 9% 之间则买方不获得任何补偿。见表 5-13,该金融机构支付两笔期权费。实际上利率区间类似于同时买入债券的看跌和看涨期权(跨骑式操作)。

表 5-13

利率区间的收益

年　末	利率限额(%)	实际利率(%)	利率差	卖方对买方的支付额
1	4	3	1	$100 万
2	4	2	2	$200 万
总　计				$300 万

另外,也可以用利率区间冲抵买入利率上限所支付的成本。如在购入 $1 亿利率上限的例子中,期权费($PC$)为 $792 700 即是名义金额($NV_C$)的 0.7927%。所以利率上限的成本为:

$$C = NV_C \times PC = \$100\,000\,000 \times 0.007927$$
$$= \$792\,700$$

对于许多大型金融机构,利率上升的风险大于利率下降的风险(这也许是由于其对利率敏感的负债的依赖性较强)。通过同时卖出一个利率下限,可以以获得的期权费冲抵购入利率上限的期权费。当然,若利率未上升而是下降了,则该机构也失去了潜在的利润。实际上,若利率下降,利率下限将被触发,则该机构给利率下限的买方以补偿。

金融机构同时买入利率上限和卖出利率下限的净成本为:

$$C = (NV_C \times P_C) - (NV_f \times P_f)$$

式中　NV_f——利率上限的名义金额;

　　　P_f——利率上限的期权费。

为了使净成本为零,则应使:

$$\frac{NV_f}{NV_c} = \frac{P_c}{P_f}$$

最后,利率上限、利率下限和利率是 OTC 交易衍生品,因而与交易所交易的期货和期权产品不同:隐含着信用风险(源自交易对手)。例如,在前面的例子中,若利率上限的卖方在第 1 年年末违约:拒绝因利率升至 10% 应支付的 $100 万,则买方将不仅失去第 1 年的补偿额,还将失去第 2 年潜在的补偿额,从而不得不再寻求新的替换合同,而重置成本将因市场条件的不利变化而较原来的高而且也会引发新的交易成本等。由于利率上限合同通常期限较长,因而信用风险显得更为重要,所以金融机构通常只与资信可靠的机构签约。

5.6　利率互换

互换作为金融衍生工具之一,其品种及交易在近年来发展迅猛:2001 年全美国商业银行总计名义交易额为 $25.2 万亿,而且其引发的信用风险暴露问题引起了巴塞尔委员会等监管机构的高度关注;

除了传统的利率互换、货币互换、信用互换、商品互换和股票互换,还有"反向浮动"、"互换期权"等新的品种不断涌现。所有的互换工具的共同特点在于:按照对交易双方有利的方向重构资产或负债的现金流。下面分析利率互换在国际金融机构风险管理中的作用及其定价等问题。

5.6.1　运用利率互换管理久期缺口

利率互换实际上是由互换双方之间的一系列远期合同组成的。其最长期限可以长达 15 年,从而可以实现无需不断地更新远期或期货合约而达到长期对冲风险的目的。

通常,利率互换的买方承诺定期支付一系列固定利息给合约的卖方,而卖方同时承诺支付浮动利息给买方。双方各自在支付浮动或固定利率方面拥有比较优势,通过互换,买方可以将其浮动利率成本的负债换成固定利率的成本从而与其固定利息收入的资产相匹配。同时,卖方则将其固定利率的负债换成浮动利率的成本从而与其浮动利息收入的资产相匹配。

下面以一个简单的例子说明通过互换对冲利率风险的机理。

假定两个金融机构,某银行 A 发行息票率 10% 的 4 年期中期票据融入 $1 亿,而资产方则发放与 LIBOR 年率挂钩的浮动利率贷款(简化的资产负债表如表 5-14 所示)。可见其存在负的久期缺口: $D_A - kD_L < 0$。

表 5-14

简化的资产负债表

资产		负债	
工商贷款 (与 LIBOR 年率挂钩)	$100 百万	中期票据 (固定息票率)	$100 百万

该行对冲其风险暴露的一种策略可以是将其负债转换成短期浮动利率负债,从而缩短负债的久期,达到与资产久期匹配的目的。通过表内表外业务均可实现上述策略。

例如,表内业务可以采取再吸收＄1亿的与资产类似的,与LIBOR挂钩的(如 LIBOR＋2.5％)短期存款,新吸收存款可以用以偿还到期的中期票据,这样资产负债的久期缺口就减小了。或者也可以从事表外业务,即卖出一份互换合约,即承诺支付浮动利息。

上述互换业务的买方为一家储蓄存款银行,该行投资了＄1亿用于固定利率久期较长的住房抵押贷款。而其负债为平均久期为1年的短期存款。为此,存款到期后,该行需不断吸收新存款。(简化的资产负债表如表 5-15 所示)

表 5-15

储蓄存款银行的资产负债表

资产	负债
固定利率抵押贷款＝＄100 百万	短期存单存款(1 年)＝＄100 百万

该行的资产负债结构表现为正的久期缺口:

$$D_A - kD_L > 0$$

可以通过将短期浮动利率存款转换成长期固定利率负债以与其资产的久期匹配。在表内,通过发行与抵押贷款期限相同的长期票据吸收资金以偿付到期的短期存单存款并减少久期缺口。当然,也可以买入一个互换——承诺支付固定利息。

上述两机构资产负债表不同的风险暴露情况恰好使其成为互换交易的双方。当然,互换交易也可以通过金融机构来实现,此时,金融机构充当中介或代理人将双方撮合到一起,因而收取一定的费用,而且应当再加上一笔信用风险溢价(只不过互换的风险小于贷款而已)。

若互换的名义金额为＄1亿(等于银行 A 的 4 年期的中期票据的金额)。该中期票据负债的年利率成本为 10％,银行 A 的问题在于若市场利率下降,则其资产的浮动利息收益可能不足以抵补该成本。而对于储蓄银行,其问题在于若市场利率上升,则其抵押贷款的固定利息收入可能不足以偿付其存款成本。因此双方可能进行互换交易:储蓄银行用其固定利息收入换取银行 A 的浮动利息收入。假定当前的1 年期的 LIBOR 利率为8％,银行 A 承诺每年年末向储蓄银行支付LIBOR＋2％的利息,图 5-30 和表 5-16 反映的就是该互换交易的现金流及融资成本情况。

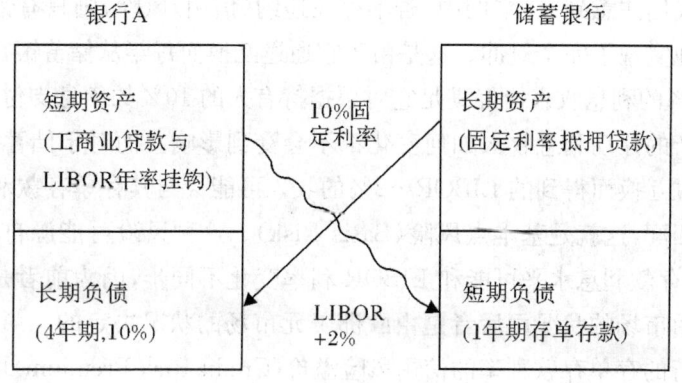

图 5-30　固定—浮动利率互换

表 5-16

利率互换的融资成本

	银行 A(百万)	储蓄银行(百万)
负债的现金流出	－10％×＄100	－存单存款利率×＄100
互换的现金流入	10％×＄100	(LIBOR＋2％)×＄100
互换的现金流出	－(LIBOR＋2％)×＄100	－10％×＄100
净现金流	－(LIBOR＋2％)×＄100	－(8％＋存单存款利率－LIBOR)×＄100
债券市场融资成本 浮动利率债券 固定利率债券	LIBOR＋2.5％	12％

通过互换交易,银行 A 将其4 年的固定利息支出换成了浮动利息支付,从而与其资产的浮动利息收入匹配。而若银行 A 到债券市场融

资则其成本为 LIBOR＋2.5％,高出 0.5％;而另一方面储蓄银行也将其浮动利息支出变成为固定利息支付(加上一个较小的浮动成分:存款利率－LIBOR),与其资产的固定利息收入相似,而若到债券市场融资则其成本为 12％,高出"4％＋存款利息－LIBOR"。

我们注意到:在本例中,若不存在违约(信用)风险,则只有银行 A 真正地实现了完全对冲。这是由于它通过互换而每年从储蓄银行得到的 10％的利息收入恰好满足它对票据持有人的 10％的年息支付,无论其资产的浮动利息收入如何变化都不会受到影响。而对于储蓄银行,其通过互换而得到的 LIBOR＋2％的收入可能会与其存单存款利息成本不匹配,这就是基本点风险(Basis Risk)。这种风险可能源自两点:第一,存款利息水平可能和 LIBOR 利率变化不同步,因为前者是由国内货币市场的状况而后者是由欧洲美元市场的状况决定的。第二,储蓄银行的存单存款利率的信用风险溢价(Credit Risk Premium)可能会随时间而上升。因此 LIBOR＋2％的收入也许无法抵补存单存款利息成本,为此,储蓄银行可能会要求银行 A 的浮动利息支付盯住存单存款利率,这样,银行 A 将承担基本点风险:其资产收益是盯住 LIBOR 的(它可能会要求得到相应的额外补偿)。

可见,运用互换可以管理金融机构的久期缺口。假定某金融机构拥有正的久期缺口,则其净值体现为对利率上升的风险暴露:

$$\Delta E = -(D_A - kD_L)A \cdot \frac{\Delta R}{1+R} > 0$$

运用互换对冲这种风险的目的是使得利率对互换价值的影响正好抵补 ΔE,而:

$$\Delta S = -(D_{fixed} - D_{float}) \times N_s \times \frac{\Delta R}{1+R}$$

式中　N_s——互换的名义价值;

$D_{fixed} - D_{float}$——固定利息支出的久期与浮动利息支出的久期的缺口。

只要 $D_{fixed} > D_{float}$,则若利率上升,固定利息支付的市场价值的下降幅度高于浮动利息支付的市场价值的下降幅度,即固定利息支付者获利(若利率上升,将亏损)。

令 $\Delta E = \Delta S$

从而 $-(D_{fixed} - D_{float}) \times N_s \times \dfrac{\Delta R}{1+R} = -(D_A - kD_L) \times A \times \dfrac{\Delta R}{1+R}$,

则:

$$N_s = \frac{(D_A - kD_L) \times A}{D_{fixed} - D_{float}}$$

5.6.2 互换的定价

从事互换交易的关键问题在于双方签约时如何确定未来的现金流入或流出水平以及日后实际实现的现金流入或流出。前者取决于签约时对远期短期利率的预期,后者取决于在互换协议有效期内的实际市场利率水平。

互换定价的一个重要假设是无套利条件,即买方的固定利息支付的预期折现值与卖方的浮动利息支付的预期折现值相等。若二者不相等,则一方往往要求得到一定的补偿。

互换的固定利息支付通常通过新发行的美国政府票据和债券的收益率曲线来定价。下面以一个简单的例子来说明其定价过程。

假定有一个 4 年期的互换协议,买方每年年末支付固定利息,而利率水平是每年年初确定的,如图 5-31 所示。

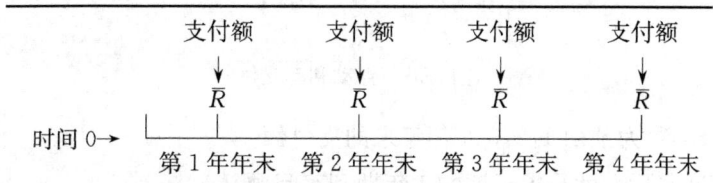

图 5-31　固定利息支付

这相当于 4 年内每年的利率水平一样:

$$\bar{R}_1 = \bar{R}_2 = \bar{R}_3 = \bar{R}_4 \text{(固定)}$$

新发行的国债的收益率曲线如图 5-32 所示。

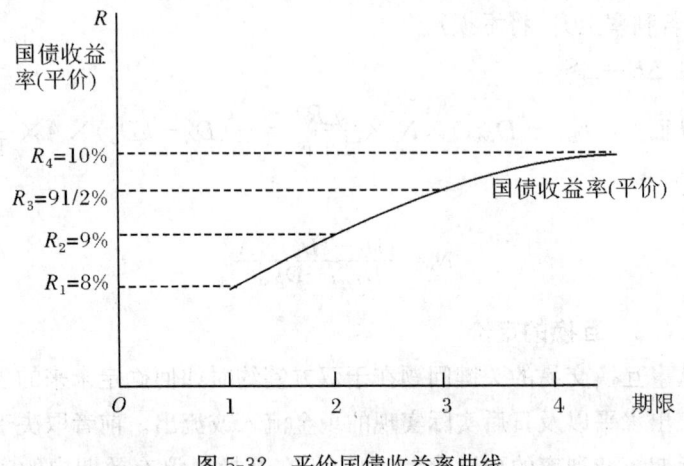

图 5-32　平价国债收益率曲线

4 年期国债收益率为 10%，则互换依次定价为每年年末支付 10% 的固定利息，即：

$$R_i = 10\%, i = 1,2,3,4。$$

根据无套利假设，则这些固定利息支付的折现值等于浮动利息支付的折现值。若利率的预期理论成立，则可以通过上述收益率曲线确定每年年末的浮动利息支付的预期值：

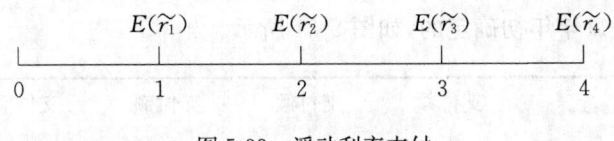

图 5-33　浮动利率支付

$E(\widetilde{r_i})$ 为预期 1,2,3,4 年年末的支付额。

这实际上就是求远期的 1 年期利率问题。

我们可以首先根据附息票国债的收益率曲线求出零息债的收益率曲线，然后可以得出预期的远期 1 年期利率。

1 个附息票债券不过是若干个零息债的组合，上述 4 年期的息票率为 10% 的附息债相当于 4 个期限分别为 1 年、2 年、3 年和 4 年的面值为 10、10、10 和 110 的零息债的组合：

$$P_4 = 100 = \frac{10}{1+R_4} + \frac{10}{(1+R_4)^2} + \frac{10}{(1+R_4)^3} + \frac{110}{(1+R_4)^4}$$

$$= \frac{10}{1+d_1} + \frac{10}{(1+d_2)^2} + \frac{10}{(1+d_3)^3} + \frac{110}{(1+d_4)^4}$$

所以：

$$P_1^D = \frac{10}{(1+d_1)}$$

$$P_2^D = \frac{10}{(1+d_2)^2}$$

$$P_3^D = \frac{10}{(1+d_3)^3}$$

$$P_4^D = \frac{10}{(1+d_4)^4}$$

$$P_4 = \sum_{i=1}^{4} P_i^D$$

从上面的收益率曲线图中可见：

1 年期附息债的收益率为 8%：

$$P_1 = \frac{108}{1+R_1} = \frac{108}{1.08} = 100$$

$$R_1 = 8\%$$

$$R_1 = d_1 = 8\%$$

2 年期的附息债券收益率为 9%：

$$P_2 = \frac{9}{(1+R_2)} + \frac{109}{(1+R_2)^2} = \frac{9}{(1.09)} + \frac{109}{(1.09)^2} = 100$$

$$R_2 = 9\%$$

$$P_2 = \frac{9}{1.09} + \frac{109}{(1.09)^2} = \frac{9}{(1+d_1)} + \frac{109}{(1+d_2)^2} = 100$$

$$100 = \frac{9}{1.08} + \frac{109}{(1+d_2)^2}$$

$$d_2 = 9.045\%$$

3 年期的附息债的收益率为 9.5％：

$$P_3 = \frac{9.5}{(1+R_3)} + \frac{9.5}{(1+R_3)^2} + \frac{109.5}{(1+R_3)^3}$$

$$= \frac{9.5}{1+d_1} + \frac{9.5}{(1+d_2)^2} + \frac{109.5}{(1+d_3)^3} = 100$$

$$R_3 = 9.5\%$$

$$100 = \frac{9.5}{1.08} + \frac{9.5}{(1.09045)^2} + \frac{109.5}{(1+d_3)^3}$$

$$d_3 = 9.58\%$$

同样可以求得：

$$d_4 = 10.147\%$$

图 5-34 显示了附息债和零息债收益率的关系。

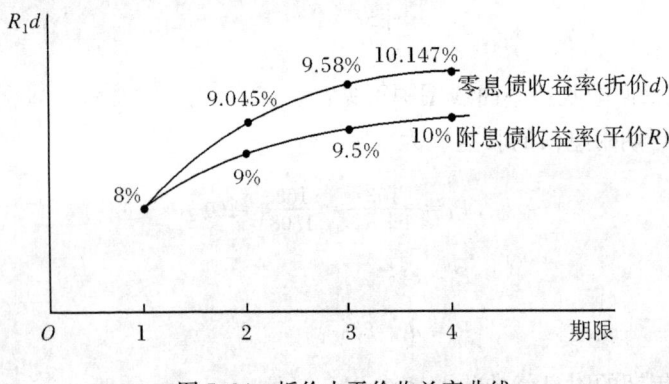

图 5-34　折价水平价收益率曲线

根据不同期限的零息债的收益率可以再求出预期的远期利率水平，从而确定互换的预期浮动支付额：$E(\tilde{r}_i)$、$E(\tilde{r}_2)$、$E(\tilde{r}_3)$、$E(\tilde{r}_4)$一样（每期初确定浮动支付额）：

$$E(\tilde{r}_i) = d_1 = 8\%$$

由于根据无套利假设持有一个 2 年期零息债至到期日应与持有一个 1 年期的零息债至到期日再买入一个新的 1 年期的零息债的收益一样。

$$(1+d_2)^2 = (1+d_1)[1+E(\tilde{r}_2)]$$

所以：

$$[1+E\tilde{r}_2] = \frac{(1+d_2)^2}{1+d_1}$$

$$d_2 = 9.045\%, \quad d_1 = 8\%$$

所以：

$$E(\tilde{r}_2) = 10.1\%$$

同样：

$$1+E(\tilde{r}_3) = \frac{(1+d_3)^3}{(1+d_2)^2}$$

$$E(\tilde{r}_3) = 10.658\%$$

$$1+E(\tilde{r}_4) = \frac{(1+d_4)^4}{(1+d_3)^3}$$

$$E(\tilde{r}_4) = 11.866\%$$

由此确定的浮动利息支付和固定利息支付如图 5-35 所示。

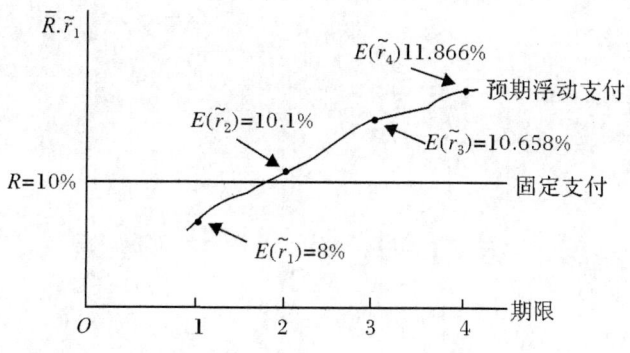

图 5-35　固定浮动支付互换

可见，互换的买方各年从卖方得到的预期收益为－2%、0.1%、0.65%和 1.866%。

这意味着当收益率曲线向上倾斜时，互换的买方不仅在合约的前期向卖方支付较多，而且当未来实际利率上升时，卖方可能会违约，而买方将不得不重新以不利的市场条件下的重置价签署互换合约。

本 章 小 结

本章主要研究了利率风险的度量与管理。关于利率风险的衡量，介绍了缺口分析和持续期间（久期）分析；关于利率风险的管理，介绍了久期模型、利率期货、利率期权和互换；而且还分析了久期模型存在的问题以及运用利率期货和期权管理利率风险过程中存在的基本点风险等。

第6章 市场风险的度量

前面我们分析了单一证券的风险度量工具标准差(σ)和基于投资组合分析的风险度量工具贝塔(β),这两种传统的计量风险的工具均无法揭示"最大可能损失值"这个信息,且无法反映损失发生的概率这一统计信息。因此,需要一种新型的风险度量工具,这就是在险价值方法(Value at Risk,在险价值)产生的动因。在险价值与久期这一概念直接相关,因为久期衡量的是投资组合对利率风险这一风险来源的敞口,在险价值则综合考虑了投资组合对某一风险来源的敞口和市场逆向变化的可能性(即概率)。但是,在险价值更加通用,它对于敞口其他风险的来源(如外汇汇率、商品价格、股票价格等)的资产同样适用。因此,它是在久期和缺口分析基础上的巨大进步。

6.1 市场风险测度的在险价值方法

在险价值方法是 J. P. 摩根公司于 1994 年率先提出的。当时 J. P. 摩根总裁维萨·斯通(Weatherstone)要求其下属每天下午在当天交易结束后的 4 点 15 分,给他一份一页的报告,说明公司在未来 24 小时总体上的潜在可能损失是多大。为此,公司的风险管理人员开发了一种能将不同交易、不同业务部门市场风险进行测量并集成为一个总数的风险测量方法,这就是在险价值方法,上述报告也就是著名的 4.15 报告。

6.1.1 市场风险与在险价值的界定

市场风险指的是金融市场价格和利率的变化会降低一种证券和一个资产组合的价值。在交易活动中(未套期)敞口和相互冲抵的市场敞口间不完全的相关关系都可能引发风险。

市场风险主要有 4 种：

（1）利率风险。利率风险最简单的形式是市场利率变动导致固定收益证券价值下降。敞口主要是由于金融工具的到期日、面值、重定价日差异而造成的。此外，资产型现金流（即"多头"）和债务型现金流（即"空头"）的差异也会形成敞口。关于利率风险的度量与管理，我们在第 5 章已进行了详细的分析。

（2）权益资产价格风险。权益资产价格风险也可以分为两部分。总体市场风险指的是金融工具或资产组合价值对股票市场指数变化的敏感性。特殊或特质风险指的是，由企业特定的环境、管理质量或生产萎缩等因素造成的股票价格波动。资产组合理论一个著名的结论是，总体市场风险不能通过资产分散而消除，而特定市场风险则可以通过资产分散而消除。

（3）外汇风险。外汇风险主要是由汇率变动和国际间利率波动不同步造成的。和其他市场风险一样，外汇风险也源于敞口和不完全套期敞口。认识到汇率是一个独立的市场风险因子是很重要的。不过，在为外汇交易估价时，还需要对国内外利率变化情况以及即期汇率有全面的了解。外汇风险是跨国公司面临的一个主要风险类型。汇率的波动会把投资收益一扫而空，同时还会将公司置于不利的竞争地位（与国外竞争者相比）。此外，还可能导致巨额的营业损失并抑制投资。

（4）商品价格风险。商品价格风险与利率风险和外汇风险相差很大，因为在大多数商品的交易市场上，供给的集中会放大价格的波动。此外，和大多数交易性证券相比，商品价格波动较大，连续性也较差——价格发生跳跃性变化的情况更多。

在险价值为：在给定的概率水平下（即所谓的"置信水平"），在一定的时间内（比如，为监管资本报告的目的定为 1 天或 10 天）持有一种证券或资产组合可能遭受的最大损失。

比如，如果我们说某个敞口在 99% 的置信水平下的在险价值即 VAR 值为 $1 000 万，这意味着平均看来，在 100 个交易日内该敞口的实际损失超过 $1 000 万的只有 1 天（也即，每年有 2～3 天）。

VAR 值为特定的时间内市场因子变动引起的潜在损失提供了一种可能性估计。VAR 值实际上回答了下面的问题(见图 6-1)。

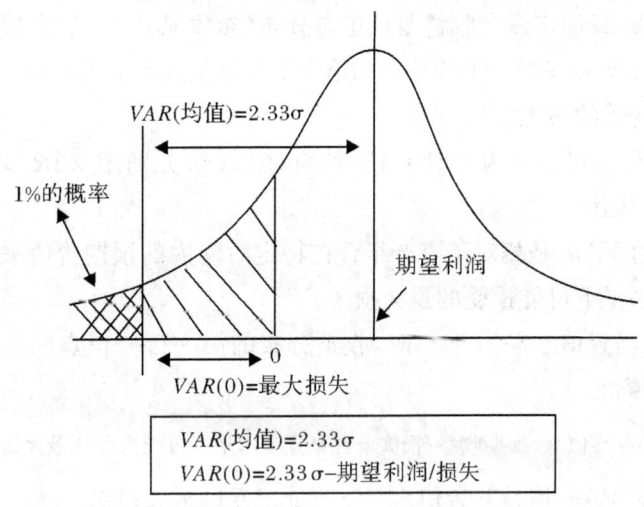

图 6-1 在险价值的计算

在较低的概率下(比如说 1%的可能性),既定时间内实际损失可能超过的最大损失值是多少?

在险价值的计算,如在 99%置信水平下,市场价值在 1 天内可能遭受的最大损失。

注意 VAR 测度并不是说实际损失将超过 VAR 值多少,它只是说明实际损失超过 VAR 值的可能性有多大。

大多数在险价值模型都是用来测度短期内(比如 1 天,或者是在管制者要求报告监管资本的情况下,为 10 天)风险的。1998 年巴塞尔协议规定了一个置信水平 c,为 99%。不过,如果是为了内部资本分配的需要,使用的置信水平应更高一些,比如 99.96%,这与 AA 级信用级别相一致,因为根据统计计算,AA 级别公司的实际违约概率在 4 个基本点左右。

正像图 6-1 所描述的,VAR 计算包括以下几个步骤:推导既定期间 H(比如 1 天或 10 天)内,资产组合价格或资产收益的远期分布。可以从历史价格分布来直接推导价格或收益的分布（非参数 VAR），也可以分析性地对分布作出假定。比如，通常的做法是假定价格服从对数正态分布，或假定资产收益服从正态分布（参数 VAR）。假定置信水平 c 为 99％或 99.96％，可按分布的第 1 个百分位或 4 个基点分位数来计算可能遭受的最大损失。

VAR 又可以分为相对 VAR 和绝对 VAR，分别用 VAR（均值）和 $VAR(0)$ 表示。

相对 VAR 是相对于资产组合在特定时间内的预期价值来测度在某置信水平下可能遭受的最大损失。

即，当置信水平为 99％时，收益分布的第一百分位点的值与其均值的"距离"。

$$VAR（均值）＝预期收益/损失－在某置信水平下可能遭受的最大损失$$

绝对 VAR 值是某置信水平下可能遭受的最大损失：

$$VAR(0)＝某置信水平下可能遭受的最大损失$$

只有相对 VAR 的定义才是与经济资本分配和风险调整业绩评价（RAROC）计算相一致的。（关于经济资本和 RAROC，我们将在第 7 章详细介绍）实际上，在相对在险价值模型中，预期收益/损失已经被考虑并计入了收益的计算中。资本为未预期到的损失提供了一种缓冲。

注意，VAR 与在将违约可能性限制在一个给定的较低水平（$1-c$）时股东应投入的经济资本相联系，而监管资本则是管制者设定的金融机构应保有的最低资本水平。经济资本和监管资本通常存在差异，这主要是因为两者计算时使用的置信水平和期间不同。在大多数情况下，银行在计算经济资本时选择的置信水平要比监管部门设定的 99％要高。不过，在计算经济资本时，银行所使用的期间从高流动性敞口（如政府债券交易）的 1 天到低流动性敞口（如较长期的场外权益衍生产品敞口）的几个星期，差异很大。而监管部门给交易账户上所有敞口设定的计算期间均为 10 天。

更正式地讲，若 V 代表敞口目前的市价，R 为期间 H 内的收益，μ

为预期收益$[\mu = E(R)]$，R^*代表与既定置信水平c（比如99%）下的最大可能损失相对应的收益$(R^* = -xv + \mu)$。如果有$V^* = V(1 + R^*)$，则有：

$$VAR（均值）= E(v) - V^* = V(1 + \mu) - V(1 + R^*) = V(\mu - R^*)$$

$$VAR(0) = -VP^*$$

例如：

$$V = 100, \mu = 5\%\text{和}R^* = -20\%$$

则：$VAR（均值）= 100[0.05 - (-0.20)] = 25, VAR(0) = 20$

注意R^*是负的，这样一来，VAR（均值）等于最大可能损失的绝对值和预期收益之和。如果预期收益碰巧是负的，则VAR（均值）为最大可能的最大损失的绝对值与预期损失之差。

比如，如果$\mu = -5\%$

则：$VAR（均值）= 100[-0.05 - (-0.20)] = 15, VAR(0) = 20$

如果计算期间较短，预期收益值将很低，则，VAR（均值）和$VAR(0)$的结果差不多。

在险价值的更一般的形式，可以运用资产组合未来价值的概率分布$f(V)$来表示：在一定的置信水平C之下，价值高于V^*的概率为C，即：

$$C = \int_{V^*}^{\infty} f(v) \mathrm{d}v$$

或者说，价值低于V^*的概率为$(P = PCV \leqslant V^*) = 1 - C$。

$$1 - C = \int_{V^*}^{\infty} f(v) \mathrm{d}v = P(V \leqslant V^*) = p$$

其中V^*就是分布的分位数，是确定的概率水平（置信）下（比如95%）的价值分界点。

这一定义适用于任何形式的分布：离散的或连续的，厚尾的或薄尾的。

下面以J.P.摩根公司1994年的资产组合日收益情况为例：

假定每日收益的分布是独立同分布的，我们可以找到在95%的置

信水平下的 VAR 值,即下面的直方图中左侧 5% 临界点所对应的值。

如图 6-2 所示,平均收益为 \$510 万,共有 254 个观察值,图中显示的是将日投资按大小进行排序,并计算出每个损益发生的频数,得到的日损益分布的直方图。如果选取 95% 的置信水平,由于观测值为 254 个,则中左尾的第 11 个观测值为 $-$ \$1 000 万,第 15 个观测值为 $-$ \$900 万,使用插值法,可以得到左尾第 12.7(5%×254)个观测值为 $-$ \$960 万,即 $V^* = -$ \$960 万, $VAR = E(V) - V^* = $ \$510 万 $-$ ($-$ \$960 万) $=$ \$1 470 万。

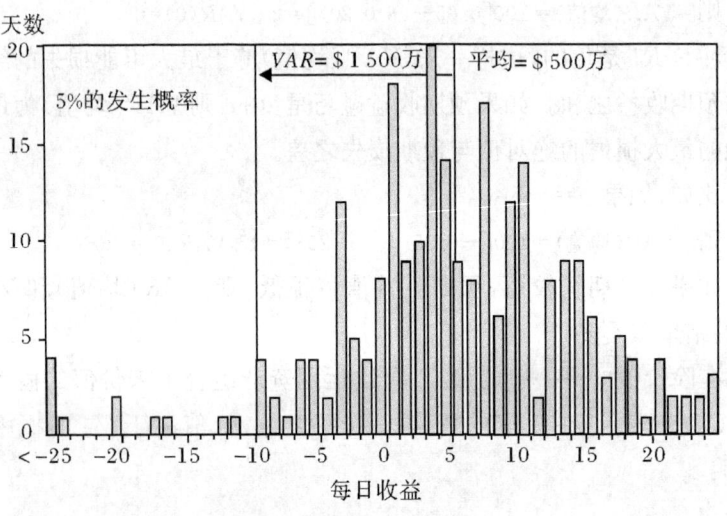

图 6-2　每日收益的分布

6.1.2　*VAR* 的计算步骤

首先,我们设定数量因子:时间间隔和置信水平是确定的,则我们的目标是找到在一定置信水平下,在一定的时间跨度内,资产组合预期的最大的可能损失值——这就是 VAR。

1. 从 1 日 VAR 值到 10 日 VAR 值

在用 VAR 值管理每日风险时,就需要计算 1 日 VAR 值。1 日 VAR 值的推导以资产组合价值的日分布为基础。不过,监管部门规定的报告监管资本的期间为 10 天。从理论上讲,可以根据资产组合价值的 10 日分布来计算 10 日 VAR 值。不过,我们能从 1 日 VAR 直接推导出 10 日 VAR 值或其他任何期间的 VAR 值吗?

如果我们假定市场是有效的,资产在 10 天内的每日收益 R_t 分布相同且相互独立,则 10 日收益 $R(10)=\sum_{t=1}^{10} R_t$ 服从正态分布,均值 $\mu_{10}=10\mu$,方差 $\sigma_{10}^2=10\sigma^2$(为 10 个相同但独立的正态分布的方差之和)。可以得到:

$$VAR(10;c)=\sqrt{10}VAR(1;c)$$

这意味着,可以用期间(这里为 10 天)的平方根乘以 1 日 VAR 值近似得到 10 日 VAR 值。更一般地:$VAR(N;C)=\sqrt{N}VAR(1;C)$。如果股票收益序列相关或分布不是相同且独立的,上述结论将不能成立。

2. 资产组合的 VAR

一个资产组合是由一定数量的成分资产的头寸组成的。若在选定的持有期间内相应的头寸是确定的,则资产组合的收益率是其成分资产的收益率的线性组合,权重即是投资比例,因而资产组合的 VAR 实际上可以通过对成分资产的风险分析得到。

$$R_{P,t+1}=\sum_{i=1}^{N} w_i R_{i,t+1}$$

式中　$R_{P,t+1}$——资产组合从时期 t 到 $t+1$ 的收益率;

　　　N——成分资产数目;

　　　w_i——投资比例;

　　　$R_{i,t+1}$——成分资产的收益率。

用矩阵的方式表示就是:

$$R_P=w_1 R_1+w_2 R_2+\cdots+w_n R_n=[w_1\ w_2\cdots w_n]\begin{bmatrix} R_1 \\ R_2 \\ \vdots \\ R_n \end{bmatrix}=w'R$$

w' 为投资比例的水平矩阵,R 为成分资产收益率的垂直矩阵,资产组合的平均收益率可表示为：

$$E(R_P) = \mu_P = \sum_{i=1}^{N} w_i \mu_i$$

方差为：

$$V(R_P) = \sigma_P^2 = \sum_{i=1}^{n} w_i^2 \sigma_i^2 + \sum_{i=1}^{n} \sum_{j=1, j \neq i}^{n} w_i w_j \sigma_{ij}$$
$$= \sum_{i=1}^{n} w_i^2 \sigma_i^2 + 2 \sum_{i=1}^{n} \sum_{j<i}^{n} w_i w_j \sigma_{ij}$$

用矩阵表示为：

$$\sigma_P^2 = [w_1 \cdots w_n] \begin{bmatrix} \sigma_{11} & \sigma_{12} & \sigma_{13} & \cdots & \sigma_{1N} \\ \vdots & & & & \\ \sigma_{N1} & \sigma_{N2} & \sigma_{N3} & \cdots & \sigma_{NN} \end{bmatrix} \begin{bmatrix} w_1 \\ \vdots \\ w_N \end{bmatrix}$$

令 $\sum$ 表示协方差矩阵，则上式可简化为：

$$\sigma_P^2 = w' \sum w$$

现在，我们想将资产组合的方差转化成资产组合的 VAR。假定成分资产的收益率服从正态分布，则其线性组合也跟从正态分布。在置信水平 C 之下，标准正态分布中损失超过 $-\alpha$ 的概率为 C，若 W 为资产组合的初始总价值，则资产组合 VAR 值为：

$$VAR_P = a\sigma_P W = aW \sqrt{w' \sum w}$$

可见，资产组合的 VAR 取决于成分资产的方差、协方差及资产的数目。

若要降低资产组合的风险可以通过纳入相关系数较低的资产或增加资产的数目来实现，当资产成为投资组合的组成部分时，其自身的方差不再具有重要意义。也许单独来看，有几种资产的风险都很大，但经过良好的组合之后，作为一个整体，这些资产组合的风险并不大。所以，有了上述在险价值的分解之后，我们就可以发现，哪些证券对投资组合的在险价值具有较大影响，然后就可以对投资组合中各证券的权重进行调整，从而有效地降低投资组合的在险价值。

举例说明,假定成分资产的风险水平相等,且所有的相关系数 ρ 也相等,且投资比例相等,图 6-3 就表明了随着资产数目的增加,资产组合的风险在下降。

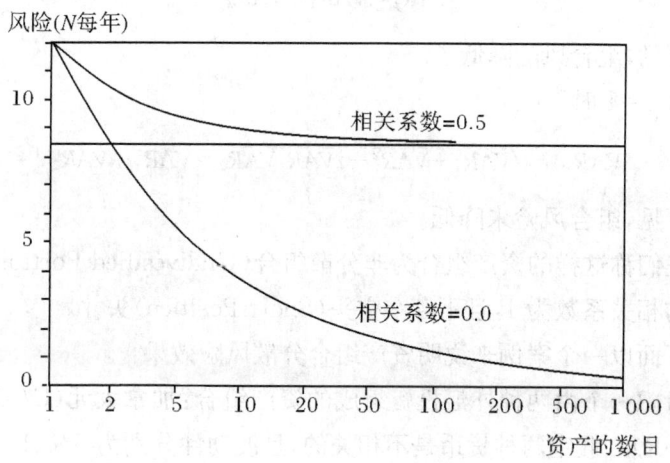

图 6-3　风险与资产数目

在只有一种证券的情况下,风险为 12%,当 $\rho=0$ 时,10 种资产组成的组合的风险降至 3.8%,当资产数目增至 100 时,风险进一步降至 1.2%……风险水平最终将随着资产数目的增加而逼近于 0。

更一般地,资产组合的风险可以表示为:

$$\sigma_P = \sigma\sqrt{\frac{1}{N} + \left(1 - \frac{1}{N}\right)\rho}$$

当 N 不断增大时,σ_p 趋近于 $\sigma\sqrt{\rho}$。

比如,若 $\rho=0.5$,当资产数目增至 10,风险迅速从 12% 降至 8.9%,之后,慢慢逼近其最低水平 8.5%。

较低的相关系数也有利于降低组合的风险。以两个资产的组合为例:

$$\sigma_P^2 = w_1^2\sigma_1^2 + w_2^2\sigma_2^2 + 2w_1 w_2 \rho_{12}^2\sigma_1\sigma_2$$

$$VAR_P = a\sigma_P W = aW\sqrt{w_1^2\sigma_1^2 + w_2^2\sigma_2^2 + 2w_1 w_2 \rho_{12}^2\sigma_1\sigma_2}$$

当 $\rho = 0$ 时

$$VAR_P = \sqrt{a^2 w_1^2 W^2 \sigma_1^2 + a^2 w_2^2 W^2 \sigma_2^2} = \sqrt{VAR_1^2 + VAR_2^2}$$

$$VAR_p < VAR_1 + VAR_2$$

可见,组合风险降低了。

当 $\rho = 1$ 时

$$VAR_P = \sqrt{VAR_1^2 + VAR_2^2 + 2VAR_1 VAR_2} = VAR_1 + VAR_2$$

可见,组合风险未降低。

我们称这样的资产组合为非分散组合(Undivesified Portfolio),即所有的相关系数为 1,且不存在空头(Short Positicn)头寸。

下面以一个案例来说明资产组合分散风险效果:

考虑一个由两种外汇投资组成的资产组合:加拿大元(CAD)和欧元(EUR)。假定两种货币是不相关的,且波动性分别为 5%、12%。资产组合为投资 \$200 万于 CAD、投资 \$100 万于 EUR,求在 95% 置信水平下的资产组合的 VAR 值。

首先,计算资产组合收益的方差,令 X 表示投资于风险资产的金额(单位:万),则:

$$\sum x = \begin{bmatrix} 0.05^2 & 0 \\ 0 & 0.12^2 \end{bmatrix} \begin{bmatrix} \$200 \\ \$100 \end{bmatrix} = \begin{bmatrix} 0.05^2 \times \$200 + 0 \times \$100 \\ 0 \times \$200 + 0.12^2 \times \$100 \end{bmatrix} = \begin{bmatrix} \$0.50 \\ \$1.44 \end{bmatrix}$$

则资产组合的方差为:

$$\sigma_P^2 = x(\sum x) = \begin{bmatrix} \$200 & \$100 \end{bmatrix} \begin{bmatrix} \$0.50 \\ \$1.44 \end{bmatrix} = 100 + 144 = \$244(万)$$

波动性(即标准差)为 $\sqrt{244} = \$15.6205$ 万。

$$\alpha = 1.65, VAR_P = 1.65 \times 15.6205 = \$25.7738 \text{ 万}$$

并且:

$$\begin{bmatrix} VAR_1 \\ VAR_2 \end{bmatrix} = \begin{bmatrix} 1.65 \times 0.05 \times \$200 \text{ 万} \\ 1.65 \times 0.12 \times \$100 \text{ 万} \end{bmatrix} = \begin{bmatrix} \$16.5 \\ \$19.8 \end{bmatrix}(万)$$

　　因而,非分散组合的 VAR 为 $\$36.3$ 万,这显然大于 $\$25.7738$ 万,由此可见分散投资降低风险的效果。

　　3. 计算 VAR 的步骤

　　假定我们要计算一个 $\$1$ 亿的权益资产组合在 10 天内在 99% 置信水平下的 VAR 值,则计算过程将采取以下的步骤:

　　(1) 确定当前资产组合的"盯市"价值(Markt-to-Market)等于 $\$1$ 亿。

　　(2) 确定风险因子的波动性为 15%(年)。

　　(3) 确定持有时间间隔为 10 天。

　　(4) 确定置信水平:在正态分布假定下 99% 的置信度意味着 2.33 的因子。

　　(5) 综合上述各因素确定 VAR 值: $\$700$ 万。

　　上述步骤可见图 6-4。

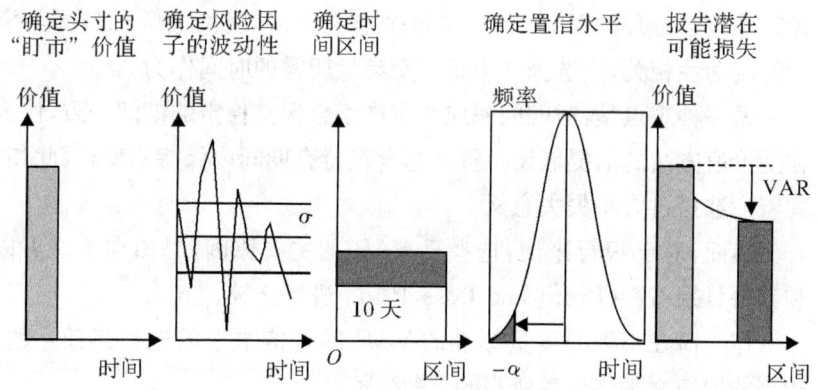

$$\$100\,000\,000 \times 15\% \times \sqrt{10/252} \times 2.33 = \$7\,000\,000$$

图 6-4　计算 VAR 的步骤

　　4. VAR 计算中有关数量因子的选择

　　在 VAR 值的计算中有两个重要数量因子:持有时间跨度和置信水平。一般而言,随着持有时间间隔的增加和置信水平的提高,VAR 值也会提高。在一定条件下,增加其中任一因子的水平将对 VAR 值产生相同的效果,在实践中究竟如何选择确定时间间隔 Δt 和置信水平

C,将取决于 VAR 的具体用途。

(1) VAR 作为一个风险度量标准。VAR 的最常见用途是作为度量某公司内部各种市场风险的标准。在此时,数量因子的选择是任意的,因为此时的 VAR 不过是用来比较不同交易部门或不同时间的风险状况,因此,只要采取统一标准即可。就时间间隔而言,1 年还是 1 天,就置信水平而言,99% 还是 95% 都不重要,重要的是一致的标准!

(2) VAR 作为潜在损失的度量标准。VAR 值的另一个用途是确定一个机构大致上最坏情况下可能产生的损失,此时,数量因子的选择将取决于资产组合的性质。

一种观点是:根据变现期间来确定时间间隔。商业银行现在通常计算并报告每日的 VAR 值,这是因为其资产组合的流动性强,且交易较频繁。与此形成对比的是,养老金机构投资者,通常投资于流动性不强的资产,而且对于其风险暴露头寸的调整也不频繁,因此,它们通常计算并报告每月的 VAR 值。从这个意义上讲,时间间隔的选择与资产的流动性相关,应选择一个正常交易量所需的时间作为 Δt。

另一种观点是:时间间隔应与资产组合保持稳定的期间一致,作为在险价值方法的前提假设是资产组合在持有期间内保持不变,因此,时间跨度选择过大将失去意义。

然而,对于银行来说,选择日 VAR 的主要原因,恐怕在于这可以和其每日损益额(Profit and Loss,P&L)进行比较。

作为潜在损失的度量标准的 VAR 的置信水平的选择是任意的,较高的置信水平将产生较高的 VAR 值。

(3) VAR 作为权益资本度量标准。如果将 VAR 作为确定一个机构的应持有的资本额的标准,则数量因子的选择将极为关键,因为,超过 VAR 水平的损失将"蚀空"其资本,并导致其破产。

而且,此时的 VAR 应涵盖所有的风险:市场风险、信用风险、操作风险和其他风险。

置信水平的选择应反映公司的风险厌恶程度和超过 VAR 水平的损失的成本。较高的风险厌恶程度和较高的成本,意味着需要较大额的资本准备,因而应选择较高的置信水平。

　　与此同时,时间间隔的选择应与损失开始发生后进行调整所需时间一致,调整措施通常为:降低风险暴露水平或筹集新的资本。

　　假定,某机构以其风险评级水平来确定其风险状况,则可以将其预期违约率直接转化为置信水平。为了保持 Baa 的信用等级,该机构应在下一年保持 0.17% 的违约率(见表 6-1),则它应持有足够的资本"覆盖"其在 99.83% 置信水平(或 100−0.17%)下的年 VAR 值。

表 6-1

信用等级与违约率

信 用 等 级	违　约　率	
	1 年	10 年
Aaa	0.02%	1.49%
Aa	0.05%	3.24%
A	0.09%	5.65%
Baa	0.17%	10.50%
Ba	0.77%	21.24%
B	2.32%	37.98%

　　在风险状况一定的情况下,在较长的时间间隔内,一定会有较高的违约率。一个 Baa 级的机构在未来 10 年的违约率为 10.5%,相同的信用评级可以通过适当延长时间间隔或降低置信水平来达到,这两个因素密切相关。

　　(4) VAR 的有效性验证。在对 VAR 的有效性进行验证时,我们的目标是希望以实验的结果发现 VAR 的偏差的可能性最大化。

　　如果我们关心并且希望验证 VAR 计算结果的有效性,则置信水平不应选得过高。置信水平越高,则在观测值分布的"尾部"的观测值数目将越小,从而降低了有效性验证的可靠程度。

　　比如,选择 95% 的置信水平时,意味着我们认为每 20 天中将有 1

天的损失超过 VAR 值。而若要选择 99％的置信水平，则需要等上 100 天才能验证模型的有效性。在实践中，基于验证需要的考虑，通常选择 95％的置信水平。

时间跨度选择过长会减少独立的观测值的数目，从而降低验证的可靠性。例如，选用两周的时间跨度意味着 1 年中只有 26 个独立的观测值，而选用 1 日的时间跨度意味着同样在 1 年当中，可以得到 252 个观测值！可见选择较短的时间跨度可以提高有效性验证的可靠性。因此，尽管巴塞尔委员会的资本要求 VAR 的时间跨度为 10 天，但在验证 VAR 有效性时却要求时间跨度定为 1 天。

（5）巴塞尔委员会的参数。巴塞尔委员会选择的参数为 99％的置信水平和 10 个交易日的时间间隔。最低资本要求为相应的 VAR 值再乘以 3。

之所以选择 10 个交易日是反映了持续监管的成本与尽早发现潜在问题之间的平衡；选择 99％的置信水平，反映了监管者保持稳健的金融体系的决心与对银行的资本水平的要求对其收益的不利影响之间的平衡。

超过 VAR 水平的损失发生的可能性为 1％或每 4 年 1 次。对于监管者而言，大银行破产如此频繁是不可想像的，因此，巴塞尔委员会要求的资本额为 VAR 值的 3 倍。

那么，为什么要选择"3"这个数字呢？

可以运用切比雪夫不等式（Chebyshev's Inequality）来证明：

对于任一具有有限方差的随机变量 X，其落入一个特定区间之外的概率为：

$$P(\mid X-\mu \mid >r\sigma)\leqslant 1/r^2$$

假定我们已知真实的标准差 σ，且分布是对称的，对于低于均值的 X：

$$P[x-\mu<-r\sigma]\leqslant \frac{1}{2}\cdot\frac{1}{r^2}$$

令右边为 1%，则　　　　$r(99\%)=7.071$

所以：最大的 VAR 值为 $VAR_{\max}=r(99\%)\sigma$。

若银行计算的 VAR 的值是在正态分布下的 99% 的置信水平的值，则：

$$VAR_N=\alpha(99\%)\sigma=2.326\sigma$$

如果真实的分布不是正态分布，则错误比率为：

$$K=\frac{VAR_{\max}}{VAR_N}=\frac{7.071\sigma}{2.326\sigma}=3.03$$

这就是资本额要求为什么是以"3"乘以 VAR 值的原因。

（6）VAR 参数的转换。在正态分布假设下，在险价值的大小取决于两个参数：决定目标期间的 $\sigma\Delta t$ 和决定置信水平的 α。不过，不同参数下的在险价值之间是可以相互转换的。例如，J. P. Morgan 开发的风险计量（Risk Metrics）系统选择的置信水平为 95%（即 1.65σ），目标期间为 1 天；而巴塞尔委员会建议的置信水平为 99%（即 2.33σ），目标期间为 10 天。对一个金融机构而言，两种要求下得出的在险价值是能相互转换的。假定 VAR_{BC} 是巴塞尔委员会的标准，而 VAR_{RM} 是 J. P. Morgan 的标准。那么：

$$VAR_{BC}=VAR_{RM}\frac{2.33}{1.65}\sqrt{10}=4.46VAR_{RM}$$

当然，只有当投资组合的头寸保持不变、并且不包含期权时，这种转换才是有意义的。

6.2　非参数 VAR 与参数 VAR

1. 非参数 VAR

非参数 VAR 的推导是以按历史数据构造的价格分布为基础的。这类 VAR 之所以被称为非参数 VAR，是因为其计算不涉及对某种理论分布的估计，这与我们下面将介绍的参数方法不同。

例如 6.1.1 中 J. P. 摩根公司的例子就是一种非参数方法,它不对收益分布作出假定,无论分布是离散的还是连续的,厚尾还是薄尾,这种方法对于任何分布都是有效的。

2. 参数 VAR

在前面的例子中,VAR 是根据敞口在 1 年内的每日收益数据的历史分布来计算的。在这种非参数 VAR 计算中,没有对敞口收益的具体分布作出任何假定。

为简化 VAR 的推导,我们可以假定收益分布为某种可分析的密度函数 $f(R)$。然后利用历史数据来估计假定的分布函数的参数。

(1) 正态收益分布。比如,如果 R 服从均值为 μ 的正态分布,标准差为 σ,则:

$$f(R) = \frac{1}{\sqrt{2\pi}\sigma} e^{-\frac{1}{2}\frac{(R-\mu)^2}{\sigma^2}}$$

如果 c 代表置信水平,如 99%,则可以把 R^* 界定为下述形式:

$$Prob(R < R^*) = \int_{-\infty}^{R^*} f(R)dR = Prob\left(Z < \frac{R^* - \mu}{\sigma}\right) = 1 - c \tag{1}$$

$z = (R - \mu)/\sigma$ 是一个服从标准正态分布 $[N(0,1)]$ 变量,均值为 0,单位标准差。在收益变化服从正态分布的情况下,R^* 的推导将变得很简单,只需参考一下标准累积正态函数表就可以了。表 6-2 给出了各种置信水平对应的临界值。

表 6-2

作为置信水平函数的临界值

c	$\alpha = \dfrac{R^* - \mu}{\sigma}$
99.97%	−3.43
99.87%	−3.00
99%	−2.33
95%	−1.65

R^* 可以表示为：

$$R^* = \mu + \alpha\sigma$$

根据 VAR（均值）定义和 $VAR(0)$ 定义，可以得到：

$$VAR（均值） \qquad (H;C) = -\alpha\sigma V$$

$$VAR(0) \qquad (H;C) = -(\alpha\sigma + \mu)V$$

我们通常使用的都是相对 VAR 即 VAR（均值）的概念，因此在文中除非特别指出，VAR 都是指相对 VAR。

（2）Student-t 收益分布。很多证据表明，很多资产收益的分布并不遵循正态分布，而是表现出了所谓的"厚尾"。"厚尾"一词得名于特定分布的形状。在这种分布下，实际观测值偏离均值的情况比正态分布或者说"钟形"分布要更多一些。尽管可以通过及时地对正态分布做变差来反映一些不可能事件，但厚尾分布的尾部还是相对厚了一些。

分布中出现厚尾会让风险管理者尤为担心，因为这意味着出现超额损失的频率比正态分布的预测结果更高。

所幸的是，即使单个资产的收益不遵循正态分布，但在各种风险因子间分散得很好的资产组合的收益仍会表现出正态分布的特征。这种效应可以用中心极限定理来解释。该定理认为，在大样本的情况下众多相互独立的随机变量组成的集合在总体上将收敛于正态分布。

在实践中，这个结论意味着，如果资产组合得到了很好的分散化而且各风险因子的收益之间相互独立（即使这些收益本身不遵循正态分布），风险管理者可以假定一个资产组合的价格服从正态分布。

如果认为正态分布没有很好地描述资产组合收益的变动，则可以使用另一种 Student-t 分布。如图 6-5 所示，这类分布考虑了厚尾情形，同时也能提供正态分布可以产生的那些推导。

可以用资产组合收益的均值 μ、方差 σ^2 以及一个称为"自由度"的附加参数 v（这个参数控制着分布尾部的厚度即峰态程度）来刻画

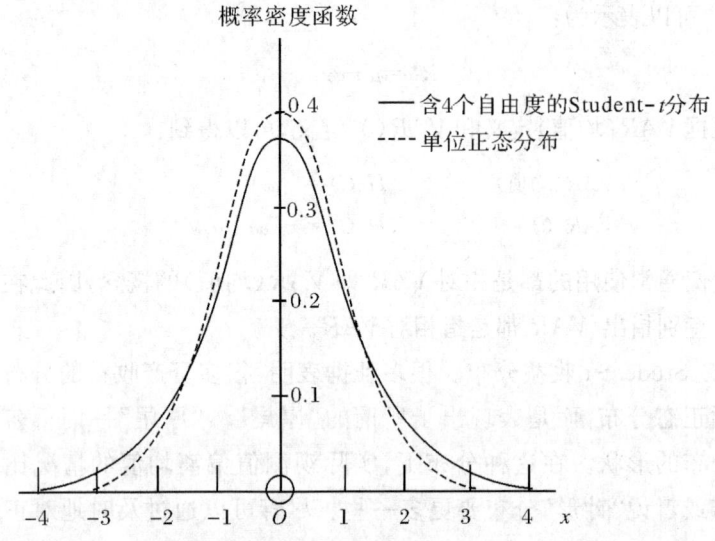

图 6-5　单位正态分布和 Student-t 分布的比较

Student-t 分布。v 越小,则 Student-t 分布的尾部越厚。随着 v 值的不断增大,该分布将不断趋近于均值为 μ 方差为 σ^2 的正态分布。根据乔瑞尔(1995)的研究,大多数金融时间序列所表现出的 v 值在 $7\sim8$ 之间。

可以想见,根据 Student-t 分布推导出的 VAR 值要比正态分布推出的 VAR 值要高一些。想在资产组合服从 Student-t 分布时计算 VAR 值,只需简单地用适当的 Student-t 分布替换等式(1)的 $f(R)$ 就可以了。比如,正 v 等于 5 时,在 99% 置信度下,VAR 值为 3.365 个标准差,而不是按正态分布计算出的 2.33 个标准差。

6.3　金融工具在险价值的计算

6.3.1　固定收益证券

在原则性地讨论了在险价值的测定之后,我们开始具体地讨论在险价值的测定。现代金融风险管理理论有时被称为"粒子金融理论"。

这是因为,尽管不断加快的金融创新使得新型金融产品越来越复杂,但是,不管如何复杂,它们都可以被分解为有限的几种基础金融产品,而这些基础金融产品易于分析。比如,可转换债券就可分解为股权与债券。因此,风险管理的第一步就是将各种复杂的金融产品分解为最基本的金融产品,第二步则是将投资组合中所有证券的分解结果进行加总,第三步就是通过计算各种风险因素以及风险因素之间的联合行为对投资组合价值的影响来计算投资组合的在险价值。因此,我们下面将首先研究固定收益证券以及远期、期货、互换、期权这几种金融产品的在险价值,然后再研究投资组合的在险价值。

在到期收益率一定的情况下,固定收益证券的定价公式如下:

$$P = \sum_{t=1}^{T} \frac{C_t}{(1+y)^t} \tag{1}$$

式中 C_t——在 t 期期末支付的息票或/和本金数量;

t——每次支付的时期数;

T——至到期的时期数;

y——该证券的到期收益率。

上式使用的是离散复利。在连续复利的情况下,上式变为:

$$P = \sum_{t=1}^{T} C_t \mathrm{e}^{-yt} \tag{2}$$

事实上,两式是等价的,因为(1)式是(2)式泰勒级数展开的第一项。

就(1)式对 y 求导得:

$$\frac{\mathrm{d}P}{\mathrm{d}y} = \sum_{t=1}^{T} \frac{(-t)C_t}{(1+y)^{t+1}} = -\frac{1}{(1+y)} \sum_{t=1}^{T} \frac{(t)C_t}{(1+y)^t}$$

由于麦考利(Macaulay)持续期(Duration)的定义为:

$$D = \sum_{t=1}^{T} t \frac{C_t/(1+y)^t}{\sum C_t/(1+y)^t} = \frac{1}{P} \sum_{t=1}^{T} tC_t/(1+y)^t$$

所以:

$$(1/P)\mathrm{d}P/\mathrm{d}y = -D/(1+y)$$

如果收益率很小,分母 $(1+y)$ 近似于1,我们就可以用持续期来衡

量收益率变化所引起的债券价格的变化,也就是说,我们可以计算债券的在险价值。为更精确起见,定义修正持续期为:

$$D^* = -(1/P)dP/dy = D/(1+y)$$

$$dP/P = -D^* dy$$

因而:

$$\sigma(dP/P) = D^* \sigma(dy)$$

例如,假定我们持有 \$1 亿的 5 年期美国国债,其持续期为 4.5 年,在 95% 的置信水平下,1 个月内年收益率上升的最大值为 0.38%,那么:

在险价值＝持续期×投资组合价值×收益率上升最大值

　　　　＝4.5×\$1 亿×0.38%＝\$171 万

由于持续期是一种线性指标,因此投资组合的持续期就是组成投资组合的各证券持续期的加权平均值。如果令 x_i 为第 i 种证券在投资组合中的比重,那么,投资组合的持续期为:

$$Dp = \sum x_i D_i$$

但是,我们应该知道,持续期只是价格对收益率的一阶导数,它是利率风险的线性近似,忽略了收益率对价格的高阶影响。只有当收益率平行移动而且这种移动较小时,利用持续期计算在险价值才是合理的。否则,我们就应该考虑价格对收益率的二阶甚至更高阶导数。凸度(Convexity)就是价格对收益率的二阶导数。

对修正持续期就收益率求导,得:

$$C = -\frac{dD^*}{dy} = \frac{1}{P}\frac{d^2P}{dy^2} = \frac{1}{P}\frac{1}{(1+y)^2}\sum_{t=1}^{T}\frac{t(t+1)C_t}{(1+y)^t}$$

这就是凸度的定义,它是一种二次效应,刻画的是持续期随收益率的变化方式,其单位是时间的平方。

为理解凸度的重要性,我们可以就价格的微小变化对收益率进行二阶泰勒展开:

$$(1/P)dP \approx (1/P)(dP/dy)dy + (1/2P)(d^2P/dy^2)(dy)^2$$

$$= -D^* dy + (1/2)C(dy)^2$$

当收益率的变化很小时,凸度项可以忽略。否则,我们就应该将前面的在险价值公式修改为:

$$VAR(dP) = D_P^* \times VAR(dy) - \frac{1}{2}CP \times VAR(dy)^2$$

这表明,收益率下降时,凸度将导致持续期上升;收益率上升时,凸度将导致持续期下降。由于无期权因素债券的凸度总是为正,因而其价格—收益率曲线位于持续期线的上方。这一影响是有好处的,因为它意味着,价格如果上升,上升的数量比线性近似多;如果下降,下降的数量比线性近似少。

与持续期一样,固定收益证券的凸度是各组成证券凸度的加权平均。如果令 X_i 为第 i 种证券在投资组合中的比重,那么,投资组合的凸度为:

$$Cp = \sum x_i C_i$$

6.3.2　衍生金融工具

广义地说,衍生金融工具是指其大部分价值取决于某些基础资产、参考比率或者指数(如股票、债券、货币或者商品)的合约。其范围非常广泛,既包括远期、期权与互换等最简单的线性合约,也包括结构化债券和奇异期权等非常复杂的金融产品。不过,任何具有衍生特征的资产都可以根据其最基本的组成单元来定价。例如,一张可提前赎回的政府债券就相当于一张直接的政府债券加上一份看涨期权的空头头寸。这样,计算了该债券各组成部分的在险价值之后,就可以计算出债券本身的在险价值。因此,我们将分别研究各个基本衍生工具的定价及其在险价值。

1. 远期与期货

远期与期货是最简单的衍生金融工具,它们都是在规定的未来时间以规定价格交换规定资产的私人协议。二者之间并没有本质的区别,因此,下文以远期合约进行讨论。

根据无风险套利理论,合同订立时,应有如下关系:

$$F_t e^{-rT} = S_t e^{-yT}$$

式中　S_t——资产的现货价格；

　　　　F_t——资产的远期价格；

　　　　t——无风险利率；

　　　　y——资产收益率；

　　　　T——到期时间。

也就是说，当远期合约订立时，合约本身的价值应该为 0。

对于已订立的远期合约，根据同样的理论，其价格满足如下关系：

$$f_t = S_t e^{-yT} - K e^{-rT}$$

式中　f_t——合约的价格；

　　　　K——合约规定的购买价格。

该公式具有很好的普遍性，适用于多种标的远期与期货合约。对于外汇这样的标的资产而言，其收益率为该外汇的利率 $y=r^*$；对于标的资产为商品合约而言，持有现货商品的好处就是隐含的资产收益率；对于像金银这些具有持有成本的商品而言，持有成本就是其负的资产收益率。

上式表明，即使合约的初始投资为 0，合约的价值也会发生巨大波动。因此，它对测定远期合约的风险非常关键。

对上式就合约本身敞口的各种风险因素（包括基础资产的现货价格、国内利率以及资产收益率）求全微分，就可得到远期合约的风险，同样，远期合约的风险也可以分解为不同组成部分的风险。

$$df = \frac{\partial f}{\partial S} dS + \frac{\partial f}{\partial r} dr + \frac{\partial f}{\partial y} dy = e^{-yT} dS + K e^{-rT} T dr - S e^{-yT} T dy$$

现在考虑在险价值的计算。假定只有现货价格 S 这一风险因素，其他风险因素可以忽略不计，远期合约的"德尔塔"风险就为：

$$df = \Delta dS$$

式中　$\Delta = e^{-r^* T}$。

因此，远期合约的在险价值与基础资产的在险价值直接相关。

$$VAR(dS) = \alpha \sigma(dS)$$

式中 σ——置信水平的函数。

远期合约的在险价值就是个线性函数：

$$VAR(\mathrm{d}f) = \Delta^* \, VAR(\mathrm{d}S)$$

更一般地说，远期合约可以视为几种风险因素的一个"投资组合"，其在险价值取决于风险因素本身的波动性及其相互间的相关性。

2. 互换

互换是指订立合约的两方按照协议的安排在未来交换现金流。互换的范围很广泛，包括货币互换、利率互换、商品互换、股指互换以及信用互换等。

互换的定价方法有两种：一种是计算两种现金流现值的差；另一种是将它看作一组远期合约的组合。不过，两种方法得出的结果是一样的，因为从原理上讲，两种方法是一样的。

以货币互换为例。假定 A 本想借入美元，B 本想借入日元。虽然无论借入美元还是借入日元，A 比 B 都占绝对优势，但 A 在借入日元上更有比较优势。因此，最终结果是，A 借入日元，B 借入美元，然后相互交换利息支付。对 A 而言，互换的价值就等于一份日元债券减去一份美元债券。假定 S 为 1 日元的美元价格，P 与 P^* 分别为日元债券和美元债券的价格（以各自货币为计量单位），我们有：

$$V = SP^* - P$$

再假定两债券都只有一次现金流量，即都是零息票债券，则：

$$P^* = P_F^* \, \mathrm{e}^{-r^* T}, P = P_F \mathrm{e}^{-rT}$$

其中 P_F^* 为日元债券的面值，P_F 为美元债券的面值。这样，互换的价值为：

$$V = SP_F^* \, \mathrm{e}^{-r^* T} - P_F \mathrm{e}^{-rT}$$

两边除以 P_F^*，得：

$$V/P_F^* = S\mathrm{e}^{-r^* T} - (P_F/P_F^*) \mathrm{e}^{-rT}$$

如果令 $K=P_F/P_F^*$，该式与远期合约的定价公式就完全一样了。

对于利率互换，假定 A 付出浮动利率，收到固定利率，B_F 为固定利率债券的价值，B_f 为浮动利率债券的价值，那么互换的价值为 $V=B_F-B_f$。在互换协议订立时，互换的价值应为 0，即 $B_F=B_f$。如果利率下降，互换对于 A 的价值将上升，因为他收到的息票利率比现行市场利率要高。B_F 将上升，而 B_f 的变化很微小。

对于货币互换，其价值的变化主要来源于即期汇率 S、外汇债券到期收益率 r^* 以及国内债券到期收益率 r 的变化。利用持续期近似和连续复利，我们有：

$$dV=\frac{\partial V}{\partial S}dS+\frac{\partial V}{\partial r}dr+\frac{\partial V}{\partial r^*}dr^*$$

$$=P^*dS+S(-D^*P^*)dr^*+DPdr$$

对于利率互换，其价值的变化取决于浮动利率重新设定的时间。如果浮动利率的重新设定是连续的，互换就没有风险。但在实践中，息票一般是每 6 个月重新设定一次。在重新设定之前，固定利率部分的价值变化就引起了互换价值的变化：

$$dV=\frac{\partial P}{\partial r}dr=-DPdr$$

在重新设定后，浮动利率债券就相当于一份短期固定利率债券了。

3. 期权

我们知道，期权是一种或有权益，其持有者有权（但并不是必须）在预定的到期日（对于欧式期权而言）或到期日之前（对于美式期权而言）以预定的执行价格买入（对于看涨期权而言）或者卖出（对于看跌期权而言）一定数量的某种资产。

在到期日，只有当现货价格 S_T 大于执行价格 K 时，看涨期权才会被执行，其价值就是 $c_T=\text{Max}(S_T-K,0)$。相反，对于看跌期权而言，只有当现货价格低于执行价格时，它才会被执行，其价值就是 $pT=\text{Max}(K-S_T,0)$。

在到期日之前，欧式期权的定价服从著名的布莱克—斯克尔斯期权定价模型。

在布莱克—斯克尔斯期权定价模型中,期权的价值依赖于 5 个变量,即基础资产的现货价格 S、基础资产的方差 σ、基础资产的收益率 y、无风险利率 r 以及到期时间 t,也就是说,期权的风险来自这 5 个风险因素。对这些变量求全微分得:

$$dc = \frac{\partial c}{\partial S} dS + \frac{1}{2} \frac{\partial^2 c}{\partial S^2} dS^2 + \frac{\partial c}{\partial \sigma} d\sigma + \frac{\partial c}{\partial r} dr + \frac{\partial c}{\partial y} dy + \frac{\partial c}{\partial t} dt$$

请注意上式对基础资产现货价格 S 进行了二阶展开,这是因为现货价格是期权最主要的风险因素,而且期权价值是现货价格的非线性函数。对于较大的价格变化,线性近似是不够的。而且数值分析表明,二阶展开与实际结果非常近似。下面就上式中的各项进行一一讨论。

第一项反映的是基础资产现货价格对期权价值的线性影响,其中:

$$\Delta = \partial c / \partial S = e^{-yT} N(d_1),并且 0 < \Delta < 1$$

这相当于固定收益债券的持续期。其实,这正是布莱克和斯克尔斯得出上述定价公式的关键之处,即当基础资产的现货价格发生微小的变化时,持有一份期权头寸就相当于持有 Δ 份基础资产,但 Δ 的大小是随着现货价格而变化的。当现货价格上升时,Δ 趋近于 1;当现货价格下降时,Δ 趋近于 0。对于看跌期权而言,$\Delta = \partial p / \partial S = e^{-yT} [N(d_1) - 1]$,并且 $-1 < \Delta < 0$。由于 Δ 反映的是线性影响,因而是可加性的。假定在投资组合中,第 i 种期权的数量为 x_i,则投资组合中 $\Delta = \sum x_i \Delta_i$。

第二项反映的是基础资产现货价格对期权价值的二阶影响,其中:

$$\Gamma = \frac{\partial^2 c}{\partial S^2} = \frac{e^{-yT} \Phi(d_1)}{S\sigma\sqrt{T}} \quad (\Phi 为正态分布函数)$$

这相当于固定收益债券的凸度。不过,固定收益债券的凸度总为正,而期权则不完全相同。期权的多头(即合约的买入者)具有正的伽玛,而期权的空头(即合约的卖出者)具有负的伽玛。当然,凸度为正是比较有利的。因为正凸度意味着:资产价值如果上升,其幅度比线性近似大;如果下降,其幅度比线性近似小。看涨和看跌期权的伽玛值是一样的,当现货价格等于执行价格时,伽玛具有最大值,表明德尔塔在此附近对于现货价格的变化非常敏感；当现货价格与执行价格的差距较大时，伽玛的值都比较小。

第三项反映的是基础资产价格的波动性对期权价值的影响，其中：

$$\Lambda = \frac{\partial c}{\partial \sigma} = Se^{-yT}\sqrt{T}\Phi(d_1)$$

由于 Λ 为正，因此对于期权的多头头寸而言，波动性上升则期权价值上升，波动性下降则期权价值下降。看涨和看跌期权的 Λ 值是一样的。此外，因 Λ 与 $\Phi(x)$ 具有相似的形状，因而当基础资产价格位于执行价格附近时，期权价值对于基础资产价格的波动性最敏感。

第四、第五项反映的是无风险利率和基础资产收益率对期权价值的影响。其中：

$$\rho = \frac{\partial c}{\partial r} = Ke^{-rT}TN(d_2) \qquad （对欧式看涨期权而言）$$

$$\rho = \frac{\partial p}{\partial r} = -Ke^{-rT}TN(-d_2) \qquad （对欧式看跌期权而言）$$

$$\rho^* = \frac{\partial c}{\partial y} = -Se^{-yT}TN(d_1) \qquad （对欧式看涨期权而言）$$

$$\rho^* = \frac{\partial p}{\partial y} = Se^{-yT}TN(-d_1) \qquad （对欧式看跌期权而言）$$

第六项是时间对期权价值的影响，其中：

$$\Theta = \frac{\partial c}{\partial t} = -\frac{\partial c}{\partial T}$$

$$= -\frac{Se^{-yT}\sigma\Phi(d_1)}{2\sqrt{T}} + ySe^{-yT}N(d_1)$$

$$- rKe^{-rT}N(d_2)（对于欧式看涨期权而言）$$

$$\Theta = \frac{\partial p}{\partial t} = -\frac{\partial p}{\partial T}$$

$$= -\frac{Se^{-yT}\sigma\Phi(d_1)}{2\sqrt{T}} - ySe^{-yT}N(d_1)$$

$$+ rKe^{-rT}N(d_2)（对于欧式看跌期权而言）$$

对大多数期权而言，Θ 一般为负，也就是说随着时间的推移，期权的价值逐渐降低。对美式期权而言，该系数总为负。

　　在对上述各项进行分析之后,我们以一份欧式期权为例进行说明。假定基础资产现货价格为 $ 100,标准差为 20%,无风险利率为 5%,基础资产收益率为 3%,到期时间为 3 个月。表 6-3 列示了期权的各个偏导数。可以看出,基础资产现货价格的变化对期权价值的影响最大;当现货价格等于执行价格时,Γ、Λ 与 Θ 三个指标具有最大值。

表 6-3

欧式期权的偏导数

变　　　量	单　　位	执　行　价　格		
		$K=90$	$K=100$	$K=110$
c	$	11.020	4.22	1.050
Δ 现货价格	$	0.868	0.536	0.197
Γ 现货价格	$	0.020	0.039	0.028
Λ 波动性	每年%	0.103	0.198	0.139
ρ 利率	每年%	0.191	0.124	0.047
ρ^* 资产收益率	每年%	−0.220	−0.135	−0.049
Θ 时间	天	−0.014	−0.024	−0.016

　　下面讨论期权的在险价值。由于期权价值是基础风险因素的非线性函数,因而其在险价值不能仅仅以基础风险因素对期权价值的一阶影响——德尔塔即线性为基础,还应该考虑二阶影响——伽玛。假定基础资产现货价格变化为 $\mathrm{d}S$,即:

$$\mathrm{d}c = \Delta\,\mathrm{d}S + 1/2\,\Gamma(\mathrm{d}S)^2$$

　　从而:

$$VAR(\mathrm{d}c) = \Delta \times VAR(\mathrm{d}S) - \frac{1}{2}\,\Gamma \times VAR(\mathrm{d}S)^2$$

　　上式表明,期权的在险价值与基础资产的在险价值之间的关系是非线性的。当持有期权的多头时,伽玛为正,在险价值低于用线性模型计算的结果;当持有期权的空头时,伽玛为负,在险价值高于用线性模型计算的结果。应该注意的是,上式只是真实在险价值的一个近似。在险价值的确切数字只能通过期权价值的实际分布来获得。

6.4 在险价值的测定方法

在介绍了在险价值测定的基础之后,现在介绍其测定方法。到目前为止,在险价值的测定方法可以分为两类。第一类以局部价值(或者说德尔塔价值、线性价值)为基础,第二类以全部价值为基础。第一类包括德尔塔—正态法(Delta-Normal),第二类包括历史—模拟法(Historical-simulation)、压力测试法(Stress Testing)和结构化蒙特·卡罗法(Structured Monte Carlo)。下面对它们一一进行介绍。

6.4.1 德尔塔—正态法

德尔塔—正态法假定投资组合是一组资产的线性组合,而且所有资产的收益率都服从正态分布,因而投资组合的收益率也服从正态分布。这样,估计投资组合风险的关键是估计其协方差矩阵。这有两种途径可以实现。第一种以历史数据为基础,第二种则以期权所隐含的信息为基础。一般说来,期权隐含的风险信息要优于历史数据,因为历史数据只是过去的反映,并不一定代表将来;而期权的一个重要功能就是价格发现,其所隐含的价格信息自然包括价格的波动性。但是,不幸的是,并不是每种资产都有对应的期权。德尔塔—正态法的具体操作过程见图 6-6。

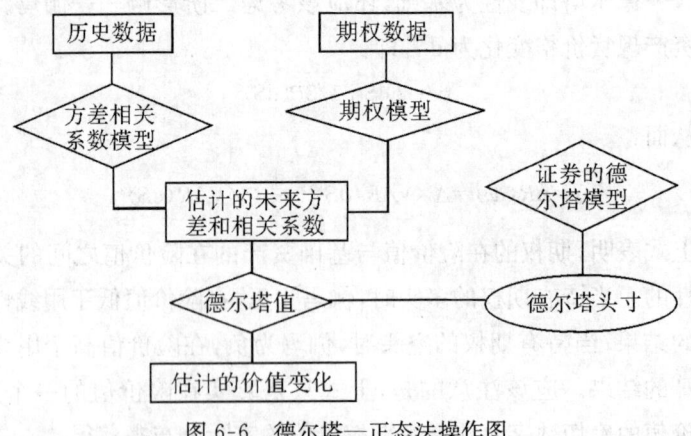

图 6-6 德尔塔—正态法操作图

德尔塔—正态法简单易行,但具有几个致命的缺陷:

首先,它对事件风险无能为力。所谓事件风险是指发生非正常或者极端情况的可能性,如股市或者汇市崩溃。由于事件风险并不经常发生,因而近期的历史数据无法充分地表达有关事件风险的信息。这也是所有使用历史数据的方法都存在的一个缺点。

其次,许多金融资产收益率的分布都存在"厚尾"(Fat Tail)现象。由于在险价值着重考虑的是投资组合收益率分布的左半部分,因而"厚尾"现象的影响尤其值得重视。在存在"厚尾"现象的情况下,以正态分布假设为基础的模型就会低估在险价值。尽管某些"厚尾"是由于风险随时间变化而产生的,但在考虑这一因素之后,一般说来,尾都的观测值仍然太多。

最后,该方法不能充分测定非线性工具的风险,如期权与按揭。对于期权,德尔塔—正态法采取的是一阶近似,即一份期权等于 Δ 份基础资产。但是,这种近似是有条件的。当基础资产现货价格的变化较大时,这种近似就不太恰当了。

尽管如此,德尔塔—正态法仍不失为一种好方法。它需要的只是投资组合的具体组成以及历史数据,而且在大多数情况下都能充分地测定在险价值。

6.4.2　历史—模拟法

与德尔塔—正态法运用一阶微分近似并假定组成证券收益率服从正态分布不同,历史—模拟法以投资组合中各组成证券的权重为基础,将组成证券收益率的历史数据运用于该权重,以计算现投资组合收益率的可能分布,并进而计算投资组合的在险价值。图 6-7 表示了这一过程。

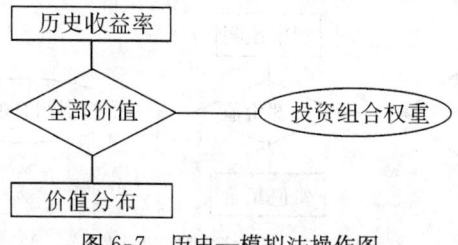

图 6-7　历史—模拟法操作图

从历史—模拟法的计算过程可以知道,该方法计算的是投资组合的全部价值,而非价格发生微小变化下的局部近似。历史—模拟法对非线性资产以及非正态分布同样适用,而且能够解决"厚尾"问题,因为它并没有对定价模型和基础资产市场的随机性进行特别的假定。该方法相对简单而有效,因而,它能够成为巴塞尔委员会 1993 年建议的基础就不足为奇了。当然,历史—模拟法同样存在缺陷。首先,它假定过去能够很好地代表将来,无法预测波动性的显著变化。其次,它对历史数据多少的依赖程度非常高。如果历史数据的样本容量太小,该模型大小估计误差就会比较显著。最后,如果投资组合的规模比较大,结构比较复杂,该方法的执行就会很困难。在实践中,使用者可以对该方法进行简化,如将收益率进行归类,这就能显著地提高计算速度。但是,如果简化太多,该方法的优点就会受到影响。

6.4.3　压力测试法

与历史—模拟法完全相反,压力测试(Stress Testing)〔有时称为场景分析(Scenario Anlysis)〕考虑的是关键金融变量的大规模变化对投资组合价值的影响。它先主观地选定一些场景,例如,收益率曲线在 1 个月内向上移动 100 个基本点,或者货币在 1 天之内急剧贬值 30%,然后利用新场景对投资组合中的所有资产重新进行定价,这样就可以得出该场景下投资组合的收益率。对每种场景分配一个概率,然后重复上述过程,这样就可以得出投资组合收益率的概率分布,据此就可计算在险价值。图 6-8 就是这一方法的详细步骤。

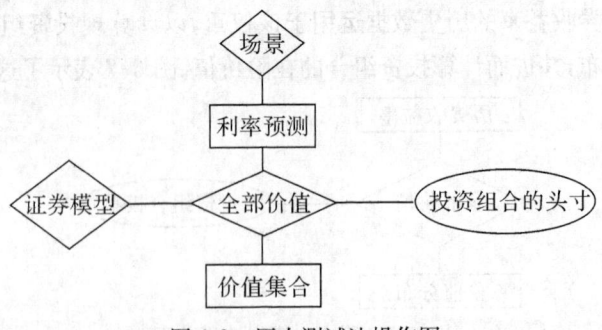

图 6-8　压力测试法操作图

压力测试法的优点是,它考虑了历史数据无法涵盖的事件风险。但是,在测定在险价值时,它不像其他方法那样具有科学性,完全是一种主观的预测。如果场景设定得不太合理,测定的在险价值就是完全错误的。此外,场景的设定会受到投资组合头寸的影响。如果投资组合的主要成分是固定收益证券,场景就应该设定为收益率曲线的移动;如果投资组合的主要成分是外汇资产,场景就应该设定为汇率的变化。这样,场景发生变化,风险的测定值就会发生变化。而且,压力测试法不能给出最坏情况发生的概率。最重要的是,压力测试法没有考虑相关性。而相关性对投资组合的风险非常关键。因此,该方法适合于主要依赖于一种风险因素的投资组合,不适合于规模较大、结构复杂的投资组合。所以,压力测试法应该是其他在险价值测定方法的补充而不是其替代。

6.4.4　结构化蒙特—卡罗法

简单地说,结构化蒙特—卡罗法的计算过程是这样的。首先,使用者选定金融变量服从的随机过程及随机参数(方差和相关性等参数可以从历史数据或期权数据中获得)。然后,利用假定的价格路径对所有变量进行模拟,得出投资组合的不同价值。最后,利用模拟得到的不同的投资组合价值编制收益率的概率分布,测定投资组合得到在险价值。具体步骤如图 6-9 所示。

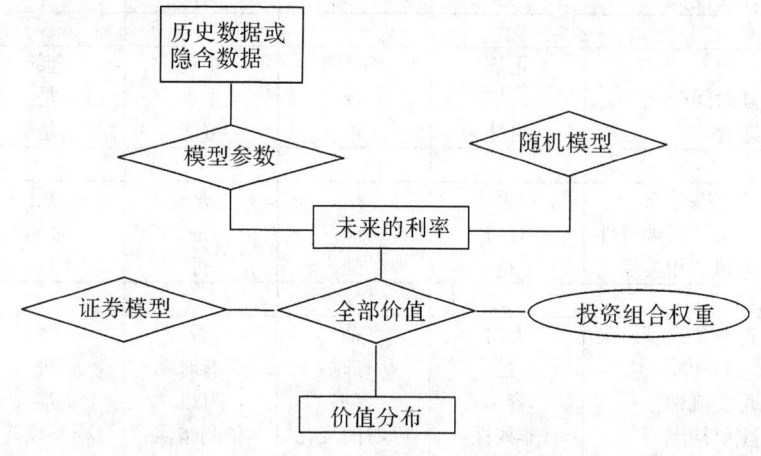

图 6-9　结构化蒙特—卡罗法操作图

结构化蒙特—卡罗法是迄今为止最有效的计算在险价值的方法。对于其他方法无法处理的风险和问题,如非线性价格风险、波动性风险、事件风险、模型风险、方差随时间变化、厚尾分布、极端场景甚至信用风险,它都能够有效地处理。但是,这一方法的最大缺点是计算量太大,因而造成系统成本太高。如果投资组合中包括 1 000 种资产,对每种资产涉及的价格路径是 1 000 种,那么投资组合的价值就会有 100 万个。如此大的计算量就需要先进的计算设备。结构化蒙特—卡罗法的另一个缺点是,它依赖于基础风险因素的随机模型以及证券的定价模型。如果这两类模型有缺陷的话,据此计算得到的在险价值当然就不太可靠。不过,只要使用得当,该方法仍然是最好的方法。

6.4.5 四种方法的比较

在对四种在险价值测定方法进行了简单介绍之后,我们作一比较。见表 6-4。

表 6-4

在险价值测定方法的比较

	德尔塔—正态	历史模拟	压力测试	结构化蒙特—卡罗
头寸				
定价	线性	全部	全部	全部
非线性资产	无	有	有	有
分布				
历史	正态	实际	主观	全部
随时间变化	是	否	主观	是
隐含	可能	否	可能	是
市场				
非正态分布	否	是	是	是
考虑了极端事件	有时	有时	是	可能
考虑了相关性	是	是	否	是
执行				
避免了模型风险	有时	是	否	否
容易计算	是	有时	有时	否
可交流性	容易	容易	可以	难
主要缺点	非线性 极端事件	随时间变化 极端事件	猜测错误 相关性	模型风险

6.5 边际 VAR、成分 VAR 和增量 VAR

1. 边际 VAR

我们知道,波动性(标准差)是衡量某资产(单独)的收益的不确定性的标准差,当我们将此资产纳入一个资产组合来考虑时,所关注的则是该资产对于资产组合的风险的贡献。

假定某资产组合最初由 N 种证券组成 $j=1,2,\cdots,N$。然后纳入一个单位的新证券 i,形成新的组合。为了分析这一变化对组合风险的影响,我们需要求以下对于 ω_i(i 的投资比例)的偏导:

$$\frac{\partial \sigma_P^2}{\partial \omega_i}=2\omega_i\sigma_i^2+2\sum_{j=1\ j\neq i}^{N}\omega_i\sigma_{ij}=2COV(R_i,\omega_iR_i+\sum_{j\neq i}^{N}\omega_iR_j)=2COV(R_i,R_P)$$

因为: $\frac{\partial \sigma_P^2}{\partial \omega_i}=2\sigma_P\partial\sigma_P/\partial\omega_i$

所以: $\frac{\partial \sigma_P}{\partial \omega_i}=\frac{COV(R_i,R_P)}{\sigma_P}$

将此式转换成 VAR 形式:

$$\Delta VAR_i=\frac{\partial VAR}{\partial \omega_i W}=\alpha\frac{\partial \sigma_P}{\partial \omega_i}=\alpha\frac{COV(R_i,R_P)}{\sigma_P}$$

这就是边际 VAR,即资产 i 的头寸变化而导致的组合 VAR 的变化。

我们知道:

$$R_{i,t}=\alpha_i+\beta_iR_{P,t}+\varepsilon_{i,t}\quad t=1,\cdots,T$$

所以: $\Delta VAR_i=\alpha(\beta_i\sigma_P)=\frac{VAR}{W}\times\beta_i$

边际 VAR 可以用于多种风险管理。假定某投资者意欲降低某组合的 VAR 值,且有权将组合价值降低一个固定金额,如 \$10 万,则该投资者应将所有成分资产的边际 VAR 进行排序,然后选择边际 VAR 大的资产,因为其对冲效果最优。

2. 增量 VAR

我们用增量 VAR 来度量某投资(一个新的头寸 a)对于组合 P 的总体影响。

设初始资产组合的 VAR 为 VAR_P。

则新的组合的 VAR 为 VAR_{P+a},从而增量 VAR 可以表示为:

$$增量 VAR = VAR_{P+a} - VAR_P$$

若 VAR 在减少,则表明新的投资是减少风险的,或者说是一种对冲(Hedge),否则就是增加风险的。这里 a 可以代表某一单一成分资产,也可以代表一个组合资产。因此,更一般地,a 代表一个新的头寸向量。可见,增量 VAR 与边际 VAR 的不同之处在于其投资增减额较大,从而导致的 VAR 的变化是非线性的。

其不足之处在于需要对新的组合进行全值估计,这对于较大的资产组合来说,非常费时(其过程见图 6-10)。

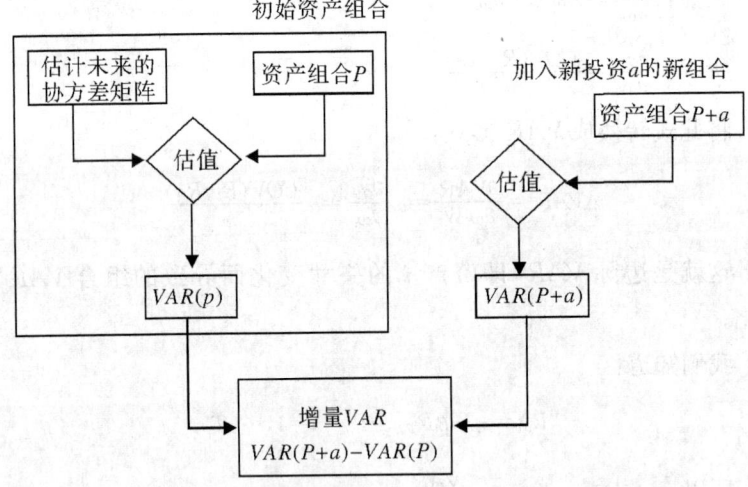

图 6-10 某新投资的增量 VAR 效果(全值估计)

例如,某机构账面拥有 10 万个投资。计算 VAR 需约 10 分钟时间。本日该机构已算过 VAR 值,然后某客户提出一个投资建议,为了评估该投资的增量 VAR 效果,则又需花 10 分钟时间计算 VAR,在通常情况下,这会影响决策。因此,我们需要找到一种快捷的近似算法:

$$VAR_{P+a}=VAR_P+(\Delta VAR)'\times a+\cdots$$

若 a 较小,则可以用一阶近似:

$$增量\ VAR\approx(\Delta VAR)'\times a$$

这种算法将非常迅速、容易,因为 ΔVAR 在计算最初的 VAR_P 时就可以得到(其过程见图 6-11)。

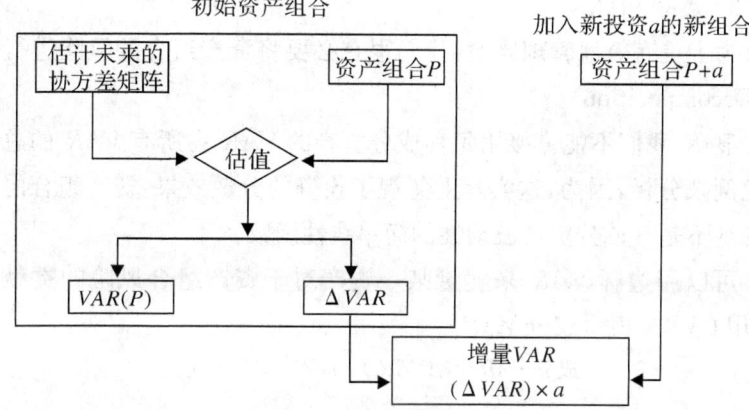

图 6-11　用边际 VAR 来评估某新投资增量 VAR 效果

对于较大的资产组合,新的投资相对量较小,上述近似效果最好,且其迅速易算的特点可以满足投资决策的需要。下面以一个例子来说明。

我们继续以 6.1.2 中的案例为例,如要增加 \$10 000 对于 CAD 的投资头寸,我们先用边际 VAR 方法求增量 VAR:

边际 VAR:

$$\Delta VAR=\alpha\frac{COV(R_i,R_P)}{\sigma}=1.65\times\begin{bmatrix}\$0.5\\\$1.44\end{bmatrix}\Big/\$15.6=\begin{bmatrix}0.0528\\0.1521\end{bmatrix}$$

若增加 CAD 投资头寸 1 万美元,则增量 VAR:

$$(\Delta VAR)'\times a=\begin{bmatrix}0.0528&0.1521\end{bmatrix}\begin{bmatrix}\$10\ 000\\0\end{bmatrix}$$

$$=0.0528\times\$10\ 000+0.1521\times0$$

$$=\$528$$

再看全值估计的增量 VAR：

$$\sigma_{p+a}^2 = \begin{bmatrix} \$201 & \$100 \end{bmatrix} \begin{bmatrix} 0.05^2 & 0 \\ 0 & 0.12^2 \end{bmatrix} \begin{bmatrix} \$201 \\ \$100 \end{bmatrix}$$

则 $VAR_{p+a} = \$258\ 267$，与初始 $VAR_p = \$257\ 738$ 相比，增量 VAR 为 $\$529$，两种计算方法的结果相差不大。

3. 成分 VAR

为了更有效地管理风险，我们很有必要将资产组合的风险进行分解（Decomposition）。

显然，我们不能直接用每种成分资产的 VAR 占所有 VAR 的总和的比例来分析，因为，这实际上忽视了投资的分散效果：资产组合的波动性绝不是其成分资产波动性的简单线性函数。

可以用边际 VAR 来度量某一资产对于资产组合风险的贡献率（也用 $CVAR$ 表示成分 VAR）：

$$\text{成分 } VAR = (\Delta VAR_i) \times \omega_i W = VAR \beta_i \omega_i$$

则：

$$CVAR_1 + CVAR_2 + \cdots + CVAR_N = VAR \left(\sum_{j=1}^{N} \omega_i \beta_i \right) = VAR$$

上式括号中的值实际上等于 1，因为它不过是资产组合的 β 值而已。

从上式我们还可以看到某一成分资产的作用：若其成分 VAR 为负值则是一个对冲投资，即对总体资产组合具有降低风险效果，若其成分 VAR 为正值，则对总体资产组合具有增加风险效果；换言之，成分 VAR 实际上表明了，若将某成分资产从资产组合中减掉，资产组合的 VAR 将发生何种变化？

我们还可以将成分 VAR 进一步简化：

$$CVAR_i = VAR \omega_i \beta_i = (\alpha \sigma_P W) \omega_i \beta_i = (\alpha \sigma_P \omega_i W) \rho = VAR_i \rho_i$$

可见，只需将某成分资产的 VAR 值乘以其与资产组合的相关系数即可得到成分 VAR。我们还可以求得某成分 VAR 与总资产组合 VAR 的比例，以表明某成分 VAR 对总 VAR 的贡献比例：

$$某成分资产(i)对总 VAR 的贡献比例 = \frac{CVAR_i}{VAR} = \omega_i \beta_i$$

在风险管理实践中,对于较大的资产组合,可以按不同的分类方法来考虑成分 VAR:币种、资产类别、地域等。下面还以实例来说明成分 VAR 的作用:

继续上述案例,我们可以运用 $CVAR_i = \Delta VAR_i x$,求得成分 VAR:

$$\begin{bmatrix} CVAR_1 \\ CVAR_2 \end{bmatrix} = \begin{bmatrix} 0.0528 \times \$2\,000\,000 \\ 0.1521 \times \$1\,000\,000 \end{bmatrix}$$

$$= \begin{bmatrix} \$105\,630 \\ \$152\,108 \end{bmatrix} = VAR \times \begin{bmatrix} 41.0\% \\ 59.0\% \end{bmatrix}$$

显然,成分 VAR 之和等于总 VAR:$\$257\,738$。由于 EUR 波动性较大,因而其成分 VAR 较高,两种成分 VAR 均为正值,表明对资产组合都不存在对冲效果。

如果将 EUR 的投资降为 0,则总 VAR 等于 CAD 的 VAR,即 $VAR_1 = \$165\,000$,即 EUR 的增量 VAR 为 $\$92\,738 = \$257\,738 - \$165\,000$,这个值对于成分 VAR 的近似效果不佳,这是因为资产组合中只有两种资产,每种资产占总 VAR 比重太高,随着资产数目的增加,增量 VAR 对成分 VAR 的近似效果将趋好。

4. 各种在险价值工具的比较与运用

仍以前述两种货币资产为例,来比较各种在险价值工具(见图 6-12)图中显示的是资产组合 VAR 与 EUR 投资额的关系。当投资于 EUR 的头寸为 $\$100$ 万时,资产组合的 VAR 为 $\$257\,738$。

边际 VAR 是每增加 1 单位($\$1$)$EUR$ 投资带来的 VAR 的变化,即 0.1521,即图 6-12 中 VAR 曲线的切线的斜率。

增量 VAR 是将 EUR 投资"剔掉"后资产组合 VAR 的变化,即 $\$92\,738$,图中 VAR 曲线上可以得到显示。也可以用成分 VAR 来近似,即边际 VAR 乘以当前 EUR 头寸额($\$100$ 万)即 $\$152\,108$,以图中切线表示,可见成分 VAR 仅仅是增量 VAR 的一种近似。该图表明,最佳的对冲策略为将 EUR 的投资额降为 0,此时总 VAR 最小。

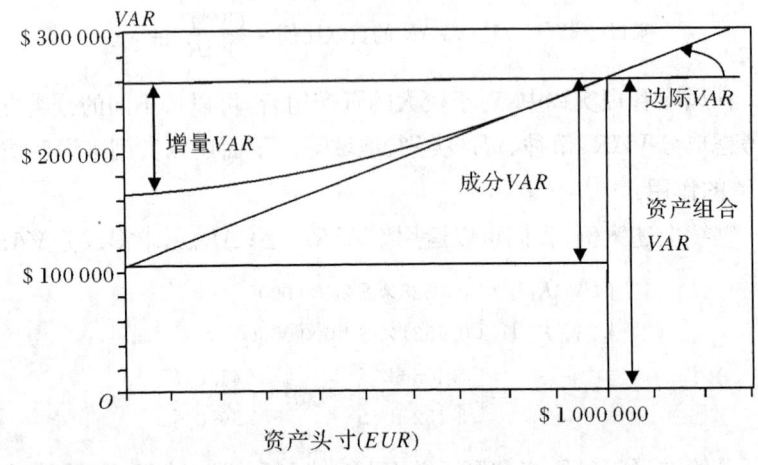

图 6-12 VAR 的分解

上述结果也可以用表 6-5 表示：

表 6-5

VAR 的分解

货　　币	当前头寸 X_i 或 W_iW	单独 VAR_i $VAR_i =$ $\alpha\sigma_i W_i W$	边际 VAR_i $\Delta VAR_i =$ $VAR\beta_i fW$	成分 VAR_i $CVAR_i =$ $\Delta VAR_i x_i$	贡献百分比 $CVAR_i f$ VAR
CAD	$200 万	$165 000	0.0528	$105 630	41.0%
EUR	$100 万	$198 000	0.1521	$152 108	59.0%
Total	$300 万				
未分散 VAR		$363 000			
分散 VAR				$257 738	100.0%

　　表 6-5 的结果不仅表明了资产组合的 VAR 值，而且对于风险管理也极为有用：边际 VAR 可用于目的在于减少风险的投资决策，由于 EUR 的边际 VAR 大约相当于 CAD 的 3 倍，因此，减少同样的投资额对于总体风险的降低程度，显然 EUR 优于 CAD。

　　下面，我们用另一个例子来说明 VAR 分析的作用：

表 6-6 显示的是一个全球权益资产组合的风险管理报告,这里我们用相对的概念来度量风险(相对于基础指数)当前的资产组合的年度"跟踪误差"即标准误差 σ_p 为每年 1.82%,这个值可以很容易转换成 VAR。

表 6-6

全球权益资产组合报告

国　家	当前头寸 (%)w_i	单独风险 $w_i\sigma_i$	边际风险 β_i	对风险贡献 $w_i\beta_i$	最佳对冲 (%)	最佳对冲 的波动性
日本	4.5	0.96%	0.068	31.2	−4.93	1.48%
巴西	2.0	1.02%	0.118	22.9	−1.50	1.66%
美国	−7.0	0.89%	−0.019	13.5	3.60	1.75%
泰国	2.0	0.55%	0.052	10.2	−2.30	1.71%
英国	−6.0	0.46%	0.035	7.0	2.10	1.80%
意大利	2.0	0.79%	−0.011	6.8	−2.18	1.75%
德国	2.0	0.35%	0.019	3.7	−2.06	1.79%
法国	−3.5	0.57%	−0.009	3.4	1.18	1.81%
瑞士	2.5	0.39%	0.011	2.6	−1.45	1.81%
加拿大	4.0	0.49%	0.001	1.5	−0.11	1.82%
南非	−1.0	0.20%	0.008	−0.7	−0.65	1.82%
澳大利亚	−1.5	0.24%	0.014	−2.0	−1.89	1.80%
总计	0.0			100.0		
波动性						
未分散		6.91%				
分散	1.82%					

$$VAR = \alpha\sigma_P W$$

头寸的变化在第二列列示:相对于基础组合的变化率,由于指数的权重之和以及当前资产组合的各权重之和均应为 1,因此,这一列的和应为 0。后面各列列示的是单独风险、边际风险和对总风险的贡献百分比。贡献百分比超过 5% 的被称为热区(Hot Spot)。从表中可见，日本和巴西加起来占总风险的 50% 以上。这种结果从直观上是难以看出来的。因为这两个地区损失的比重(如第二列所示)并非最高的。事实上，英、美两个投资权重变化最大的地区，对总风险的贡献百分比仅仅 20%。这是由于日本、巴西自身的单独风险及其与资产组合的相关性较高的缘故。

为了控制风险，我们来看"最佳对冲"这一列，应将日本的投资降低 4.93% 以减少风险，则总体风险将从 1.82% 降至 1.48%。相比而言，加拿大增加 4% 的投资比重，对总体风险影响却不大。

英国巴林银行破产案也是可以用 VAR 进行分析的一个极好的例子。1995 年 2 月 26 日，具有 233 年悠久历史的巴林银行因其新加坡行期货交易负责人尼克·里森在其衍生品交易中损失 \$13 亿，耗尽了巴林银行的全部股本而宣布破产。

在巴林银行的官方报告中，尼克·里森的资产组合为日经指数期货合约多头 \$77 亿和日本国债期货空头 \$160 亿的期货组合，在其报告中显示的风险为 0。然而，实际情况如何呢？

表 6-7 的上半部分给出了 10 年期零息日本国债头寸和日经指数的月波动性和相关性。日本股票和债券的相关系数为负，表明股票价格的增加将伴之以债券价格的下降或利率水平的上升。

表 6-7

巴林银行的头寸

项 目	风险(%) σ	相关系数矩阵		协方差矩阵 Σ		头寸(百万) x	单独 VAR $\alpha\sigma x$
10 年期 JGB	1.18	1	−0.114	0.000139	−0.000078	(\$16 000)	\$310.88
日经指数	5.83	−0.114	1	−0.000078	0.003397	\$7 700	\$740.51
组合						\$8 300	\$1 051.39

（续表）

资产 i	总 VAR		边际 VAR		成分 VAR	贡 献
	$(\sum x)_i$	$x'_i(\sum x)_i$	$\beta_i(\sum x)_i/\sigma_P^2$	$\beta_i(VAR)$（百万）	$\beta_i x_i VAR$	百分比
10 年期 JGB	-2.8	45 138.8	-0.0000110	（\$0.00920）	\$147.15	17.6%
日经指数	27.41	211 055.1	0.0001070	\$0.06935	\$668.01	82.4%
组合		256 193.8			\$635.16	100.0%
$Risk = \sigma_P$		506.16				
$VAR = \alpha \sigma_P$		\$835.16				

注：（ ）内数据为负值

为了计算 VAR，我们先根据相关系数建立协方差矩阵 Σ。然后计算向量 Σx（见表 6-7 下半部分的第一列）。如 -2.82 得自于 $\sigma x_1 + \sigma_{12} x_2 = 0.000139 \times (-\$16\,000) + (-0.000078) \times \$7\,700 = -2.82$。下一列分别是 $x_1(\sum x)_1$ 和 $x_2(\sum x)_2$ 其和为资产组合总方差 256 193.8，其波动性 $\sigma_P = \sqrt{256\,194} = \$506$ 百万，则在 95% 的置信水平下，巴林银行的 VAR 值为 $\$1.65 \times \$506 = \$83\,500$ 万。

这表明，在 95% 的置信水平下，在正态分布假定下，最大的月损失额为 \$83 500 万。事实上，里森的总损失为 \$13 亿。差额产生的原因在于 2 个月的期间头寸有了变化：即加入了其他头寸（如期权空头）。加之市场的意外波动的发生（1995 年 1 月 23 日，神户地震后的一个星期，日经指数下跌 6.4%，而正常情况下的市场月波动性仅为 5.83%。因此，市场突然出现的这一非正常波动导致了估计的 VAR 值小于实际情况）。

考察该组合的风险构成，边际 VAR 显示，债权期货头寸的边际 VAR 为 $-\$0.92$ 万，即如果增加 \$100 万的债券头寸，组合 VAR 将会减少 \$0.92 万；股指期货的边际 VAR 为 \$8.935 万，即如果增加 \$100 万的股票头寸，组合 VAR 值将会增加 \$8.935 万。无论是从边际 VAR 还是从股票资产和债券资产之间负的相关性考虑，尼克·里森的正常对冲策略应该是持有国债期货和日经指数期货的多头以实现对冲。但令业内人士不能理解的是,尼克·里森却用债券期货的空头对冲股票指数期货的多头,而这实际上进一步放大了风险。

从该组合的情况看,债券头寸的成分 VAR 为 $1.4715 亿,股票头寸的成分 VAR 为 $6.8801 亿。由此可以看出,组合的损失大部分来源于日经指数期货的风险暴露,而债券期货的空头进一步加重了组合的损失程度。

6.6 市场风险的监管度量模型:巴塞尔委员会的标准化模型

运用 VAR 方法可以比较精确地度量金融机构面临的实际市场风险水平,它比外部监管部门制定的标准更为有效。因此,1996 年的巴塞尔《市场风险补充规则》允许金融机构运用其内部风险管理的 VAR 模型,作为计算市场风险资本充足性要求的基础。当然使用内部模型将面临一些限制和监管要求。

巴塞尔内部模型法确定金融机构某一天市场风险资本充足性的方法是,取前一天的 VAR 值和若干倍的前 60 天的平均 VAR 值的最大值,即第 t 日市场风险的资本充足性要求 MRC_t 为:

$$MRC_t = \text{Max}\left[k \times \frac{1}{60} \sum_{i=1}^{60} VAR_{t-i}, VAR_{t-1} \right] + SRC_t$$

式中　　k——监管部门规定的一个谨慎乘数(通常为 3);

　　　　SRC_t——附加因子,其取值取决于内部模型的可靠性。

在实践中,银行可以用 $\sqrt{10}$ 乘以上式中第一项后再加上附加因子得出资本充足标准。

因此,巴塞尔委员会对于市场风险的资本充足性要求实际上建议了两种方法,一种是以 VAR 方法为基础的内部模型法,另一种是标准化模型。下面简要介绍一下标准化模型(更详细的内容,读者可查阅巴塞尔委员会的网站:www. bis. org)。

1. 利率风险

进行利率风险测算的资产包括所有的固定利率和浮动利率债券、零息债券、利率衍生证券、不可转换优先股,以及一些复合金融产品如可转换债券等。简单的利率衍生证券,如利率远期和利率期货、利率互换等可以看作是一些债券多头和空头构成的组合,而利率期权则另作测算。

对于期权的处理主要有三种方法:简单方法、Delta-plus 方法、情景矩阵方法。

(1) 简单方法。采用简单方法时,期权的资本充足性要求等于其标的资产市场价格的特殊风险资本要求与总体市场风险资本要求之和,再减去期权的正价值(in the Money),最小为零。

如果只是一个看涨期权的多头或看跌期权的多头,其资本充足性要求就是其标的资产市场价格的特殊风险资本要求与总体市场风险资本要求之和以及该期权市场价值的较小值。

每种资产类别的期权资本要求相加就可得出该种资产类别的总体资本充足性要求。

(2) Delta-plus 方法。Delta-plus 方法在确定资本充足性时分为两步。

首先,考虑期权的价格变化与其标的资产价格变化之间存在的线性关系 Delta,即:

$$\text{Delta 资本充足性要求} = \text{Delta} \cdot \Delta V$$

其中,ΔV 为标的资产价格的变化。对于利率资产来讲也就是不同时间段的到期收益率的变化,股票、外汇和黄金的价格变化固定为 8%,商品价格变化为 15%。

其次,还要附加两种资本充足性要求。一种是对 Gamma 风险或凸性风险的附加资本要求:

$$\text{Gamma 资本充足性} = \text{Gamma} \cdot \Delta V^2 / 2$$

另一种是对 Vega 风险的附加资本要求:

Vega 资本充足性要求＝Vega·25％基础资产的年波动率

这样，期权总体的利率风险资本充足性要求就是以上三部分之和。

（3）情景矩阵方法。情景矩阵方法就是将期权标的资产的可能价格及其波动性、交割成本合并为一个情景矩阵，根据其中最大的损失情景确定资本充足性要求。其他方面则类似 Delta-plus 方法。

对于 Delta-plus 方法和情景矩阵方法，特殊风险资本要求的测算都是分别将每种期权的 Delta 项乘以一个特殊风险权重。

利率风险的资本充足条件要求分为两部分分别测算：一部分涉及资产的"特殊风险"——针对每种资产的净持有头寸进行计算；另一部分涉及资产的"总体市场风险"——不同的证券或衍生产品的多头和空头可以进行部分冲抵。

（1）特殊风险的测算。特殊风险的资本充足性要求，是用来防范由于个别证券发行者的信用质量变化而导致的价格波动所造成的损失。因此多头、空头头寸的冲抵被限定于相同的证券发行者之内；同时，即使对于相同的发行者，如果到期日、息票率等方面存在不同，也不允许进行冲抵，因为发行者信用的变化会对这些证券的市场价格产生不同的影响。

不同风险资产的权重因子是针对资产净头寸的市场价格而不是账面价格。对不同风险资产头寸的特殊风险资本充足性要求见表 6-8。

表 6-8

不同风险资产的资本充足性比率

风险资产类别	剩余到期日	资本充足性比率
政府债券	N/A	0
限定资产	等于或少于 6 个月	0.25
	6～24 个月	1.00
	24 个月以上	1.60
其　　他	N/A	8.00

（2）总体市场风险的测算。总体市场风险的资本充足性要求针对的是市场利率波动所造成的损失。对它的测算可以选用两种方法：到期日方法和久期方法。久期方法实际上是到期日方法的一个更准确的变形，其基本测算过程是类似的。

到期日方法是将所有表内资产和表外资产的净头寸分为不同的到期日时段，再进行测算。具体 3 个步骤如下。

第一，按照"盯市"记账法计算每一时段中资产净头寸的市场价格。固定利率资产的时间段设定根据剩余的到期日时间长度，浮动利率资产则根据到下一个重新定价日的时间，衍生证券需要先转化为标的资产的多头或空头再进行计算。例如，一个 3 个月政府债券的 2 个月远期的多头相当于一个 5 个月政府债券的多头加上一个 2 个月政府债券的空头。

第二，分别对 3 个月到 20 年以上的 13 个到期日时段的风险头寸设定权重，以反映这些头寸价格对年利率波动的市场敏感性。权重范围从 3 个月以下的 0.2% 到 20 年以上的 12.5%。

第三，将各时间段内加权后的多头、空头头寸进行冲销，获得每一个时段的净头寸。对冲销后较小的头寸还要增加 10% 的资本充足性要求，用以调整同一时间段中由于资产品种和到期日的差别而引起的基差风险和缺口风险，即所谓的"纵向冲销"。

另外，还允许进行两次"横向冲销"。第一次是在每时间区域内利率风险资产的净头寸之间进行冲抵，第二次是对三大时间区域间利率风险资产的净头寸进行冲抵。

总的资本充足性要求就是对各项资本充足性要求（特殊风险、总体市场风险、三次冲销）求和。这种方法在相同时间段内或时间段之间进行头寸冲销时假设这些资产的价格具有完全的相关性。

表 6-9 和表 6-10 是一个计算对债券的资本充足性要求的简单例子。

2. 股票风险

股票风险资产包括股票和具有股票特点的可转换证券及买卖股权

表 6-9

巴塞尔协议对市场风险的资本要求（债券）

期限 (1)	发行人 (2)	头寸 (3)	特殊风险		总体市场风险	
			权重 (4)	充足要求 (5)	权重 (6)	充足要求 (7)
0～1 个月	政府	$ 5 000	0.00%	$ 0.00	0.00%	$ 0.00
1～3 个月	政府	5 000	0.00%	0.00	0.20%	10.00
3～6 个月	企业（投资级）	4 000	0.25%	10.00	0.40%	16.00
6～12 个月	企业（投资级）	(7 500)	1.00%	75.00	0.70%	(52.50)
1～2 年	政府	(2 500)	0.00%	0.00	1.25%	(31.25)
2～3 年	政府	2 500	0.00%	0.00	1.75%	43.75
3～4 年	政府	2 500	0.00%	0.00	2.25%	56.25
3～4 年	企业（投资级）	(2 500)	1.60%	32.00	2.25%	(45.00)
4～5 年	政府	1 500	0.00%	0.00	2.75%	41.25
5～7 年	企业（投资级）	(1 000)	1.60%	16.00	3.25%	(32.50)
7～10 年	政府	(1 500)	0.00%	0.06	3.75%	(56.25)
10～15 年	企业（非投资级）	1 000	8.00%	80.00	4.50%	45.00
15～20 年	政府	1 500	0.00%	0.00	5.25%	78.75
＞20 年	企业（投资级）	1 000	1.60%	16.00	6.00%	60.00
特殊风险				229.00		
总体市场风险						66.00

表 6-10

巴塞尔协议对市场风险资本充足要求的计算（债券）

1. 特殊风险

				资本要求 229.00

2. 在同一时间段内的纵向冲抵

时间段	多头头寸	空头头寸	剩余	冲抵	附加比率	资本要求
3～4 年	56.25	−45.00	11.25	45.00		4.5
10～15 年	45.00	−67.50	−22.50	45.00	10%	4.5

（续表）

3. 在同一时间区域内的横向冲销

时间区域1	多头头寸	多头头寸	剩余	冲抵	附加比率	资本要求
0～1 个月	0.00					
1～3 个月	10.00					
3～6 个月	16.00					
6～12 个月		(52.50)				
小计	26.00	(52.50)	(26.50)	26.00	40.00%	10.40
时间区域2						
1～2 年		(31.25)				
2～3 年	43.75					
3～4 年	11.25					
小计	55.00	(31.25)	23.75	31.25	30.00%	9.38
时间区域3						
4～5 年	41.25					
5～7 年		(31.50)				
7～10 年		(56.25)				
10～15 年		(22.50)				
15～20 年	78.75					
＞20 年	60.00					
小计	180.00	(111.25)	68.75	111.25	30.00%	33.38

4. 不同时间区域间的横向冲销

	多头头寸	空头头寸	剩余	冲销	附加比率	资本要求
区域1与区域2	23.75	(26.50)	(2.75)	23.75	40.00%	9.50
区域1与区域3	68.75	(2.75)	66.00	2.75	150.00%	4.12

5. 总资本要求

						资本要求
纵向冲销						9.00
横向冲销						
同一时间区域内						53.16
不同时间区域间						13.62
冲销后剩余总体市场风险						66.00
总　计		229＋9＋53.16＋13.62＋66＝370.78				

的协议等股票衍生证券。股票衍生证券的资本充足性要求可以按照与利率衍生证券相同的方式处理。而股票资产的风险,正如我们前面的分析所指出的,其风险来源有:① 非系统性风险(或特定风险);② 系统性风险(或总体市场风险)。巴塞尔委员会对于非系统性风险的资本要求为:将某一股票的空头和多头汇总后乘以 4% 的比率(x 因子)。以表 6-11 为例,股票(2)的空头头寸为 \$2 500 万,多头头寸为 \$1 亿,则其对于非系统性风险的总风险暴露为 \$1.25 亿,乘以 4%,即为资本要求 \$500 万;系统性风险由多头头寸和空头头寸轧差后的净头寸反映,在本例中为 \$7 500 万(\$10 000 万 — \$2 500 万),将其乘 8% 的比率(y 因子),即为资本要求 \$600 万。而对于该股票的总风险资本要求为 \$1 100 万(\$500 万 + \$600 万)。

这种方法比较粗略,因为它假定所有股票的系统性风险(β)是一样的。而且,它也未能考虑分散化投资的效果。

表 6-11

巴塞尔协议对于股票风险的资本要求(x,y 因子法)

(单位:百万美元)

股票	多头头寸总额 (1)	空头头寸总额 (2)	x 因 子		y 因 子		总资本要求 (7)=(4)+(6)
			总头寸 (3)=(1)+(2)	非系统风险资本要求 (4)=(3)×4%	净头寸 (5)=(1)—(2)	系统风险资本要求 (6)=(5)×8%	
1	100	0	100	4	100	8	12
2	100	25	125	5	75	6	11
3	100	50	150	6	50	4	10
⋮	⋮	⋮	⋮	⋮	⋮	⋮	⋮

3. 外汇风险

外汇风险资产只包括外国货币和黄金,不包括那些"结构化的头寸"。对外汇风险资本充足性要求的测算分为两步。首先对每种外汇的风险头寸进行测量。测量的方法很简单,包括净即期头寸、净远期头寸、期权价格的一阶展开、产生的利息和费用,以及全部对冲后的其他未来的收入和支出。然后,将测量出的所有外汇的净头寸按照一种"速记方法"(Shorthand Method)得出资本充足性要求。具体而言,就是将所有货币的净敞口多头和净敞口空头中的较大者乘以固定的比率8%,再加上黄金净敞口头寸的8%和外汇期权的Gamma风险以及Vega风险的资本要求。这种方法假定外汇风险敞口,会因持有空头和多头头寸得到部分而非全部风险冲销。

4. 商品价格风险

商品包括石油、天然气、电器和农产品等能在有组织的市场中进行交易的有形产品(不包括黄金)。由于商品市场流动性差,价格受季节的供需影响比较大,且商品的存储者在商品价格的决定方面起着关键作用,因此,相对于其他金融市场风险,商品价格风险的测量比较困难。用于确定商品价格风险资本充足性要求的标准化模型,类似于利率风险的到期日测量方法。

欧盟的金融监管部门在1993年出台的资本充足性监管规定——"资本充足性指示(Capital Adequacy Directive,CAD)"中,也采用了模块化方法。CAD规定了与1993年巴塞尔市场风险建议非常相似的标准化模型用以确定市场风险的资本充足性,所不同的是它不仅针对银行业,也针对证券机构。CAD是一项整个欧洲范围内银行业和证券机构统一的资本充足性监管原则,目的在于防止在欧盟的政治一体化和经济一体化进程中,不同类型的金融机构在不同欧盟国家的监管不一致。

本 章 小 结

本章介绍了度量市场风险的在险价值方法。分析了VAR的计算步骤、VAR计算中有关参数的选择以及金融工具的VAR的计算;介绍了VAR的测定方法,讨论了边际VAR、成分VAR、增量VAR及其应用;最后,介绍了巴塞尔协议度量市场风险的标准化模型。

第 7 章　在险价值方法的应用

在险价值方法的应用范围非常广泛。只要涉及金融风险,任何机构都应该而且能够使用在险价值方法,无论是金融机构还是监管当局,也无论是非金融机构还是资产管理者。

在险价值方法主要可用于信息报告、资源配置和业绩评价。

7.1　运用 VAR 进行风险的度量与控制

在 1994 年在险价值最早出现时,仅仅被用于报告金融风险。各机构将其面临的全部风险合并进行在险价值测度然后向其管理层和股东进行报告。这是一种被动的使用方法(Passive Application)。其后除了度量功能外,在险价值方法又发展了其控制风险的功能:用于对交易员的头寸控制,或用于金融风险的监控,以发现是否进行了超过可接受风险度的投资,从而进行调整以降低风险。这种用途虽然已是一种进步,但本质上仍是一种防御性的使用方法(Defensive Application)。

最近,在险价值已发展成为一种主动性的(Active)风险管理工具。运用在险价值工具,各机构可寻求风险和收益间的平衡,可以运用 VAR 值进行经济资本配置,可以运用经风险调整的收益对交易员的业绩进行评价。图 7-1 总结了在险价值方法应用的发展。

7.1.1　VAR 作为信息披露工具

目前,在险价值已成为一个披露金融市场风险的标准方法。使用者可以很方便地用它向股东准确披露风险状况,而且还可以用它评估高级管理层对交易和投资运营的风险进行管理的情况。

被动的

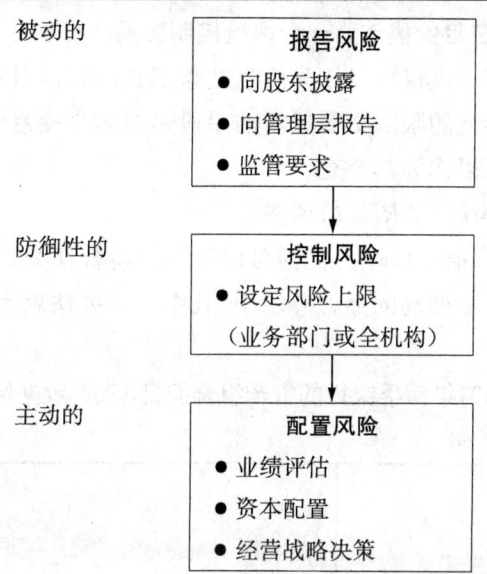

图 7-1　在险价值方法应用的发展

　　事实上,风险管理披露进步是非常快的,银行和证券监管部门的一份报告显示:美国 1993 年金融机构在年报中披露其 VAR 值的企业不过只有 4 家,到了 1998 年这个数字就上升到 66 家。当然,这与巴塞尔委员会的大力推动分不开。它宣称:"在一个不断变化和日益复杂的环境中,披露风险状况可以加强监管者维护市场稳定的努力。若具备了有意义的相关信息,投资者、存款人、债权人和交易对手就可以对金融机构加以约束:要求他们更谨慎地从事衍生品交易,并且遵循其经营目标。"其基本观点是,关于市场风险的信息披露是股东、债权人和金融分析师进行监督和市场约束的依据。不进行相关信息披露,市场就会怀疑公司可能状态不佳从而可能引起经营或融资困难。"市场约束"的表现方式之一就是对于那些被认为存在更多风险的公司,市场会要求更好的投资回报,这无疑增加了其融资成本。

　　另外,若投资者认为其所得到的关于某公司的信息不充分,他们就会减少进行该公司股票的交易,从而降低了该公司股票的交易量,加大了交易成本,有可能会降低其股票价格,这显然对公司不利。

7.1.2 在险价值作为一个风险控制工具

在险价值不仅仅可以作为信息披露工具,而且可以作为一个风险控制工具。传统的限制交易风险的手段是对名义交易量的限制,而在险价值方法可以作为其补充。

1. 对机构的 VAR 值的调整

VAR 界限值可以作为机构对风险—收益替代关系进行调整的标准。在一个日益变动的金融环境中,其中一个办法就是降低风险暴露头寸。

下面是1994年信孚银行的资产组合的日 VAR 数据情况(见图 7-2)。

VAR(百万美元)

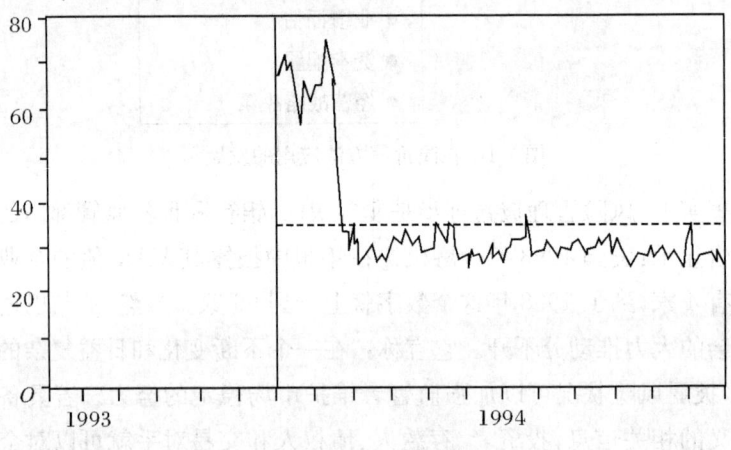

图 7-2　信孚银行的 VAR

图中显示该行 1994 年的初始 VAR 值为约 $ 7 000 万,到了 2 月份迅速下降到了 $ 3 000 万,其后,除一些小幅波动,VAR 水平基本稳定。

信孚银行自己对如此巨大的变化作了如下解释:"1994 年年初全球利率水平迅速上升,为了应对这种市场环境的剧变,我们进行了利率风险暴露头寸的大幅调整。"

从图 7-3 中,我们可以看到同期短期利率水平及其波动性情况。随着利率水平的上升,波动性也在增加,因此,信孚银行大幅降低其利率风险暴露头寸以降低波动性增加带来的风险。

图 7-3　利率水平与波动性

可见，VAR 值可以作为降低市场风险暴露头寸的一个指标。

2. 对业务部门的 VAR 值的调整

在业务部门的层面上，VAR 值可用于确定头寸限额，从而决定如何分配有限的资本资源。

VAR 方法的一大优势是它可以作为比较不同的风险投资活动的一个标准。传统的确定头寸限额的方法是名义交易价值。如一个交易员被赋予 $ 1 000 万的在 5 年期国债上的隔夜头寸。但同样数量的头寸，若放在 30 年期国债或国债期货上，则风险大得多。可见，在不同的交易部门间比较名义交易价值是没有意义的。然而，VAR 值却可以进行不同类型资产之间的比较，从而可以据此确定头寸限额。

另外，在险价值方法还充分考虑到了相关性问题（如图 7-4 所示）。在高一级部门设定 VAR 限额要小于低一级部门 VAR 限额的和，这是由于分散化投资的效果。如图中所示，业务部门 A 的 VAR 限额为 $ 6 000 万，就低于其所属各交易员 A_1、A_2、A_3 的 VAR 之和即 $ 7 500 万，这就是分散化效果的作用。

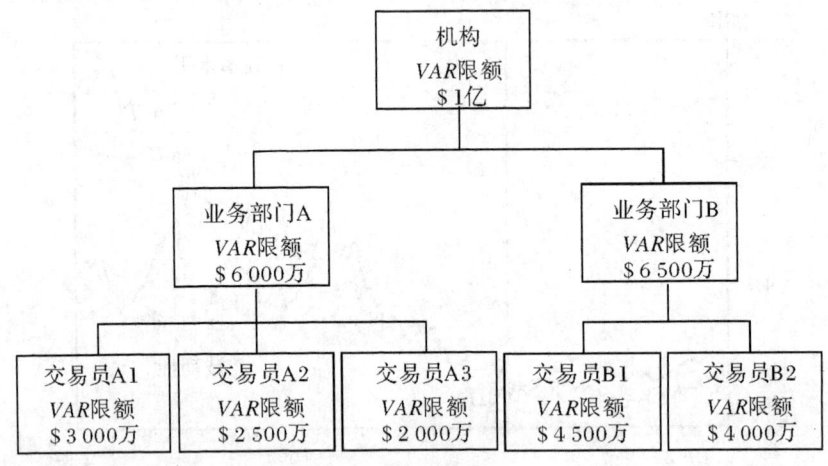

图 7-4　设定 VAR 限额

7.2　运用在险价值进行积极风险管理

我们知道,金融业务实际上就是寻求收益风险之间的平衡的活动。在在险价值方法的广泛应用之前,金融机构并没有对经营业务的风险—收益替代关系进行度量的工具。银行主要运用资产收益率(ROA)、股本收益率(ROE)等指标进行金融管理活动,而这些指标并不能反映风险情况。以后,基于在险价值的风险调整的业绩评估方法就成为现代金融风险管理的重要标准。

在险价值方法可以用于积极的风险管理,包括资本的配置、业绩评价以及经营战略决策。

7.2.1　风险资本

VAR 值可以作为衡量风险资本(Risk Capital)或经济资本(Economic Capital,EC)的工具以确定支持经营活动所需的资本。

经济资本是指在一个特定的时段和某个设定的风险容忍度内,机构用于抵御潜在风险而拨备的足量资本额。从这个意义上讲,经济资本不同于账面资本,账面资本是实际可用资本,是一种会计意义上的资本,即资产负债表中权益类部分几个项目的加总,如股本、资本盈余未分配利润,即资产扣除负债后的净值,也称为权益资本(Equity Capital)。可见,为了保证稳健经营,权益资本至少应等于经济资本。VAR 就是经济资本额,即为了防备非预期损失而应有的资本总额:

$$EC=VAR$$

例如,假定在 99% 的置信水平下,VAR 值为 $1 000 万,该 VAR 值可解释为:银行所能接受的最大可能损失。为了抵补这个损失,银行必须保有足够的权益资本。换言之,VAR 即是企业为了自我保护所应保有的资本额(如图 7-5 所示)。

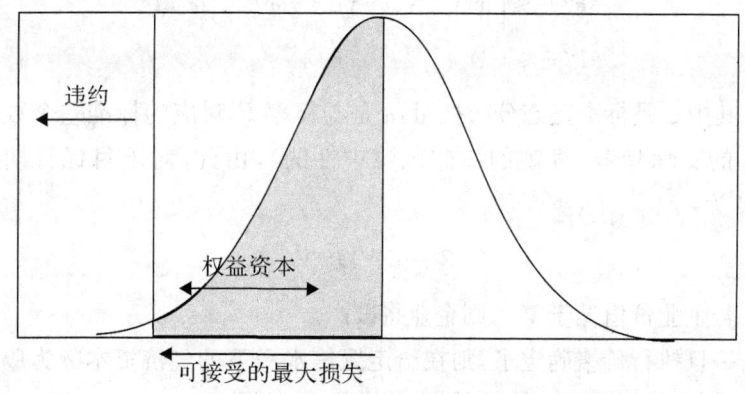

图 7-5 VAR 值作为权益资本额

通过以下推导和分析,我们可以看到,将 VAR 转换成以当前货币计价的值就得到了经济资本额。

这可以通过 Merton(1974)的框架加以解释:权益是对企业的看涨期权。负债之所以有风险是由于没有保障企业的价值会足以偿付债券面值(这相当于期权的执行价)。

用 S_t 表示权益的价值,B_t 表示债务的价值,V_t 表示 S_t+B_t=企业的价值,K 表示债务的面值,μ_t 表示 V 的预期收益,r 表示无风险利率,σ 表示 V 的波动率,T 表示时间跨度。

我们可以在风险中性情况下对期权进行定价：① 假定所有的资产都以无风险利率增长；② 按无风险利率进行贴现。

若企业的价值遵从对数正态分布，则：

$$\ln(V_T) = \ln(V_0) + \left(u - \frac{1}{2}\sigma^2\right)T + \sigma\sqrt{T}\epsilon$$

之所以出现 $\frac{1}{2}\sigma^2$ 项是由于将算术收益率转换成了几何收益率（期望值的对数与对数的期望值之间存在着 $\ln[E(x)] = E[\ln(x)] + 0.5 \times VAR[\ln(x)]$ 的关系）。令企业价值低于 V^* 的概率等于 P：

$$P = P(V_T \leqslant V^*)$$
$$= P\left\{\in \leqslant \left[\ln(V^*/V_t) - \left(\mu - \frac{1}{2}\sigma^2\right)T\right]/\sigma\sqrt{T}\right\}$$
$$= P(\in \leqslant -\alpha)$$

其中 $\in$ 是标准正态分布变量，α 是与概率 P 对应的标准差个数，μ 为 V 的实际趋势（客观的而非风险中性的），由此，对于目标日期的 VAR 为：

$$VAR_T = E(V_T) - V^*$$

若企业价值低于 V^*，则企业将破产。

一旦执行价格确定了，则在给定置信水平下的经济资本额为股票的价值，或执行价为 $K = V^*$ 的对于企业的看涨期权：

$$EC = S_t = C(V_t, K, T, r, \sigma) = V_t N(d_1) - Ke^{-rT}N(d_2)$$

假定企业的初始价值为 $V_t = \$100$ 万，$\mu = 8\%$，$r = 5\%$，$\sigma = 30\%$，企业存在债权和股权融资。在 $T = 1$ 年，违约概率为 1% 的情况下求其经济资本。

解：$\alpha = -2.33$

$$[\ln(V^*/V_t) - (\mu - \frac{1}{2}\sigma^2)T]/\sigma\sqrt{T} = -2.33$$

因为：$V^* = \$51.48$ 万

所以：$S_t = \$51.09$ 万

$$B_t = \$100 - \$51.09 = \$48.91 \text{万}$$

所以：EC 为 $\$51.09$ 万（以当前货币计值额）

1 年期 VAR 为：

$$VAR_T = E(V_t) - V^* = V_t e^{\mu T} - V^*$$
$$= \$108.33 - \$51.48 = \$56.85 \text{万}$$

我们可以通过一种捷径将 VAR 转换成经济资本：

当违约率非常低时，$N(d_1)$ 和 $N(d_2)$ 将近似为 1，则 B—S 定价模型将变为：

$$S_t \approx V_t - Ke^{-rT} = e^{-rT}(V_t e^{rT} - V^*)$$
$$= e^{-rT}[E^{RN}(V_T) - V^*] = e^{-rT} VAR_T^{RN}$$

这里期限是以风险中性取得的，即假定 V_t 以无风险利率增长。因而 VAR_T^{RN} 为给定日期的 VAR 值，欲将 VAR 变为现值，只需按无风险利率折现即可。在本例中，即：

$$VAR_T^{RT} = V_t e^{rT} - V^* = \$105.13 - \$51.48 = \$53.65 \text{万}$$

和

$$S_t \approx e^{-0.05} \times \$53.65 = \$51.03 \text{万}$$

这与实际值 $\$51.09$ 万非常接近，这表明经济资本为 VAR 值的折现值。

7.2.2 风险调整的业绩评价

运用风险资本，我们可以对不同的交易员、业务部门或投资组合进行业绩评价：计算经风险调整的业绩指标（RAPM），即收益与在险价值之比。

RAPM 使得企业可以对风险资本要求不同的业务部门进行比较。表 7-1 显示的是两个均取得 $\$10$ 万的交易员的情况：假定外汇交易员和债券交易员的名义交易额分别为 $\$100$ 万和 $\$200$ 万，年波动率分别为 12% 和 4%，在 99% 置信水平下年风险资本为 $\$28$ 万和 $\$19$ 万。

表 7-1

计算 RAPM

	利 润	名义交易额	波动率	VAR	RAPM
外汇交易员	\$10万	\$100万	12%	\$28万	36%
债券交易员	\$10万	\$200万	4%	\$19万	54%

可见,风险调整业绩评价,为利润与其所承担的风险水平要求的经济资本额之比:

$$RAPM = \frac{利润}{EC}$$

外汇交易员的 RAPM 值为 36%,低于债券交易员的 RAPM 值 53%,后者对资本的使用效益显然高于前者。

RAPM 实际上是 20 世纪 70 年代信孚银行开发的 RAROC 风险调整资本收益(Risk-adjusted Return on Capital)的核心。

运用以在险价值为基础的 RAPM 方法,可以对交易员的利润按其承担的风险进行调整。在险价值方法提供了一个标准化的对于具有不同风险特征的市场的比较。某单位 i 的 RAPM 为其利润与其相应的 VAR 值之比:

$$RAPM_i = \frac{利润_i}{VAR_i}$$

RAPM 方法的一个最大的好处在于可以防范交易员的道德风险,当将其奖金与利润挂钩时,这种风险是肯定存在的。由于信息的非对称性,当不进行风险控制时,交易员就存在进行更"激进"的投资的动机。此时,交易员的奖金随利润的增加而提高,可以达到很大数额;而若发生亏损,他们仍旧可以拿到底薪,这有点类似于期权交易中的多头,如图 7-6 所示。

由于期权的价值随其基础金融资产的波动性的增加而增加,因而交易存在承担更多风险的动机。因此,企业有必要运用经风险调整的业绩指标对这类行为进行惩罚从而阻止其发生。

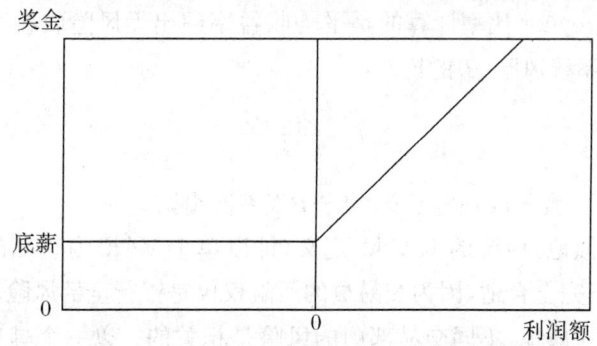

图 7-6　具有期权特征的奖金函数

更一般意义上的 RAPM 应当涵盖所有的金融风险。

$$RAPM = \frac{收入-成本-预期损失}{VAR}$$

其中 VAR＝市场 VAR＋信用 VAR＋操作 VAR－分散化效用。

这时用在险价值确定的资本为总经济资本（Overall Economic Capital）。

RAPM 方法实际上是在传统的业绩评价方法基础上的发展和进步。

1966 年 William Sharpe 开发了著名的业绩度量方法，即夏普比率（Sharpe Ratio），该比率度量的是平均收益超过无风险收益的水平与总收益波动性的比率：

$$S_i = \frac{\bar{R}_i - R_F}{\sigma(R_i)}$$

式中　$\bar{R}_i$——资产 i 的平均收益；

　　$\sigma(R_i)$——波动率。

RAPM 则将上式进行了更一般化的处理：运用风险资本而非投资额，计算的是收益额而非收益率。

Sharpe 比率显然忽视了分散化的效果，该比率中的标准差度量的是总体风险。1965 年特里诺（Treynor）对此进行了修正，强调了系统

性风险,Treynor 比率计算的是平均收益率超出无风险收益率的部分与资产的系统风险(β)的比率:

$$T_i = \frac{\overline{R_i} - R_F}{\beta_i}$$

式中　β_i——资产 i 相对于总资产组合 P 的系统风险。

　　相类似地,传统的 RAPM 定义(即以单个 VAR 为基础的简单加总)也并不完全合适,因为交易员的风险仅仅是银行全部风险的一个组成部分。一般地,不同交易部门的风险是相关的。以一个具有两个部门的机构为例:一个债券交易部门和一个期货交易部门。若两个部门均预期利率将下降从而进行多头交易,则总风险将非常大;相反地,若期货交易部门做空,则资产组合几乎是无风险的,此时若对两个部门分别计算 VAR 再加总就夸大了组合的风险。

　　我们可以将边际 VAR 的概念引入特里诺比率构建边际 RAPM 指标。证券 i 的边际 VAR(ΔVAR_i)即为由于在组合中增加证券 i 而引起的总 VAR 的增加额。

$$边际\ RAPM_i = \frac{利润_i}{\Delta VAR_i} = \frac{利润_i}{VAR \times \beta_i}$$

　　可以运用这个指标进行是否进入新的业务领域的投资决策。但是,这个指标缺陷在于,它未将银行的全部资本在各部门间进行分配。为此,我们需要运用成分 VAR 的概念,计算成分 RAPM:

$$成分\ RAPM_i = \frac{利润_i}{(CVAR_i)} = \frac{利润_i}{VAR \times \omega_i \beta_i} = \frac{利润_i}{VAR_i \times \rho_i}$$

　　所有的成分 $CVAR_i$ 之和为机构的总 VAR。

　　表 7-2 反映的是一个具有 4 种交易业务的银行的例子。表中的数据为该行每季的实际收入情况:第一列为年利润额,第二列为季度波动性。当正态分布假定下,在 99% 的置信水平下的年 VAR 为 2.33×$\sqrt{4}$×季度波动率。

　　传统的 RAPM 指标以单个 VAR 为基础(也称为未分散 VAR),此时,利率交易部门的收益—风险比率似乎比其他部门高得多。

表 7-2

利润与风险的度量(万美元)

部　门	年利润额	季波动率	单独VAR	RAPM	相关系数	成分VAR	%VAR
利率	1 636	152	708	2.31	0.851	603	79.9%
外汇	381	92	426	0.89	−0.131	(56)	−7.4%
权益证券	123	71	332	0.37	0.554	184	24.4%
商品	50	16	74	0.68	0.322	24	3.1%
加总			1 541				
分散化效果							
总和	2 189	162	755	2.90		755	100.0%

　　由于分散化的效果,总和 VAR 实际上仅为各部门 VAR 之和的一半左右。第 5 列反映的是各部门与总和的相关系数,利率交易部门的相关系数较高,外汇交易部门的相关系数则为负数。

　　百分比 VAR 分析表明,该行 VAR 中的大约 80% 来自于利率交易部门。外汇交易部门与其他部门存在一种对冲关系,其 VAR 值为负,因此,应将增加的资本优先分配于该部门从而降低总风险。

　　该案例反映的 VAR 作为业绩评价标准的运用:

　　1. 内部业绩评价

　　在于要鼓励那些在给定参数条件下表现业绩最佳的部门。此时要求的风险指标应是独立于其他部门的,因而单个 VAR 似乎更为合适。

　　2. 外部业绩评价

　　目的在于将现存或新增资本在现有或新增业务部门间进行分配。此时就应当使用边际和成分 VAR 指标。

　　在实践中,基于业绩评价的目的,风险资本分配是依据各部门自身的风险确定的。银行总部则负责对各部门制定头寸限额。

7.2.3　在险价值作为一个战略工具

　　在战略管理的层面上,在险价值是一个非常有用的工具。风险调整的业绩评价标准可用于判断在机构内何种环节增加了股东价值。其目的在于帮助管理层决策：何种业务应当扩展、维持或削减，以及应当保持的资本的适当水平。

股东价值分析（SVA）的目的在于使股东的总价值最大化。采用净现值的分析方法，贴现率为 k，k 应反映项目的风险。

SVA 分析表明，只有产生正的净现金流（NPV）的项目才值得做。否则，银行应将资本以红利或回购股份的形式返还股东。事实上，这也是为什么最近有些银行回购其股份的原因。

这里，一个核心的因素就是贴现率的选择，一个利润状况极好但波动性过大的项目，可能就不如利润稳定的项目吸引人，因为前者的贴现率要高于后者。

信孚银行就拓展了那些 RAROC 值较高的业务，如资产管理和抵押贷款支持证券（MBS）业务，这二者都产生了稳定的收入。这也许就是产生稳定收入的资产管理业务比波动性较大的交易业务的 P/E 值更高的原因。

SVA 与一个新的度量指标"经济价值增加额"（EVA）是一致的：

$$EVA = 利润 - (资本 \times k)$$

式中　k——贴现率。

可见，这里对利润进行了经济资本成本调整。

贴现率 k 或资本成本的选择是个非常复杂的问题。资本成本可以是部门的未分散 VAR 或成分 VAR 的函数。选择成分 VAR 主要是由于其度量了部门风险对于银行总风险的作用。

当然，银行也不一定选择度量总风险，因为如果股东的投资足够分散化的话，他们会要求银行度量其相对于"市场"总风险的作用，而非银行自身的总风险，这实际上就是 CAPM 理论的基础，即有了系统性风险的概念。按照 CAPM 理论，一个项目 i 应有的收益率为无风险收益率 R_F 加上市场风险溢价与项目的系统性风险 β_{im} 的乘积。

$$k_i = R_F + [E(R_m) - R_F]\beta_{im}$$

这里度量的是项目相对于"市场"而非"银行"的系统性风险。

本 章 小 结

本章介绍了在险价值方法的主要用途:信息报告、资源配置和业绩评价。重点分析了运用在险价值进行积极的风险管理:业绩评价、资本配置和经营战略决策,尤其是论证了在险价值与经济资本之间的关系,分析了经风险调整的业绩评价指标。

第 8 章　信用风险管理

信用风险可以简单地定义为由于交易对手未能履行合同义务而引致损失的风险。

历史经验表明,信用风险甚至比市场风险的危害更大。许多银行破产倒闭的罪魁祸首就是由于未能有效地分散信用风险。这里有一个"信用悖论"(Paradox of Credit)问题:一般地,银行的信贷决策人员倾向于集中向特定的、熟悉的、长期的客户发放贷款,由此导致信用风险就区域和行业角度而言都过于集中。

近年来,银行开始运用现代资产组合理论进行信用风险管理。特别是,随着以在险价值方法为标志的现代风险管理革命的开始,各种信用风险组合管理方法更是纷纷被开发出来:信用风险在险价值、分散度指数、预期损失和非预期损失等。尤其是在险价值,实际上归并测度了某机构所有的资产组合的风险。信用风险一旦被量化、测度,就可以对之进行有效管理和分散。因此,银行业开发了复杂的内部信用风险管理模型。

与市场风险相比,信用风险较难量化。引致信用风险的风险因子似乎也更多,而且其中有些因子由于其偶发性而更难测度,例如:违约率、违约的相关性和回收率。另外,对信用风险模型的验证也较困难,市场风险模型可以进行以日为基础的后验测试,而信用风险模型则由于其较长的时间间隔而难以进行实证检验。

无论如何,业界在信用风险的测度和控制上,取得了理论和实践上的重大进步,这必将最终有助于一个更加稳健的金融环境的营造。

8.1 信用风险的本质

信用风险最初引起人们的重视和研究可以追溯至对于互换风险的研究。早先的互换交易参与者都是被赋予较高的信用评级的交易者,其盈利水平较高,足以抵偿极低的违约率。随着互换交易市场的发展、成熟和规模的扩张,交易"敞口"量较大的市场参与者开始出现了信用风险,这便导致业界开始关注和研究信用风险的测度和管理问题。

8.1.1 信用风险的来源

信用风险可以归于以下两个因素:

(1) 违约风险(Default Risk)。基于对交易对手违约可能性的客观测度即违约概率(或违约率),计算出违约后可能引致的损失。

(2) 市场风险(Market Risk)。由于市场风险因子的变化引致的信用风险暴露价值的变化。例如:我们考虑一个远期货币合约的信用风险问题,其信用风险暴露就是合约的正值,其价值将取决于汇率水平的变动。

综合上述两个因素,对于一个包含 N 种资产的投资组合的信用风险损失可以表示为:

$$信用风险损失 = \sum_{i=1}^{N} b_i \times CE_i \times (1 - f_i)$$

式中　b_i——一个二项式分布随机变量,其取值为 1(违约发生时)或 0(不违约时),$E(b_i) = P_i$,P_i 为违约概率;

　　　CE_i——违约发生时的信用风险暴露;

　　　f_i——回收率;

　　　$1 - f_i$——违约损失率。

因此,我们看到,信用风险实际上与违约风险和市场风险均相关。从而信用风险管理和市场风险管理的风险也就存在很大的差异(见表8-1)。

表 8-1

市场风险(VAR)与信用风险(VAR)的比较

项　　目	市场风险(VAR)	信用风险(VAR)
风险来源	市场因子变动	市场风险:违约风险和回收风险
赋予风险限额的单位	各级交易部门	交易对手
时间跨度	短期(以日计)	长期(以年计)
	均值回调不重要	均值回调很重要
	稳定组合	动态组合
法律事务	不适用	非常重要

首先,信用风险必须考虑市场风险与违约风险二者综合的效果。

其次,测度市场风险后所进行的限额管理对象为各级交易部门:交易前台、业务部门、资产管理部门等;信用风险管理的控制对象为交易对手。

再次,二者的对时间跨度的考虑极为不同。市场风险常常以日为时间跨度来测度和管理;信用风险的测度和管理则被赋予较长的时间跨度,常以年计,因而可以充分考虑资产组合的变化和风险因子的均值回调因素。

最后,在市场风险的管理过程中几乎不存在什么法律问题。而信用风险管理中的一个重要因素回收率,则与一国的法律体系及破产法律法规的执行情况密切相关。

综上,比起市场风险,信用风险较难精确测度。另外,信用风险的非频繁发生特性使得违约率及其相关性更难以量化。

8.1.2 信用风险的期权特性

违约风险带来损失的条件有二:其一,必须有一个对于交易对手的净债权(或信用敞口);其二,交易对手确实违约。

传统上,信用风险仅适用于债券和贷款,其风险暴露即为账面值。那么对于衍生证券,其信用风险如何呢? 衍生品的价值既可以为正(即交易主体的资产)也可以为负(即交易主体的负债)。当其价值为正时则存在风险暴露。

从本质上讲,违约所引致的损失非常类似于期权。设 V_t 为交易主体的资产的现值或重置价值(Replacement Value),假定违约后无回收,则损失即为风险暴露的现值 V_t:

$$损失\ t = Max(V_t,\ 0)$$

我们看到:违约风险带来的损失具有非对称性,这非常类似于期权中空方的特点。

8.1.3 时间及组合效应

信用风险不仅要考虑当前重置价值,还要考虑违约可能引致的潜在或未来损失。最初,金融机构用如下方式度量信用风险:① 风险暴露现值;② 潜在风险暴露值:即对衍生品交易未来重置价值的估计。

因此,风险暴露的峰值(Peak Value)可以表示为:

$$风险暴露峰值\ t = Max(V_t + \Delta V_\tau,\ 0)$$

式中　ΔV_τ——在 τ 时间内,在置信度为 c 的条件下的风险暴露的最大增量。

这种方法的最大特点在于简单。但不足之处在于,它未考虑风险暴露水平和违约率随时间变化的特性。事实上,在某一个时间段内,风险暴露水平可能会显示出复杂变动的特点,而且一个信用评级较高的交易对手的违约率也有可能起初水平较低而后来则大幅度上升。

于是,就有了更为复杂的衡量信用风险的方法,主要是基于对潜在风险暴露情况的度量:在一定置信水平下,在一定时间间隔(如1个月)内,求出最大可能的潜在风险。并且将信用风险暴露情况与未来违约可能性(概率)结合起来考虑建立一种动态信用风险暴露模式——随时间变动的信用风险状况。

然而,即使在考虑了时间因素之后,这种传统的度量信用风险的方法也是建立在逐笔交易(Transaction-by-transaction Basis)基础上的,它并未考虑组合效应。例如,有一个包括针对两个不同的交易对手的日元远期多头和日元空头组合。这个组合的目的实际上为了对冲市场风险。基于逐笔交易基础的计量风险方法将分别考虑两笔头寸的违约情况。如果日元升值且第一个交易对手违约,则多头日元远期将发生损失;如果日元贬值且第二个交易对手违约,则空头日元远期将发生损失。用这种方法度量风险,两种头寸的风险将被叠加起来。

由于日元的升值与贬值是两个互斥事件,所以这种方法实际上夸大了信用风险所可能带来的损失。而资产组合方法将综合市场因子的相互作用从而确定度量潜在风险。在上例中假定升/贬值及两个交易对手违约的概率是相等的,则潜在损失仅为第一种计量方法的一半。

在了解了信用风险的本质之后,下面我们来考察构成信用风险的因素:违约风险和信用风险暴露的度量问题。

8.2　违约风险

建立信用风险管理模型最重要的步骤就是估计违约风险(Default Risk)。具体方法可以运用精算模型或市场价格方法。

8.2.1　精算模型

精算模型通过考察分析历史违约情况中的相关因素来预测违约率和回收率。比如有的信用评级机构,对不同信用评级的公司进行历史违约率的分类统计,并据此估计实际违约率。表 8-2 表明了标准普尔对于不同信用评级的历史违约情况的纪录。一个信用评级为 BBB 的融资主体未来 1 年的平均违约率为 0.24%,未来 10 年内的平均违约率为 5.03%。

从表 8-2 可以看出:信用评级较低的融资主体的违约率较高。因此,我们可以在已知信用评级的情况下去估计违约率。当然,这种估计是不精确的,因为,对小概率事件的估计会由于样本规模太小而影响其可信度。

表 8-2

标准普尔公司提供的累计违约率(年%)

评　级	1	2	3	4	5	6	7	8	9	10
AAA	0	0	0.05	0.11	0.17	0.31	0.47	0.76	0.87	1.00
AA	0	0.02	0.07	0.15	0.27	0.43	0.62	0.77	0.85	0.96
A	0.04	0.12	0.21	0.36	0.56	0.76	1.01	1.34	1.69	2.06
BBB	0.24	0.54	0.85	1.52	2.19	2.91	3.52	4.09	4.55	5.03
BB	1.01	3.40	6.32	9.38	12.38	15.72	17.77	20.03	22.05	23.69
B	5.45	12.36	19.03	24.28	28.38	31.66	34.73	37.58	40.02	42.24
CCC	23.69	33.52	41.13	47.43	54.25	56.37	57.94	58.40	59.52	60.91

资料来源：标准普尔公司,1981~1998 年累计违约率

表 8-2 反映的是累积违约率(Acumulative Default Rates)C_n,代表的是从当前至第 n 年的违约可能性(概率)的总和。利用这个信息可以求得第 i 年的年度违约率或边际违约率(Annual or Marginal Default Rates),即从头年年末开始仍有效的资产组合在第 i 年违约的可能性。

图 8-1 表示的是一个企业若要 n 年都不违约,则必须前 $n-1$ 年都不违约,且在第 n 年也不违约。因此,我们可以将 n 年都不违约的概率表示为:

$$(1-C_n)=(1-C_{n-1})(1-d_n)=\prod_{i=1}^{n}(1-d_i)$$

从而可以求得 d_i。

例如,上例中 BBB 级主体第 1 年违约率 $c_1=d_1=0.24\%$,求 d_2,则:

$$(1-0.54\%)=(1-0.24\%)(1-d_2)$$

所以:

$$d_2=0.302\%$$

同理,我们还可以求得恰好在第 i 年违约的概率:

$$k_i=(1-C_{i-1})d_i$$

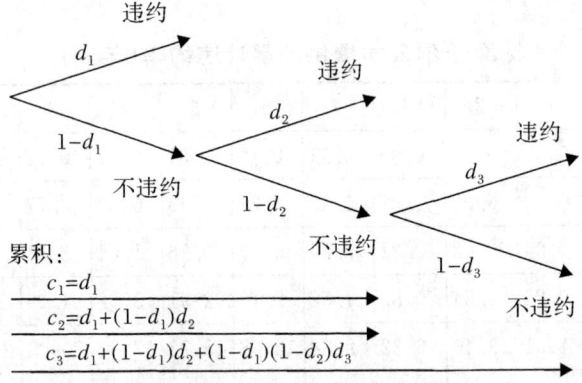

图 8-1　连续的违约过程

回收率表示在已知违约的情况下可以追回的部分占损失发生总额的比率。也即 1 与贷款或债券的损失率（Loss Given Default, LGD）之差。回收率高低与违约破产方是否进行了担保、整体经济景气状况和法律环境等因素密切相关。表 8-3 列示的是美国公司债券的回收率。例如，无担保债券的平均回收率为 $f=51\%$，则根据表 8-2 中的违约率数据，BBB 级 \$1 亿 5 年期债券的估计信用风险损失为：

$$\$100\,000\,000 \times 2.19\% \times (1-51\%) = \$107 \text{ 万}$$

当然，回收率自身波动幅度也较大，这似乎又带来了一种不确定性。

表 8-3

美国公司债券的历史回收率

不 同 等 级 的 债 券	回　收　率　（％）	
	平　均　值	标　准　差
担保银行贷款	70	21
担保债券	55	24
无担保债券	51	25
次级债券	32	21
所有债券	45	27

资料来源：穆迪公司，1997~1998 年违约债券价格。

8.2.2 市场价格模型

1. 债券收益率模型

另一种估计违约率的方法是利用交易对手债券的市场收益率信息,图 8-2 描述的是一个简化了的存在信用风险的债券在某期间的违约情况。

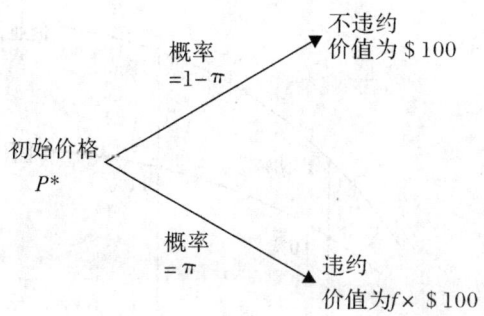

概率
=1−π
不违约
价值为 $100

初始价格
P*

概率
=π
违约
价值为f× $100

图 8-2 一个简单化的债券违约过程

在到期日,债券或者违约或者不违约。若违约,其价值为 $f \times$ $100,相反,若不违约其价值为 $100,令 $C = λ$ 为截止到期日的累积违约率。则当前市价(P^*)应为上述二者的期望,设 Y^*、Y 分别为存在信用风险债券和无信用风险债券的收益率,则:

$$P^* = \frac{\$100}{(1+y^*)} = \frac{\$100}{1+y} \times (1-\pi) + \frac{f \times \$100}{1+y} \times \pi$$

$$1+y = (1+y^*)[1-\pi(1-f)]$$

从而:

$$y^* \approx y + \pi(1-f)$$

或者:

$$\frac{1+y}{1+y} = 1-\pi(1-f)$$

所以:

$$\pi(1-f) = 1 - \frac{1+y}{1+y}$$

$y^* - y$ 即为信用风险差异,等于违约率 λ 与损失率之乘积。因此,我们可以用收益率信息来度量信用风险。如图 8-3 为信用评级为 B 的零息企业债券与同期限的零息国债的到期收益率差异。对于 1 年期债券,若令 $f=0$,则:

$$y^* - y = 15.8\% - 10\% = 5.8\% \approx \lambda$$

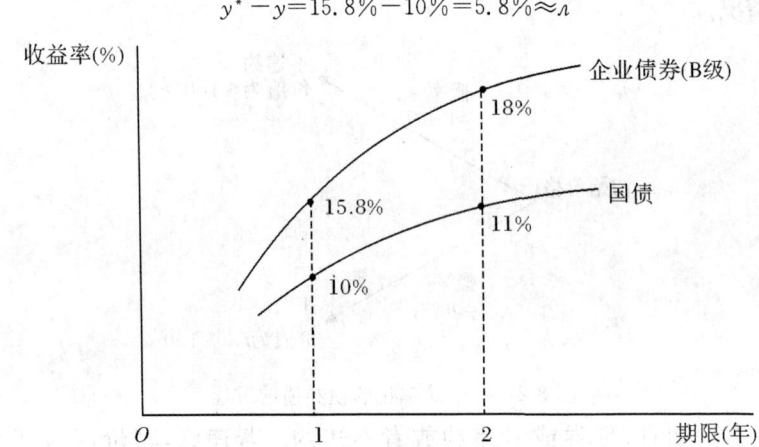

图 8-3　国债与企业债券收益率曲线

这种方法的适用前提是交易对手已发行了公开交易的债券且存在一个市场价格。

2. 期权定价模型

另一种方法是用期权定价模型来度量信用风险,Merton 模型(1974)揭示出:持有公司的股权与购买一份看涨期权是同构的。从债务人的角度(或者股东的角度)来看,如果公司的价值超过贷款的价值,所有者就有动力(或选择权)来偿还贷款;反之,所有者就会选择违背借款契约,并将公司的剩余资产交给放款银行处理。基于有限责任原则,债务人的最大可能损失是其投入公司的股权价值。而其收益则在公司支付完贷款本息后不断增长(如图 8-4 所示)。

从债权人(金融机构)角度来看,其最高收益额 B,即贷款本息。只有在公司的市场价值高于贷款本息,即 $A > B$ 时债务人才会偿还贷款;否则其将选择违约,所以债权人的收益函数如图 8-5 所示。

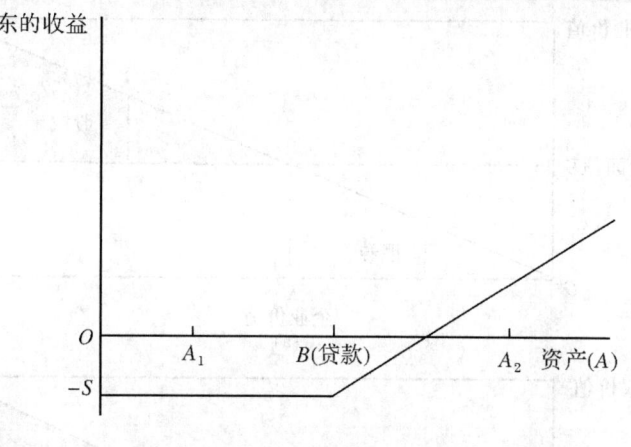

图 8-4 股东的收益函数

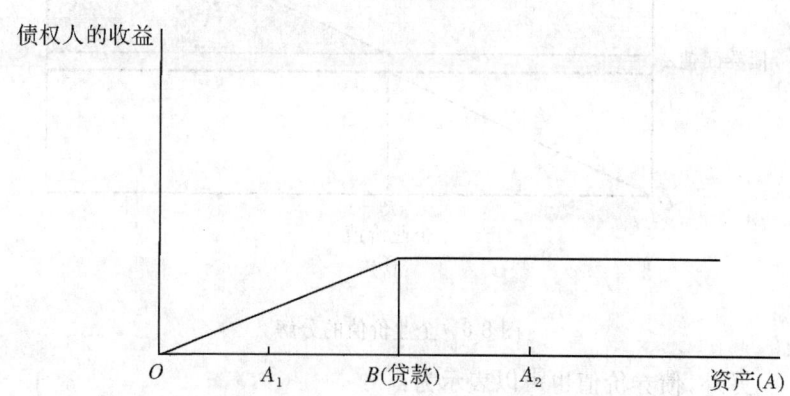

图 8-5 债权人(金融机构)的收益函数

企业股权的价格为:

$$S_T = \text{Max}(V_T - K, 0)$$

由于债券加上股权就是企业的价值,所以债券的价值为:

$$B_T = V_T - S_T = V_T - \text{Max}(V_T - K, 0) = \text{Min}(V_T, K)$$

可见,由于期权隐含了行权的可能性,所以股票价格就隐含了违约的可能性。图 8-6 就表明企业的价值实际上可以分解为债券和股票的价值。

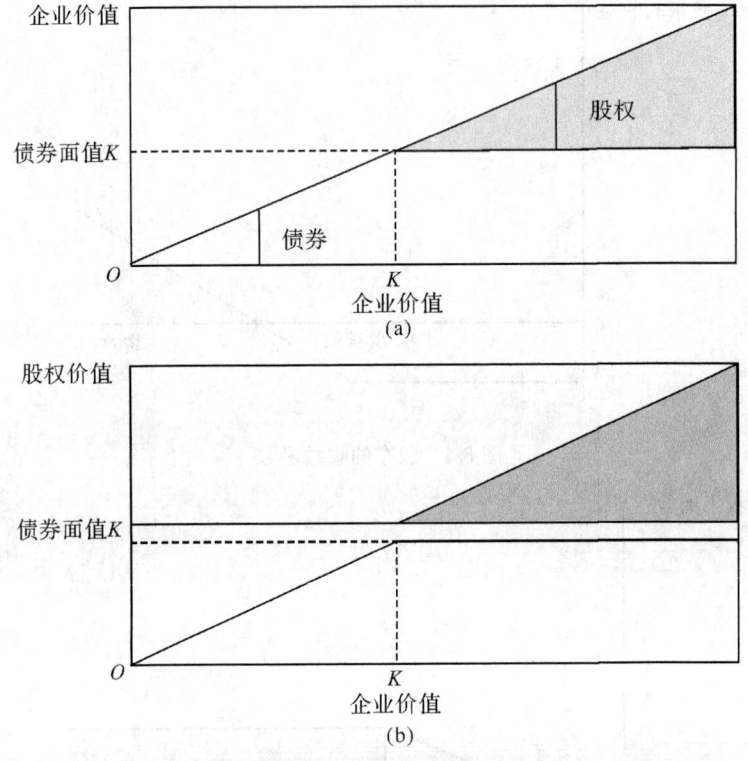

图 8-6　企业价值的分解

另外，债券价值也可以表示为：

$$B_T = K - \text{Max}(K - V_T, \ 0)$$

也就是说，风险债券的多头头寸实际上相当于无风险债券的多头头寸加上看跌期权的空头头寸。

假定企业价值服从几何布朗运动：

$$dV = \mu V dt + \sigma V dZ$$

且认为市场是无摩擦的，不存在破产成本，企业价值就等于股权和债券之和：$V = B + S$

为了对企业的求偿权进行定价，我们需要求解偏导方程，企业债券价值为：

$$B=F(V, t), \qquad F(V, T)=\text{Min}(V, B_F)$$

$B_F=K$，即为债券面值（行权价）

股权价值为：

$$S=f(V, T) \qquad f(V, T)=\text{Max}(V-B_F, 0)$$

运用上述思想可以得到以下结果：

（1）股票估值。无红利支付的情况下，根据 B-S 公式，股权价值为：

$$S=\text{看涨期权}=VN(d_1)-Ke^{-r\tau}N(d_2)$$

式中　　τ——等于 $T-t$，为距离到期日的时间；

　　　　r——无风险利率；

　　　　σ——企业资产价值的波动性。

$N(d)$ 为标准正态分布的概率密度函数

$$d_1=\frac{\ln(V/Ke^{-r\tau})}{\sigma\sqrt{\tau}}+\frac{\sigma\sqrt{\tau}}{2}$$

$$d_2=d_1-\sigma\sqrt{\tau}$$

如果我们定义 $x=\dfrac{Ke^{-r\tau}}{V}$ 为杠杆率，即债券价值与企业价值的比率，则期权的价值仅仅取决于 x 和 $\sigma\sqrt{\tau}$。注意，这里与一般情况下对 B-S 模型的使用不同。一般情况下，我们代入企业价值及其波动性数值：$V, \sigma V$，然后求看涨期权的价值。而这里，我们可以观测到股票价值 S 和其波动性 σS，希望求得 $V, \sigma V$，令 Δ 为对冲比率，则：

$$\mathrm{d}S=\frac{\partial S}{\partial V}\mathrm{d}V=\Delta\mathrm{d}V$$

定义 $\mathrm{d}s/s$ 的波动性为 σ_S，则：

$$\sigma_S S=\Delta(\sigma_V V)$$

（2）债券价值。债券的价值为 $B=V-S$，或：

$$B = Ke^{-r\tau}N(d_2) + V[1 - N(d_1)]$$

$$B/Ke^{-r\tau} = [N(d_2) + (V/Ke^{-r\tau})N(-d_1)]$$

（3）违约率。在 B-S 模型中，$N(d_2)$ 也是不行使期权的概率，即债券不违约的概率。相反地，$1 - N(d_2) = N(-d_2)$ 是违约的概率。

（4）信用风险溢价。

$$K(\tau) - r = (-1/\tau) \times \ln[N(d_2) + (1/x) \times N(d_1)]$$

式中　$K(\tau)$——债券（贷款）收益率；

　　　r——无风险利率；

　　　x——杠杆率。

（5）信用风险定价。在到期日，信用风险损失等于无风险债券价值减去公司债券价值。

$$CL = B_F - B_T$$

在期初，预期的信用损失（ECL）为：

$$
\begin{aligned}
B_F e^{-r\tau} - B &= Ke^{-r\tau} - \{Ke^{-r\tau}N(d_2) + V[1 - N(d_2)]\} \\
&= Ke^{-r\tau}[1 - N(d_2)] - V[1 - N(d_1)] \\
&= Ke^{-r\tau}N(-d_2) - VN(-d_1) \\
&= N(-d_2)[Ke^{-r\tau} - VN(-d_1)/N(-d_2)]
\end{aligned}
$$

将此式再乘以远期价值因子 $e^{r\tau}$，则可以得到到期日 ECL 为：

$$
\begin{aligned}
ECL_T &= N(-d_2)[K - Ve^{r\tau}N(-d_1)/N(-d_2)] \\
&= p \times [风险暴露 \times LGD]
\end{aligned}
$$

式中　$N(-d_2)$——违约率；

　　　$Ve^{r\tau}N(-d_1)/N(-d_2)$——违约时的企业价值的预期值；

　　　$K - Ve^{r\tau}N(-d_1)/N(-d_2)$ 违约时的损失额，或预期违约损失额。

注意到，这里违约回收率是内生变量，它取决于企业价值、时间和债务杠杆率。

在已知企业股票的当前价格及名义负债额时，可以运用上述公式模型预测企业价值相对于其债务在下一年的分布并确定违约率 EDF。

KMV 公司①(2002 年被 Moody's 收购)将这种思想运用于信用风险管理领域。

假定企业价值(A)在第 0 期为 ＄1 亿而其短期债务为 ＄8 000 万。若企业价值的波动性(σ)为 ＄121.2 万,且企业价值变化服从正态分布。则只有当企业价值在第 1 期下跌 ＄2 000 万变为 ＄8 000 万时(这相当于置信度为 95% 时的变动:1.65×＄1 212 000 万＝＄20 000 000 万),企业才会陷入困境,并违约[但 KMV 模型实际上是根据实证分析测算违约率的,因为企业价值(A)的分布是未知的]。

如图 8-7 所示,预期违约率(EDF)即为企业资产的市场价值(A)低于贷款本息(B)的概率。

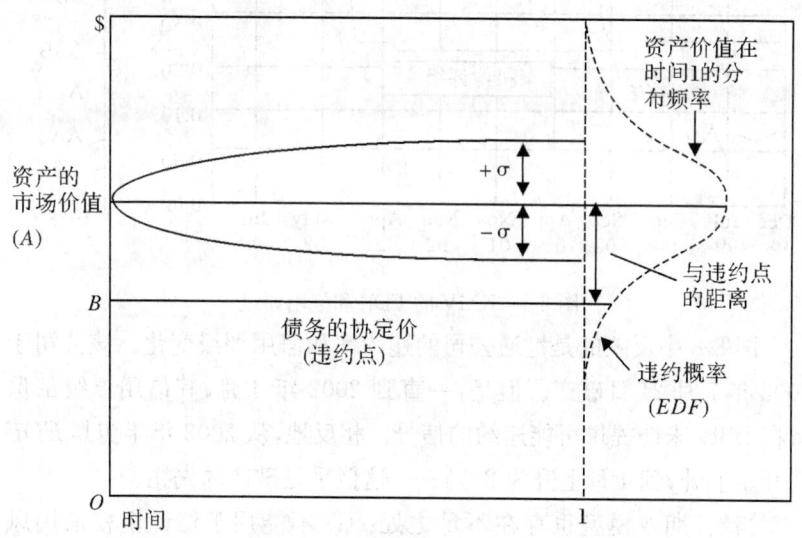

图 8-7 运用 KMV 模型估计违约风险

运用期权模型的好处在于:

---

① KMV 公司于 1989 在美国旧金山成立,是一家信用风险评估公司。该公司取其创办者(Kealhofer、McQuown 及 Vasicek)第一个字母为名。被 Moody's 收购后的 Moody's KMV 公司已成为世界上向贷方、投资者和公司提供量化信用风险测量和控制解决方案的领先供应商。

（1）它依靠股票价格信息,而股票比债券交易更为活跃。

（2）通过股票价格之间相关性可以推出违约的相关性。

（3）这种方法估计出的违约率比运用信用评级更能及时反映企业状况的变化,如图 8-8 所示。

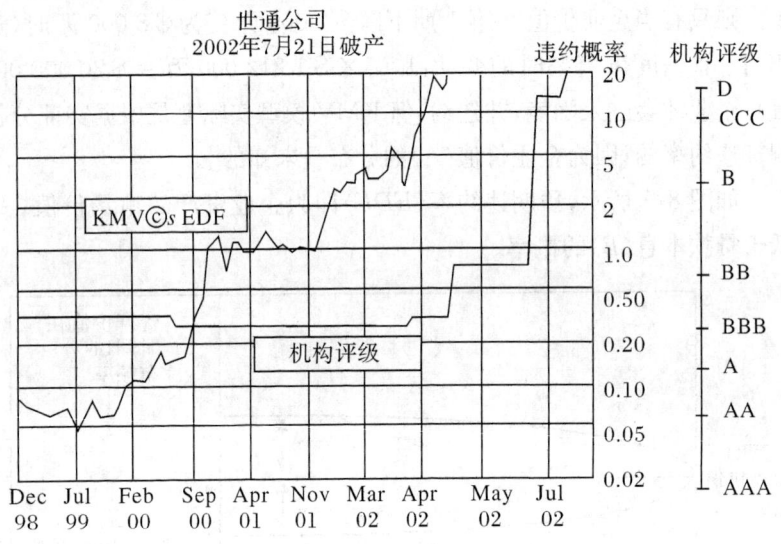

图 8-8　KMV 的 EDF 和信用评级

图 8-8 中反映的是世通公司的违约率和信用评级变化。该公司于 2002 年 7 月 21 日破产。但是,一直到 2002 年 4 月,其信用评级都保持在 BBB,未能提供可能违约的信号。相反地,从 2002 年年初其 EDF 就开始上升,到 4 月上升为 20%——这似乎是破产的先兆。

当然,期权模型也存在不足之处:① 不能用于估计主权信用风险,因为没有以国家为发行主体的股票。② 它建立在静态企业的资本和风险结构基础上。在时间跨度内假定企业的负债水平是固定的。③ 当企业管理层进行一个新项目时,该项目提高了企业股票的价格,也增加了其波动性,从而增大了信用息差。但这却与 Merton 模型的理念相冲突:在其他条件不变时企业股票价格上升,意味着违约率下跌,从而信用息差下降。④ 这些模型无法解释信用息差幅度的不同。

下面用一个简单的例子来说明上述模型的运用:

假定某企业的价值 $V = \$100$，$\sigma_V = 20\%$，（从观察其股票价格和股价波动性可以得到 σ_V），时间跨度为 $\tau = 1$ 年，无风险利率为 $r = 10\%$，且计连续复利，杠杆率为 $x = 90\%$，这意味着债券面值 $K = \$99.46$，按无风险利率折现价值为 $Ke^{-r\tau} = \$90$。

根据 Merton 模型，当前股价应为：

$$S = \$13.59$$

当前债券价格为：

$$B = V - S = \$100 - \$13.59 = \$86.41$$

这意味着其收益率为：

$$\ln(K/B)/\tau = \ln(99.46/86.41) = 14.07\%$$

或信用息差为 4.07%。

而看跌期权的当前价值为：

$$p = Ke^{-r\tau} - B = \$90 - 86.41 = \$3.59$$
$$N(d_2) = 0.6653 \quad N(d_1) = 0.7347$$
$$EDF = N(-d_2) = 1 - N(d_2) = 33.47\%$$

这个违约率可能会与实际违约率不符，因为股价可能以高于无风险利率 10% 的比率变化。

$$ECL_T = N(-d_2)[K - Ve^{-r\tau}N(-d_1)/N(-d_2)]$$
$$= 0.3347 \times [\$99.46 - \$110.56 \times 0.2653/0.3347]$$
$$= 0.3347 \times [\$11.85] = \$3.96$$

这将违约率与预期违约损失（即 $\$11.85$）结合起来了。

这个预期损失也等于看跌期权的远期价值，即：

$$\$3.59e^{r\tau} = \$3.96$$

我们注意到，对于一个合理的信用息差，这个模型需要较高杠杆率，本例中 $x = 0.9$，信用息差为 4.07%，债务权益比为 $0.9/0.1 = 900\%$ 太高了。

若杠杆率为 $x = 0.7$，则信用息差为 0.36%，在 $x \leqslant 50\%$ 时，则信用

息差接近于0,该模型将无法反映实际的信用息差。

8.3 信用风险暴露

信用风险暴露(Credit Exposure)是在目标日期资产的重置价值(是正值),也即市场价格,其分布特征可以用期望值和在一定置信水平下的最差值来表示。

8.3.1 债券与衍生品

对于有风险的债务,到期日的风险暴露即为贷款本金。在到期日之前,风险暴露将随债券市价波动而变化,但总起来说,风险暴露将接近于本金或名义价值(Notional)。

对于衍生品,则风险暴露的度量更为复杂。风险暴露即为合约的正值,这远远低于名义价值。例如,一个固定浮动利率互换,无论是在期初还是到期日都没有本金的交换。在每个期间,支付额都是净值且只占本金的极小比例。风险暴露源于固定利率的水平与市场利率存在差额。至到期日,风险暴露值将为零,因为到期日就不存在利息支付了。

图8-9描述的是一笔5年期的利率互换的风险暴露情况。期初,由于合约的定价是合理的,因而风险暴露为零。1年后,风险暴露大约为本金的2%,最后在到期时由于不存在本金的交换,风险暴露将逼近于零。这里实际上有两个因素在起作用:分期偿还效应,将随到期日的临近而降低风险;扩散效应,将随到期日的临近利率水平的分散而扩大风险。但在长时间内应考虑到均值回调效应,这会在很大程度上冲销这种分散效应。图8-9还表明,在95%的置信水平下1年后风险暴露的峰值即最差值为名义交易额的8%。

与利率互换不同,货币互换的风险暴露随时间的推移而逐渐增大。因为本金是两种不同货币,因而汇率风险将来源于利息和本金两部分,这里将不存在分期偿还效应。另外,汇率的均值回调效应也非常小。图8-10描述的是到期日的风险暴露的平均值为10%的情形,我们看到最大风险暴露值可以为非常大的值。

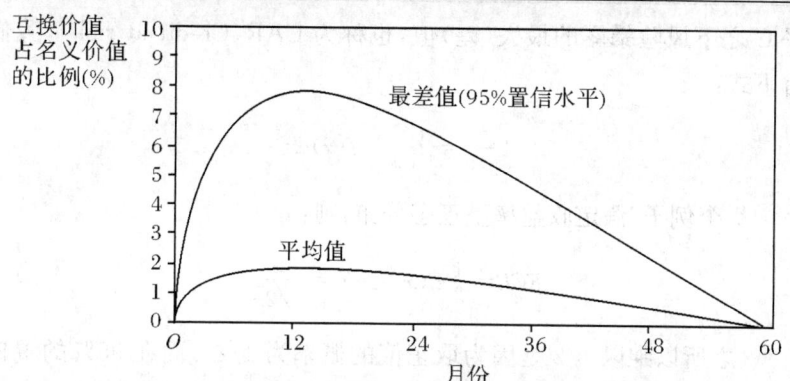

图 8-9　一个 5 年期的利率互换的风险暴露情况

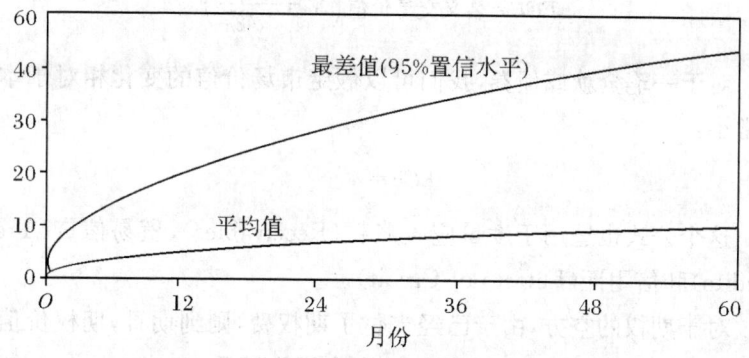

图 8-10　一个 5 年期的货币互换的风险暴露情况

8.3.2　风险暴露的期望值和最差值

风险暴露的期望值（Expected Credit Exposure，ECE）即为在目标日期的资产的重置价值（当其为正值时）的期望值（正值）：

$$ECE = \int_{-\infty}^{+\infty} \mathrm{Max}(x,0) f(x) \mathrm{d}x$$

$f(x)$ 是 x 的分布函数。我们注意到信用风险暴露实际上是与市场风险交织在一起的，另外，这个公式与期权极为相似。

风险暴露的最差值（Worst Credit Exposure，WCE），是在置信水

平 C 之下风险暴露的最大（差）值，也称为 CAR(Credit at risk)，我们有下式：

$$1-c = \int_{CAR}^{\infty} f(x)\mathrm{d}x$$

举个例子，假定收益率呈正态分布，则：

$$ECE = \frac{1}{2}E(x/x>0) = \frac{\sigma}{\sqrt{2\pi}}$$

（之所以乘以 1/2 是因为取正值的概率为 1/2，）而在 95% 的置信水平下 $WCE = 1.65\sigma$。

对于一个远期或互换合约，如果合约当前价值为 X_0，则：

$$ECE = 名义交易价值\left(X_0 + \frac{\sigma}{\sqrt{2\pi}}\right)$$

对于一笔贷款或债券，我们可以假定市场价值的变化相对于本金非常小：

$$ECE = 本金$$

这个公式也适用于度量应收账款（Receivables）、贸易信贷（Trade Credits）和信用证（Letters of Credit）。

对于期权的空方，由于已经支付了期权费，则到期日，期权价值或者为零或者成为一笔负债，因此，不存在风险暴露：

$$ECE = 0$$

对于期权的多方，当前的风险暴露即为期权的价值。

在度量对于一个交易对手的风险暴露值时，我们还必须将风险暴露的调整因子（Exposure Modifiers）考虑进去，这些因素可以降低风险暴露值。如：风险暴露极限控制（Exposure Limits），即约定当风险暴露达到约定值时，就强制要求交易对手还款。另外，抵押条款（Collateral）的设置也可以降低风险暴露值。总之，风险暴露值的度量是建立在逐日盯市（Daily Marking-to-Market）基础上的，衍生品价值将每日调整从而确定风险暴露值。当然，由于每日要进行现金流的安排，这也会带来其他类型的风险:流动性(Liquidity)和操作风险(Operational)。

8.3.3 净值协议

控制信用风险暴露的一个重要方法就是净值协议(Netting Agreements),即运用净值协议再将所有交易合约中两个交易对手间交易引起的现金流进行净值冲销。到目前为止,净值条款是 OTC 衍生品交易合约法律条件中的重要标准条款,是 1992 年由国际互换与衍生品协会(International Swaps and Derivatives Association,ISDA)所确立的。

净值协议是通过降低信用风险暴露来降低信用风险的。双边净值协议是在双方之间将一组 N 个衍生品合约进行净值冲销。一旦发生违约,一方不能对于负值合约进行止付的同时却对于正值合约要求交易对手履行合约。从本质上讲,净值协议意味着违约后的净损失为所有交易合约的总的净正值的市场价值:

$$净损失 = \text{Max}(V, 0) = \text{Max}\left(\sum_{i=1}^{N} V_i, 0\right)$$

相反地,如果没有净值协议,则潜在损失为所有正值合约的总市场价值,这个值总是比净值协议下的损失额大。

$$损失 = \sum_{i=1}^{N} \text{Max}(V_i, 0)$$

在最差的情况下,两个损失额相等,即此时所有的收益是完全正相关的。可见,在总的合约名义交易价值相等的情况下,净值协议的作用大小取决于合约的个数 N 的大小及合约之间的相关程度。N 越大且相关程度越低,则净值协议的作用越大。

净值协议对风险暴露值有较大的作用。在无净值协议也无担保安排的情况下,衍生品的总的重置价值(Gross Replacement Value,GRV)就是与交易对手所有合约的最大损失的和:

$$GRV = \sum_{k=1}^{K} \ 损失 \ k = \sum_{k=1}^{K} \left[\sum_{i=1}^{N_k} \text{Max}(V_i, 0) \right]$$

在有净值协议和抵押安排的情况下,风险暴露值为净重置价值(Net Replacement Value,NRV):

$$NRV = \sum_{k=1}^{K} \text{净损失 } k = \sum_{k=1}^{K} \left[\text{Max}\left(\sum_{i=1}^{N_k} V_i, 0 \right) - \text{抵押值} \right]$$

表 8-4

衍生品信用风险（1998）

（单位：10亿美元）

银　　行	资本	名义 交易	总重置 价　值	净重置 价　值	比率净重置价值/ 名义交易价值
美国银行（Bank America）	57.1	4 285	16.5	15.2	0.4%
信孚银行（Bankers Trust）	8.5	2 448	53.9	12.8	0.5%
花旗银行（Citicorp）	55.0	7 987	69.2	37.4	0.5%
蔡斯银行（Chase）	26.1	10 353		33.3	0.3%
J.P摩根银行（J. P. Morgan）	16.4	8 741		48.1	0.6%
美林银行（Merrill Lynch）	10.1	3 470	28.6	18.3	0.5%
摩根·斯坦利（Morgan Stanley）	14.1	2 860		21.4	0.7%
所罗门银行（Salomon）	8.8	4 442	14.3		0.3%
瑞士信贷银行（CSFP）	10.2	4 649	87.0	31.3	0.7%
德意志银行（Deutsche Bank）	34.3	4 100	1.1	45.5	1.1%
瑞士联合银行（UBS）	29.3	11 149		123.4	1.1%
巴克莱银行（Barclays）	20.9	2 845		23.1	0.8%

　　表 8-4 就充分显示了净值协议的重要性。表内比较了一组大银行年报中的衍生品交易信息，表内第三栏中衍生品交易的名义价值数额非常大，都超过了万亿美元，但这些数字却不能真实地反映风险暴露的情况。我们可以用净重置价值来度量风险暴露情况，它就是若全部交易对手都违约情况下发生的潜在损失的数额，可以分两步来计算：

　　首先，计算某银行衍生品头寸的总重置价值，此时不考虑负值衍生品合约，只是将所有正值合约的市场价值汇总，这意味着在最坏的情形下，即所有正值合约的交易对手都违约时，银行所蒙受的总损失。

　　其次，将净值协议和担保情况考虑进去，此时，违约损失为将与同一交易对手的合约进行净值冲销后的重置价值剔除已担保金额后的价值。

例如,对于信孚银行,资产组合名义价值为 $24 480 亿,这与其 $85 亿的资本比起来显得数额惊人。然而其 GRV、NRV 却分别为 $539 亿和 $128 亿。平均看来,$NRV$ 仅为合约名义价值的 0.5%。

8.4　信用风险度量与管理

一个完整的信用风险的管理程序应包括:识别、度量和控制等环节。在识别了信用风险之后,再通过对信用风险暴露、违约率和回收率等构成要素的评估就可以进行对信用风险的度量。最后,在量化的基础上可以采取相应的控制策略,如:提取准备金和资本金补偿风险进行组合管理风险分散或运用信用衍生品工具转移风险等。

8.4.1　预期与非预期信用风险损失

将风险暴露情况与违约率和回收率结合起来可以度量预期与非预期损失。

首先将时间间隔划分成较小的时间区间如 1 年,则在第 t 期的预期信用风险损失(Expected Credit Loss,ECL)为:

$$ECL_t = ECE_t \times 违约率_t \times (1-f)$$

式中　f——回收率;

违约率$_t$——在第 t 期的年末的违约率:$(1-C_{t-1})d_t$。

非预期信用风险损失(Unexpected Credit Loss,UCL):

$$UCL_t = CAR_t \times 违约率_t \times (1-f)$$

这是在选定置信水平下,违约损失的最大可能值,也称为违约 VAR,可用以计算维持经营活动所需资本额。

由此,我们可以得出一个计算违约 VAR 的捷径。如果初始头寸价值为零(如互换合约),则在险价值(VAR)为未来利润额。如果我们设回收率为零,则违约 VAR 为:

$$违约 VAR = VAR \times 违约率$$

这样我们就可以将市场风险与信用风险结合起来：

$$总 VAR = VAR \times (1 + 违约率)$$

当然,这里未考虑违约率的波动性。

8.4.2　信用风险定价

在前述例中,我们确定时间间隔是固定的如 1 年。通常风险管理经理都会选择 1 年为时间间隔,因为当发现交易对手开始出现问题时可以有足够的调整余地。

但在进行定价时,我们必须考虑在资产自身的期限内的信用风险损失。这就涉及风险暴露和违约率随时间的变化情况及贴现因子问题。设 PV_t 为在第 t 期的 1 美元的现值。则预期损失的现值（Present Value of Expected Credit Losses,PVECL）,即为预期损失的贴现值的总和：

$$PVECL = \sum_t ECL_t \times PV_t$$
$$= \sum_t [ECE_t \times 违约率_t \times (1-f)] \times PV_t$$

运用平均风险暴露和平均违约率（ave 违约率）可以简化为：

$$PVECL = \left(\sum_t PV_t \right) ave(ECE_t) ave 违约率_t \times (1-f)$$

当然,如果违约率和风险暴露随时间呈相关变动时,则上式就显得过于简化了。例如,对于与信用评级较低的交易对手的货币互换,风险暴露和违约率都将随时间而增加,而取均值,显然低估了信用风险。

非预期信用风险损失的现值（Present Value of Unexpected Credit Loss,PVUCL）即为非预期信用风险损失的贴现值之和：

$$PVUCL = \sum_t UCL_t \times PV_t$$

我们用一个例子来说明 $PVECL$ 的计算。考虑一个与信用评级为 BBB 的交易对手的 5 年期的面值为 \$1 亿的利率互换,贴现因子为 6%,回收率为 51%。表 8-5 说明了 $PVECL$ 的计算。

表 8-5

预期信用风险损失的计算

年 份	c_t	d_t	$Prob$	ECE	PV	$PVECL$
1	0.24	0.240	0.240	1.662	0.9434	0.2066
2	0.54	0.301	0.300	1.631	0.8900	0.2134
3	0.85	0.312	0.310	1.130	0.8396	0.1441
4	1.52	0.676	0.670	0.569	0.7921	0.1480
5	2.19	0.680	0.670	0.000	0.7473	0.0000
总 计			2.190			0.7120

第二列为累积违约率,第三列为边际违约率,第四列为每年的违约率(在此前不存在违约的情况下),第五列为此互换合约的年 ECE(用占本金的百分比表示),将其与 PV 和 $(1-0.51)$ 相乘即可得最后一列的数值:预期风险损失现值为 \$7 120 万。

8.4.3 资产组合的信用风险

在获得了资产组合中所有资产的风险暴露、违约率、回收率等的信息后,则信用风险损失的分布可表示为:

$$L = \sum_{i=1}^{N} CE_i (1-f_i) \times b_i$$

式中 CE_i——风险暴露;

f_i——回收率;

b_i——随机变量,违约发生时(概率为 P_i)$b_i=1$,否则为 0。

表 8-6 是一个总资产值为 \$1 亿的包含三个评级分别为 BB、B 和 C 的融资主体的资产组合的例子。为了简便起见,假定风险暴露是不变的,回收率为 0,而且三个主体的违约情况是相互独立的。表的上半部分表示的是下一年的风险暴露和违约率,下半部分列举了所有可能出现的情况。在第一种情况下,没有违约,其出现的概率为 $(1-P_1)(1-P_2)(1-P_3)=0.714$,在第二种情况下,只有第一个主体违约,发生的概率为 $P_1(1-P_2)(1-P_3)=0.007$,以此类推。

这样我们就可以求出风险损失的发生概率情况。根据损失分布，可以得到预期损失，即＄850万，而在95％的置信水平下的最大损失值为＄4 300万。

表 8-6

资产组合的风险暴露、违约风险和信用风险损失

发 行 主 体	风险暴露(百万)	概　　率
A	＄35	0.0101
B	40	0.0545
C	25	0.2369
违　　约　　损　　失		概　　率
None	0	0.714224
A	35	0.007287
B	40	0.041169
C	25	0.221727
A,B	75	0.000420
A,C	60	0.002262
B,C	65	0.012781
A,B,C	100	0.000130

8.4.4　管理信用风险

下面我们来看看如何进行信用风险管理。图 8-11 是一个典型的风险损失的分布图，这是一个左偏分布，类似于一个期权的空方头寸。金融机构可以通过提取风险准备和配置资本来管理信用风险(Managing Credit Risk)。

信用风险准备(Credit Reserve, CR)是为了防范信用风险损失而提取的准备，可以通过求预期损失的现值得到。

权益准备(Equity Reserve, ER)是提取的用以缓冲意外信用风险损失的准备，这个准备额即资本，应为 PVUCL 与 CR 之差。

频率分布

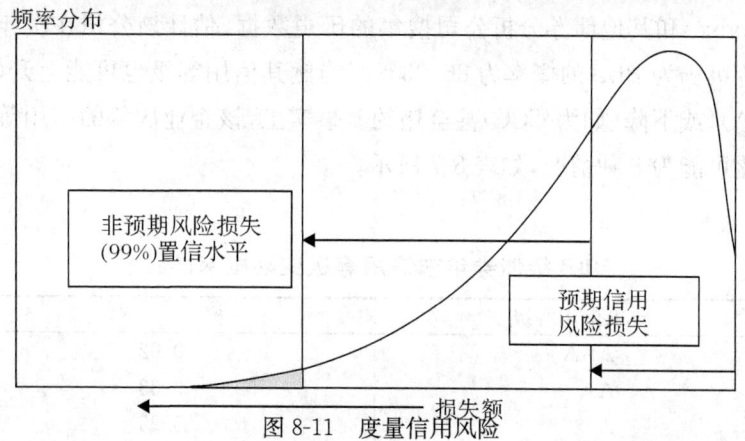

图 8-11　度量信用风险

另外,为了有效地控制信用风险还可以运用组合管理的方法来分散风险,运用信用衍生品来转移信用风险。我们在后面将有详细的研究和分析。

8.4.5　时间跨度与置信水平

信用风险度量模型通常选择一年期为时间跨度,而在市场风险模型中巴塞尔委员会却选择 10 天。由于信用风险通常不像市场风险的发生那么频繁,因而选择长一点的时间间隔是合适的,而且,1 年期的时间恰好对应于违约率的报告期。另外,较长的间隔还意味着如果在问题开始出现时采取化解风险的行动,则可以避免最坏的情况发生。

与市场 VAR 参数的确定一样,置信水平的选取在某种程度上讲是随意的。若时间跨度较长,则可以选择较低的置信水平如 95% 而非 99%。

8.5　Credit Metrics 模型

该模型 1997 年由 J. P. 摩根公司开发出来用于非交易资产如贷款和私募债券的定价和风险管理。下面以一个 5 年期的固定利率(年率6%)的 $1 亿的贷款为例来说明该模型。

假设债务人的信用等级为 BBB,根据信用评级公司 S&P、

Moody's和其他债券分析公司搜集的历史数据,估计该公司在次年信用等级仍为 BBB 的概率为 86.93%。当然其信用等级也可能上升(如为 A),或下降(如为 CCC)甚至违约。事实上,该企业次年的信用等级变化可能为 8 种情况,如表 8-7 所示。

表 8-7

BBB 级债券年末信用等级变动概率(%)

年末信用等级	概　率
AAA	0.02
AA	0.33
A	5.95
BBB	86.93
BB	5.30
B	1.17
CCC	0.12
D	0.18

资料来源: Credit Metrics-Technical Document, J. P. Morgan, April 2,1997。

所有概率之和为 100%,因为设定这 8 种情况就是全部可能的结果,并把违约视为信用等级的一个特例。为使用方便,通常在一张表中说明债券的信用等级变动概率(见表 8-8)。

表 8-8

年末信用等级变动概率表(%)

年初等级	年末信用等级							
	AAA	AA	A	BBB	BB	B	CCC	D
AAA	90.81	8.33	0.68	0.06	0.12	0	0	0
AA	0.70	90.65	7.79	0.64	0.06	0.14	0.02	0
A	0.09	2.27	91.05	5.52	0.74	0.26	0.01	0.06
BBB	0.02	0.33	5.95	86.93	5.30	1.17	0.12	0.18
BB	0.03	0.14	0.67	7.73	80.53	8.84	1.00	1.06
B	0	0.11	0.24	0.43	6.48	83.46	4.07	5.20
CCC	0.22	0	0.22	1.30	2.38	11.24	64.86	19.79

资料来源: Credit Metrics-Technical Document, J. P. Morgan, April 2, 1997。

　　这些概率是根据历史资料统计得出的,不排除因数据有限而出现估计偏差的可能。例如表 8-8 中由 CCC 级变为 AAA 级的概率是 0.22%,但这可能是偶然事件造成的。

1. 估值

　　信用等级的变化(上升或下降)将影响贷款的信用风险溢价从而带来其市场价值(或现值)的变化:信用等级下降则信用风险溢价上升,贷款的现值下降;反之,信用等级上升则信用风险溢价下降,贷款的现值上升(单位:万美元)。

$$P = 600 + \frac{600}{(1+r_1+S_1)} + \frac{600}{(1+r_2+S_2)^2} + \frac{600}{(1+r_3+S_3)^3} + \frac{10\,600}{(1+r_4+S_4)^4}$$

式中　r_i——预期的第 i 年的国债收益率;

　　　S_i——预期的第 i 年的贷款的信用风险溢价。

表 8-9

未来零息企业债收益表(%)

信用等级	1 年	2 年	3 年	4 年
AAA	3.60	4.17	4.73	5.12
AA	3.65	4.22	4.78	5.17
A	3.72	4.32	4.93	5.32
BBB	4.10	4.67	5.25	5.63
BB	5.55	6.02	6.78	7.27
B	6.05	7.02	8.03	8.52
CCC	15.05	15.02	14.03	13.52

资料来源:Credit Metrics-Technical Document,J. P. Morgan,April 2, 1997。

　　假设,债务人次年的信用等级变为 A,则贷款在第 1 年年末的市场价值为:

$$P = 600 + \frac{600}{(1.0372)} + \frac{600}{(1.0432)^2} + \frac{600}{(1.0493)^3} + \frac{10\,600}{(1.0532)^4} = \$10\,866\,万$$

　　这意味着债务人的信用等级在第 1 年年末的信用等级由 BBB 变为 A,则 \$1 亿贷款的市场价值将变为 \$10 866 万。

如果原 BBB 贷款调整到其他信用等级，只要用上述公式套算表 8-9 中的数据即可,从而得到该债券年末可能的价格(见表 8-10)。

表 8-10

BBB 级贷款年末可能价格

年末信用等级	贷款价值（万）
AAA	$ 10 937
AA	10 919
A	10 866
BBB	10 755
BB	10 222
B	9 810
CCC	8 364
D	5 113

资料来源：Credit Metrics-Technical Document, J. P. Morgan, April 2, 1997。

2. 计算 VAR

综合信用等级变动的概率和贷款的贴现值等信息,可得出 BBB 级贷款信用等级变动引起的价值变动表(见表 8-11)。

表 8-11

资信质量变动引起的价值变动

年末信用等级	概率（%）	贷款现值（万）	加权价值（万）	离差（万）	加权平方差
AAA	0.02	$ 10 937	$ 2	$ 228	0.10
AA	0.33	10 919	36	210	1.46
A	5.95	10 866	647	157	14.74
BBB	86.93	10 755	9 349	46	18.53
BB	5.30	10 222	541	(506)	135.92
B	1.17	9 810	115	(899)	94.46
CCC	0.12	8 364	110	(2 345)	65.98
D	0.18	5 113	9	(5 596)	563.58

平均值＝$ 10 709　　　方差＝894.77　　　标准差＝$ 299

资料来源：Credit Metrics-Technical Document, J. P. Morgan, April 2, 1997。

通过表 8-11 中的数据，可以计算出年末贷款的加权平均值，并进一步计算出标准差，以得到计量贷款信用风险暴露的一个绝对量指标。以 ρ_i 表示年末信用等级的发生概率，μ_i 表示现信用等级对应的贷款价格，则年末贷款的加权平均值 m 和标准差 σ 可按下列公式求出：

$$m=\sum_{i=1}^{8}\rho_i\mu_i=0.02\%\times10\,937+0.33\%\times10\,919+5.95\%\times10\,866+$$
$$86.93\%\times10\,755+5.30\%\times10\,222+1.17\%\times9\,810+$$
$$0.12\%\times8\,364+0.18\%\times5\,113$$
$$=\$10\,709$$

$$\sigma=\sqrt{\sum_{i=1}^{8}\rho_i(\mu_i-m)^2}$$
$$=\sqrt{0.02\%\times(10\,937-10\,709)^2+0.33\%\times(10\,919-10\,709)^2+\cdots}$$
$$\sqrt{+0.18\%\times(5\,113-10\,709)^2}$$
$$=\$299$$

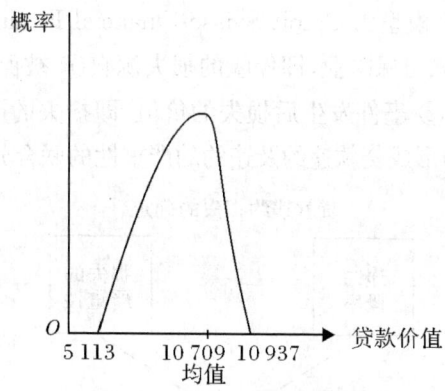

图 8-12　贷款价值的分布

假定正态分布，当置信水平为 5% 和 1% 时的信用风险分别为：

$$5\%\text{的}VAR=1.65\times\sigma=\$493\text{万}$$
$$1\%\text{的}VAR=2.33\times\sigma=\$697\text{万}$$

但是，这可能低估了贷款的实际或真实的 VAR。因为，如图 8-12 所示，贷款价值的分布明显不是正态的。利用图 8-11 中的贷款现值和概率的实际分布可以看到,贷款价值下降为＄1.0202 亿以下的概率为 6.77％,这意味着约 5％ 的实际 *VAR* 为＄1.0709 亿－＄1.0202 亿＝＄0.0507 亿。并且贷款价值下降到＄0.981 亿以下的概率为 1.47％,即约 1％ 的实际 *VAR* 为＄1.0709 亿－＄0.981 亿＝＄0.0899 亿。通过使用线性插值法(Linear Interpolation)得到在 5％ 和 1％ 水平上 *VAR* 的度量,可以使得这些实际的 *VAR* 更加准确。如,因为第 1.47 百分位的贷款价值等于＄0.981 亿,第 0.3 个百分位的贷款价值近似等于＄0.8364 亿,运用线性插值法,第 1 百分位的贷款价值近似等于＄0.9229 亿,这表明实际的 1％ 的 *VAR* 为＄1.0709 亿－＄0.9229 亿＝＄0.148 亿。因此应为信用风险建立的资本为＄0.148 亿。

8.6　Credit Risk$^+$模型

Credit Risk$^+$模型由 Credit Suisse Financial Products(CSFP)[①]开发。其基本思想来自保险业,即保险的损失源自① 被保事件的发生(如房屋火灾)频率,② 事件发生后损失的价值,即损失的严重性。将这种理念用于贷款,即形成贷款违约及违约的严重性的联合分布,如图8-13。

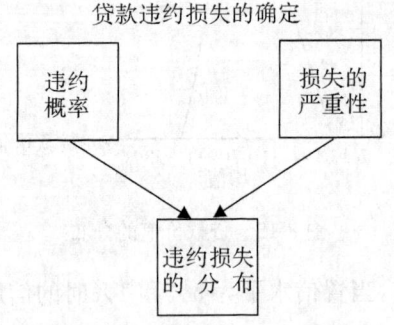

图 8-13　Credit Risk$^+$模型

在 Credit Metrics 模型中假定贷款在下一期违约的概率是固定的

---

　　① 瑞士信贷银行金融产品部。

（用信用变化的历史数据表示），而这里则认为：① 每笔贷款违约的概率是随机事件；② 两两贷款之间的相关性为零，即各贷款违约的概率是相互独立的。

因此该模型适合于由小笔贷款组成的贷款组合，而不适用于由大笔贷款组成的贷款组合。

Credit Risk[+]模型的违约概率分布如图 8-14。

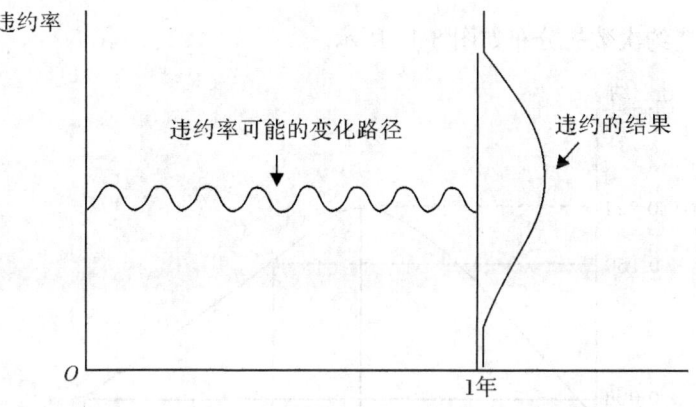

图 8-14

若单笔贷款违约概率较低且贷款组合中各贷款的违约概率相互独立，则可以认为其符合泊松分布。

下面举例说明该模型的运用。

假定：① 金融机构发放了 100 笔单笔金额 ＄100 000 的贷款；② 历史数据显示平均违约率为 3%；③ 违约发生后每 ＄1 亏损 ＄0.2（20c）。

看违约率的频率分布情况。

根据泊松分布，

$$P(n) = \frac{e^{-m}m^n}{n!}$$

式中　n——每 100 笔中损失发生次数；

　　　m——平均每 100 笔中违约次数。

如每 100 笔贷款中违约 3 笔的概率为：

$$\frac{(2.71828)^{-3} \times 3^3}{1 \times 2 \times 3} = 0.224$$

每 100 笔贷款中违约 4 笔的概率为：

$$\frac{(2.71828)^{-3} \times 3^4}{1 \times 2 \times 3 \times 4} = 0.168$$

违约次数的分布如图 8-15 所示。

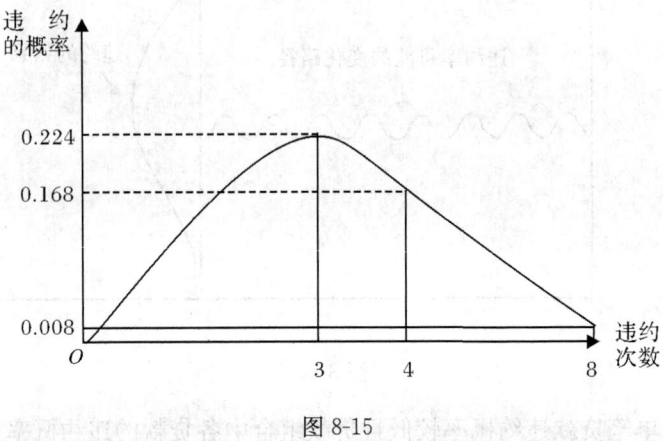

图 8-15

将违约次数与违约严重性相乘即为贷款的损失额的分布。

$$3 \text{笔损失的数额} = 3 \times 20c \times \$100\,000$$
$$= \$60\,000$$
$$4 \text{笔损失的数额} = 4 \times 20c \times \$100\,000$$
$$= \$80\,000$$

其分布如图 8-16 所示。

由此，可以得到在 1% 的置信水平下的最坏情形：根据泊松分布每 100 笔贷款中发生 8 笔损失的概率约为 1%（实际为 0.8%），则存在 1% 的概率发生 $160\,000 的损失。

根据 Credit Risk$^+$ 模型，金融机构可以为 1% 可能的损失与预期损

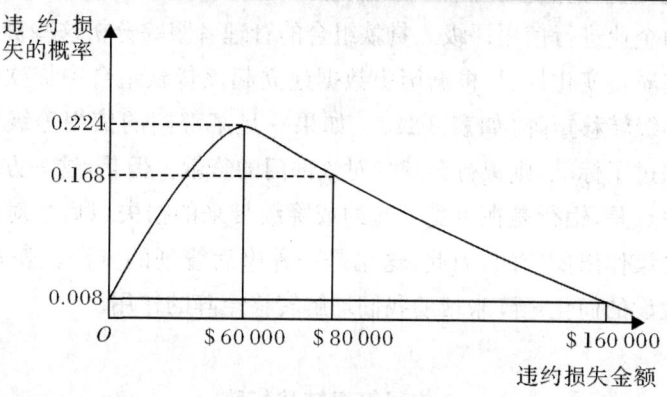

图 8-16

失(每 100 笔中损失 3 笔)的差额建立资本准备,即:

$$\$160\,000 - \$60\,000 = \$100\,000$$

当然,损失严重性也可以是一个随机变量,从而拥有自己的分布。

8.7 信用风险的组合模型

过去,商业银行总是在对单个客户分析的基础上作出授信决策,很少从整个贷款组合的角度来防范信用风险的集中。而信用风险组合管理模型对促使银行进行资产分散化从而降低信用风险具有重要意义。它们可以在以下方面帮助银行进行决策:通过信用在险价值的分析权衡决定是否增加信贷;通过识别信用风险基于交易对手、行业、国家或工具的集中度来有效管理信用风险;通过准确度量信用风险来降低资本持有额,以提高资本收益率。

8.7.1 测度贷款组合集中风险的简单模型

金融机构广泛地使用两种简单模型来测度贷款组合的信用风险集中度:信用等级转移分析和集中度限制。

信用风险转移分析:该方法运用的前提是由外部的评级机构(例如,标准普尔和穆迪公司等大型评级机构)或者银行内部对各行业、各部门的企业进行信用评级。贷款组合的管理者跟踪分析这些贷款企业的信用质量变化情况,根据历史数据建立起该贷款组合中贷款企业的信用等级转移矩阵(如表 8-12)。如果一旦某部门的信用等级下降的速度超过了标准,则银行会减少对该部门的贷款。但是,这一方法最致命的缺点是,银行是在承受了违约或降级带来的损失以后才对后来的贷款决策作出反应的,因此,这也是一种事后管理的方法。表 8-12 用一个假设的简化矩阵来帮助我们理解转移矩阵的作用。

表 8-12

信用等级转移矩阵

		年 末 的 风 险 等 级			
		A	B	C	违约
年初的风险等级	A	0.85	0.10	0.04	0.01
	B	0.12	0.83	0.03	0.02
	C	0.03	0.13	0.80	0.04

假设某银行对其行业的贷款进行信用等级转移分析,表 8-12 把信用等级简单划分为 A、B、C 三类(实际上多数金融机构一般都分为 9～10 类),再加上发生违约的情况。表中数据表明其对应的横向的等级(年初)转移为对应的纵向的等级(年末)的概率。如表中所示,历史数据表明,年初等级为 B 的贷款年末上升为 A 的概率为 12%,下降为 C 的概率为 3%。如果在年末,年初 B 类贷款降级为 C 类贷款的概率上升到 0.07,大于表中的 0.03,则说明该 B 类贷款的信用风险增大,银行就应该减少对该行业 B 类企业的贷款,增加 A 类企业贷款,至少银行要对降级的贷款要求更高的风险回报。这种风险等级转移分析方法还可用以信用卡和消费贷款组合分析。

贷款集中度限制:即金融机构在管理一个贷款组合的时候,往往还需要对贷款组合中的单个借款人设立最大贷款规模或者最大贷款比例限制,以控制其在贷款组合中的风险集中程度。这种外部限制的方法就是贷款集中度限制。对一个企业设置贷款集中限制需要了解企业当前的资产组合价值、未来经济前景的充分预测、经营策略规划等。

贷款集中限制常常用来控制对某一行业、某一部门的贷款集中风险。如果两个或几个行业的业绩相关程度较大,则可以把它们作为一个总体设置贷款集中限制。这时,总体限制比率小于其各自的限制比率之和。类似地,对于那些行业特点明显的地区,银行还可以实行区域性的贷款集中限制。

$$\frac{贷款集中度}{限\ 制\ 比\ 率}=\frac{贷款组合的最大损失}{占金融机构资本的比率}\times\frac{1}{违约损失率}$$

例如,若某金融机构希望将对某行业贷款的最大损失占其资本的比率控制在 10% 以内,且该类贷款估计的违约损失率为 40%,则:

$$贷款集中度限制比率=10\%\times\frac{1}{40\%}$$
$$=25\%$$

近年来,银行监管者对金融机构贷款集中度的限制为:对某一债务人的贷款不得超过银行资本的 10%。

8.7.2 贷款组合分散化与现代资产组合管理理论(MPT)

1. KMV 组合管理模型

若金融机构管理者持有的贷款和债券是可交易资产或者收益率是可以计算出来的,则可运用贷款组合管理模型进行金融机构总的信用风险暴露的度量和管理。

假定某金融机构的资产组合中贷款或债券的预期收益率为 $\overline{R}_i$,则其资产组合的预期收益率为:

$$\overline{R}_p=\sum_{i=1}^{N}X_i\overline{R}_i$$

资产组合的收益率的方差(或风险)为:

$$\sigma_p^2=\sum_{i=1}^{n}X_i^2\sigma_i^2+\sum_{i=1}^{n}\sum_{j=1}^{n}X_iX_j\sigma_{ij}\quad(i\neq j)$$

或:

$$\sigma_p^2=\sum_{i=1}^{n}X_i^2\sigma_i^2+\sum_{i=1}^{n}\sum_{j=1}^{n}X_iX_j\rho_{ij}\sigma_i\sigma_i\quad(i\neq j)$$

式中　$\overline{R}_p$——资产组合的预期收益率；

　　　$\overline{R}_i$——资产组合中第 i 种资产的预期收益率；

　　　X_i——组合中对于第 i 种资产的投资比重；

　　　σ_i^2——第 i 种资产收益率的方差；

　　　σ_{ij}——第 i 种和第 j 种资产收益率的协方差；

　　　ρ_{ij}——第 i 种和第 j 种资产收益率的协方差。

根据现代资产组合管理理论(MPT)，只要各资产的收益率并非完全正相关，金融机构就可以通过分散化来降低其贷款组合的风险。

在上式中若许多贷款收益率间的协方差为负，即相关系数为负，则总的方差将小于各资产方差的简单加总。

如图 8-17 所示，图中曲线右边的区域代表了给定投资额下所有可能的风险——收益贷款组合。设图中的 A 点作为贷款组合的最初比例安排情况，它没有达到同收益水平下的 B 点处贷款组合那么小的风险，也没有达到同风险水平下的 C 点贷款组合那么高的收益。因此，A 点的风险—收益情况是可以改善的，尤其是在贷款组合中各贷款的收益相关系数为负或者很小的情况下。贷款组合的管理者可以通过改变对某些贷款的持有比例，得到一系列有效的贷款组合，即有效边界(BC)。有效边界上的每一个点都满足两个条件：在对应的收益水平下有最小的风险，或者在对应的风险水平下有最大的收益。所以，贷款管理者只需要在有效边界上选择他自己的最佳贷款组合。在图 8-17 中我们看到，B 点是所有贷款组合中具有最小风险的贷款组合，而 B 点以下则是一条无效贷款组合边界。

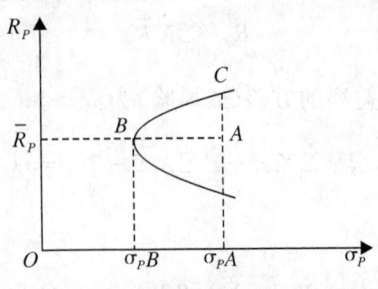

图 8-17　贷款组合的有效边界

贷款组合管理者将贷款组合安排在有效边界上的哪一点取决于他们所要求的回报率。对于那些极度厌恶风险的金融机构来说,他们可能选择较低风险—收益水平所对应的贷款组合,其惟一目的就是要降低贷款组合的风险。不同的金融机构或者贷款管理者有不同的风险—收益偏好,也就是他们具有不同的无差异曲线。如果一个贷款管理者愿意为了获得较大的收益而承担较大的风险,则他的选择就会落在有效边界的较高点上。

为了寻求上图中有效边界组合需 3 个关键数据:对于债务人 i 的贷款的收益率 $i(R_i)$,对于债务人 i 的贷款的收益率 i 的方差(风险),对于债务人 i 和 j 的贷款的违约风险的相关系数。

KMV 组合管理模型这样度量各变量:

$$R_i = AIS_i - E(L_i) = AIS_i - [EDF_i \times LGD_i]$$
$$\sigma_i = UL_i = \sigma_{Di} \times LGD_i = \sqrt{EDF_i(1-EDF_i)} \times LGD_i$$

ρ_{ij}:贷款 i 和 j 的收益中的系统性成分的相关系数。

R_i 等于金融机构的贷款费用加上贷款利息收入与资金成本之差(All-in-Spread, AIS),再减去预期损失(即预期损失率乘以违约损失率)。

σ_i:贷款的风险,为其违约率的波动性(σ_{Di})与违约损失率(LGD_i)的乘积,也即贷款的非预期损失。由于违约率服从二项式分布,所以贷款 i 的违约率的标准差为:

$$\sqrt{EDF(1-EDF)}$$

ρ_{ij}:KMV 用两个贷款的收益率中的系统性成分的相关性来度量其违约风险的相关性,根据历史数据测量该系数很低,约在 0.002~0.15 之间,即除非遇上大萧条,两个企业价值都低于其债务本息的概率极低,这也恰恰说明金融机构可通过分散化大大降低其贷款组合风险。

可以利用以上得出的组合收益、组合风险、相关性代入现代资产组合分析模型中,求得组合的有效边界;在假定满足银行资金约束的前提下,任何一笔新贷款的边际风险贡献计算公式如下:

$$MRC_i = x_i\,\frac{\mathrm{dUL}_p}{\mathrm{d}x_i}$$

利用贷款组合的风险和边际风险贡献,就可以计算所需要的贷款组合或单笔贷款的经济资本了。因为 MRC 之和等于 UL_p,所以每一笔贷款所需要的资本正好等于其 MRC 乘以资本乘数(资本对 UL_p 的比率,KMV 公司一直使用的乘数为 10)。

2. MPT 理论的局部应用

(1) 基于贷款规模的模型。在 MPT 中,我们将贷款的价格和收益率作为计算分析的基础,由于贷款的价格和收益率的数据不容易取得,因此可以将模型修正为以贷款规模分布为分析基础的模型。例如,在某一地区,某一时点上(如年末),该地区对各部门贷款的规模分布或者各部门贷款在市场总的贷款中所占的比例都是可以取得的数据,这个市场贷款的规模分布为金融机构的贷款组合比例安排提供了一个市场参照点(Market Benchmark)。通过将贷款组合中各类贷款的比例安排或者贷款集中度与全国的各类贷款比例安排比较,金融机构可以测量出其贷款组合的比例安排相对于市场贷款组合的偏离程度。我们把这种偏离程度视为相对于市场平均水平的风险程度。

表 8-13 是 A、B 银行贷款组合比例安排与市场贷款组合的比较。

表 8-13

贷款组合数量分布比较

贷 款 组 合 在 不 同 部 门 的 分 配			
	(1)	(2)	(3)
部　　门	全　国 (%)	A 银行(%)	B 银行(%)
房地产贷款	10	15	10
工商业贷款	60	75	25
消费贷款	15	5	55
其他	15	5	10

表 8-13 中列出了全国的和 A、B 两家银行的贷款组合总额在不同部门或不同种类贷款中的分配比例情况。为简便起见,我们将全国的贷款部门分为四个,将全国所有部门的贷款视为一个贷款组合。第(1)列的数据就是市场贷款组合的贷款集中度安排,第(2)、第(3)列为 A、B 银行目前的贷款组合比例安排。银行是如何估计它的贷款组合相对于市场贷款组合的风险程度呢? 我们用银行各部门贷款集中度相对于市场相应部门的贷款集中度的标准差来衡量,如下式:

$$\sigma_i = \left[\frac{\sum_{i=1}^{N}(X_{ij} - X_i)^2}{N} \right]^{\frac{1}{2}}$$

式中　σ_i——j 银行的贷款比例安排相对于市场组合的比例安排的标准差,$j=$ A、B;

X_{ij}——j 银行的第 i 部门贷款在其组合中的比例;

X_i——市场组合中第 i 部门的贷款比例;

N——贷款部门的数量。

根据表 8-13 的数据,计算出 A、B 银行贷款组合偏离市场贷款组合的程度,如表 8-14 所示。

表 8-14

计算 A、B 银行贷款组合偏离市场贷款组合的程度

	A 银　行	B 银　行
$(X_{1j} - X_1)^2$	$(0.05)^2 = 0.0025$	$(0)^2 = 0$
$(X_{2j} - X_2)^2$	$(0.15)^2 = 0.0225$	$(-0.35)^2 = 0.1225$
$(X_{3j} - X_3)^2$	$(0.10)^2 = 0.01$	$(0.4)^2 = 0.16$
$(X_{4j} - X_4)^2$	$(0.10)^2 = 0.01$	$(0.05)^2 = 0.0025$
$\sum(X_{ij} - X_i)^2$	$\sum = 0.045$	$\sum = 0.285$
	$\sigma_A = 10.61\%$	$\sigma_B = 26.69\%$

从表 8-14 中的计算结果可以看到,B 银行比 A 银行偏离市场贷款组合的程度大。这是由于 B 银行消费贷款远高于市场平均比率水平所致。但要注意的是,这并不一定说明 B 银行的贷款组合信用风险就

非常大。由于不同银行在不同行业或区域有信息收集等方面的比较优势，由此不同银行对某些行业或区域的贷款集中度会长期偏离市场平均水平。为了便于比较分析，这时可以将某一地区的贷款数量分配情况作为一个市场基准。

全国性的（或地区性的）贷款组合比例安排为金融机构提供了一个类似于 MPT 中的最有效率贷款组合的市场组合，因而贷款管理者可以通过比较，将"相对集中程度"运用到贷款组合的风险管理中，并且贷款是否可交易并不影响分析本身。

（2）贷款损失率模型。MPT 的第二种局部运用是基于历史贷款损失率的模型。该模型是将金融机构中某一部门的贷款季度损失率对整个金融机构贷款组合总的季度损失率进行回归。回归估计得出该部门的系统性贷款损失风险度 β_i，β_i 反映了该部门贷款信用风险与市场风险的关系，其回归方程为：

$$\frac{\text{第 } i \text{ 部门的贷款损失}}{\text{第 } i \text{ 部门的贷款额}} = \alpha + \beta_i \left(\frac{\text{总贷款损失}}{\text{总贷款额}} \right)$$

式中　α——第 i 部门不依赖于总的贷款组合损失率的贷款损失率；

　　　β_i——第 i 部门贷款相对于整个贷款组合的系统性损失敏感度。

举例来说，如果消费贷款的 β 为 0.2，而房地产贷款的 β 为 1.4，则说明房地产部门对整个贷款组合的风险贡献度大于平均水平（$\beta=1$）。在贷款决策上，就应该控制对房地产贷款的贷款集中度，而放松对消费贷款的贷款集中度限制。

8.8　信用悖论及其解决

如前所述，信用风险是指由于交易对手信用水平和履约能力变化而使交易主体资产价值下降而造成损失的风险。银行作为一个风险中介，一直致力于研究和解决信用风险管理问题。银行对借款人进行的贷款行为主要是在风险与收益的替代关系中寻求平衡。这里存在一个信用悖论问题（Paradox of Credit）：即由于对客户信用状况的了解主要来源于长期的业务关系,因此银行常常倾向于将贷款投向并集中于有限的老客户。这样,一方面,银行会在贷款管理上得益于其对客户情况的了解和把握,即"比较优势";另一方面,又将其信用风险暴露过分集中于某一特定的客户群体,一旦发生违约,则可能带来巨大损失。

传统上,银行应对信用悖论的策略多为在二级市场出售其贷款头寸。但是,问题在于:一方面,贷款二级市场远未发展到足够活跃的程度;另一方面,更重要的是,借款人显然不愿看到其贷款被转向其他债务人,出售贷款头寸不仅损害了银行与客户的亲密关系,而且银行失去盈利的潜在机会,甚至失去了拓展更多业务空间的可能性。

因此,客观上必然要求有更好的方法去解决信用悖论问题。

KMV 模型将现代投资组合理论运用于银行贷款的信用风险管理问题,解决了信用悖论问题。

蒙特利尔银行的风险管理总监布兰·伦森(Brian Ranson)是这样评价组合管理对银行的重要作用的:"关系管理是放贷人员工作的一部分,他们出去寻找客户并和客户谈判确定合理的价格和贷款结构。我们的组合管理则决定我们投资多少,剩下的问题是贷款的出售和交易,我们实际上掌握并管理资产组合。组合管理部分采用 KMV 的方法,并和穆迪以及标准普尔的结果进行比较,还要进行市值的比较。如果根据这些比较得出出售部分资产的结论,那它就得被卖掉。"可见,信用风险的组合管理成为金融机构未来生存发展的竞争优势之一。

但是,运用 KMV 模型虽然可以基于现代资产组合理论而实现贷款信用风险的分散,但却导致银行往往为了分散风险而减少或拒绝对有价值的客户的贷款。而且 KMV 模型也存在缺陷:实践中并不存在所谓最优的组合,模型虽然可以作为信用决策的参考,但也不能忽视其与外部现实世界不符的可能性。另外,任何计量模型都存在模型风险。

信用衍生品的诞生很好地解决了上述问题:既可以保证银行满足其有价值的关系良好的客户的贷款需求,又部分或全部地对冲信用风险。

　　信用衍生品系指两方之间订立的协议中的资金支付与某一特定的参照信用方的信用状况相关,而与该信用参照方市场风险和其他风险无关。信用衍生品可以将贷款或债券中的信用风险"剥离"出来,而置于另外一个市场上,与其他衍生品一样,既可以单独交易,也可以"嵌入"其他工具,如信用相关票据(Credit-linked Note,CLN)。这种衍生品已成为国际金融市场金融创新的最新代表,且发展势头迅猛,从1996~2004年,其全球名义流通额已从＄400亿升至＄6万亿。

　　事实上,信用衍生品并非是全新的,其特性在一些金融业务和工具中早有所体现:债务保险就是一种由发债人和担保人(银行或保险公司)之间订立合同,约定在发债人未能全部或如期偿债时提供额外付款的信用保证;信用证是银行保证在付款方未能履行业务时向第三方付款的证明;公司债中的可赎回条款的买方期权特性就体现了信用价差的概念,发债人可在其信用评级上升时赎回债务;公司债的多头就等于一个无风险利率债券的多头加上一个信用违约互换(CDS)的空头。

　　可见,现存的许多金融工具中都有一定形式的信用衍生品特性。新的发展无非在于透明度和可交易性,这为投资者、套利者和投机者提供了新的机会。例如,公司债的空头是难以实现的,但可以通过买入一个CDS来实现。

　　更重要的是:信用衍生品为银行业解决信用悖论问题提供了一条有效的途径:在无须出售贷款,维持良好的客户关系的前提下,运用金融创新工具实现其贷款组合头寸的风险收益最佳组合。并且,可以降低银行的资本充足性要求,节约稀缺的资本资源,提高资本收益率水平。

　　信用衍生品采取柜台交易的方式在相关各方之间进行交易,其主要形式有:违约互换(Default Swap)、信用息差期权(Credit Spread Option)、信用远期(Credit Forward)、总收益互换(Total-return Swap)、信用相关票据(Credit-linked Note)、信用中介互换(Credit Intermediation Swap)和抵押债务、债券(Collateralized Bond Obligation)。

1. 信用违约互换

根据信用违约互换（Credit Default Swap）合约，买方（如 A）支付一定金额给卖方（如 B），约定当一个信用事件发生时（如 C 违约），卖方向买方支付合约面值扣除贷款残值后的余额（如图 8-18 所示）。

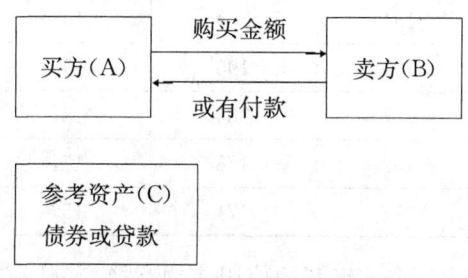

图 8-18　信用违约互换

信用违约互换实际上本身就包含于某些金融产品中：投资于一种风险债券就相当于投资于一种无风险债券加上卖出一个信用违约互换。

例如，若风险债券以＄90 出售且承诺一年后偿还＄100，而无风险债券以＄95 出售。则购入风险债券相当于以＄95 购入无风险债券且同时以＄5 出售信用违约互换。则该交易的直接成本为＄90。若违约事件发生，两种投资方式下投资人最终的收益是相同的。

必须明确的是，买入违约互换并不能完全消除信用风险：买方（A）在减少了对于参考方（C）的信用风险暴露的同时却形成了对于违约互换的 CDS 的卖方（B）的新的信用风险暴露。因此，为了达到有效规避风险的目的，必须保证 B 与 C 的违约风险之间相关性较低。

表 8-15 显示的是 B 的信用状况对 CDS 定价的影响。若 B 不存在相关性，则，即使 B 和 C 的信用等级都为 BBB，CDS 的价格也与 AAA 级的 B 出售的 CDS 的价格一样：$194bp$。CDS 的价格不仅取决于 B 的信用状况，也取决于其与 C 的相关关系。表中最坏的情况为：B 的信用等级为 BBB，其与 C 的相关系数为 0.8，则该 CDS 的风险保护效果最差，因此只售 $134bp$。

表 8-15

不同对手的 CDS 的息差

相关系数	对　手　的　信　用　等　级			
	AAA	AA	A	BBB
0.0	194	194	194	194
0.2	191	190	189	186
0.4	187	185	181	175
0.6	182	178	171	159
0.8	177	171	157	134

例如,A 买入一个 1 年期的信用违约互换,基础资产是 XYZ 公司发行的面值为 $1 亿的 10 年期债券。该互换要求每年支付 $50bp$。在年初,A 支付 $50 万给卖方。假定年末,XYZ 违约了,其债券售价相当于每 $1 卖 $0.40。则卖方应支付 $60 万给 A。则 A 通过该互换抵补了由于违约而给其资产组合带来的损失。

2. 总收益互换

总收益互换(Total-return Swap,TRS)是这样一个合约:买方基于参考资产的总收益而进行一系列支付,而卖方基于相应的利率如国库券(或 LIBOR)加上一定息差进行一系列支付。这种互换又称为资产互换(Asset Swap)。若资产价格下降,则买方可以得到来自卖方的净现金流入;反之,若资产价格上升,则买方承担对于卖方的净现金流出,其结构如图 8-19 所示。

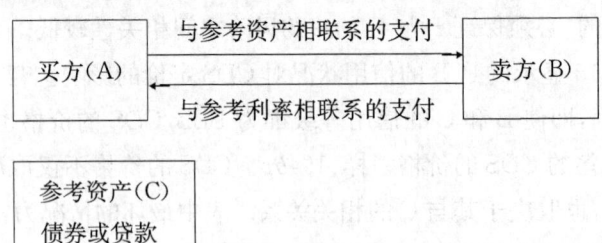

图 8-19　总收益互换

例如,某银行 A 向 XYZ 公司以固定利率 10% 发放了 $1 亿的贷款。A 可以通过向 B 购入 TRS 来对冲风险:支付贷款利率水平加上贷款市价变动率的现金流而得到 *LIBOR* 加 50*bp* 的现金流。若贷款市场价格上升,则该行付出更多现金;反之,支付额减少,净现金流甚至可能为负。

设当前 *LIBOR* 为 9%,一年后贷款市价由 $1 亿跌至 $9 500 万。则 A 的支付义务为以下各项之和:

现金流出:

$$10\% \times \$1 亿 = \$1\,000 万(即贷款利息)$$

现金流入:

$$9.5\% \times \$1 亿 = \$950 万(来自 B)$$

现金流出:

$$\frac{(95-100)}{100}\% \times \$1 亿 = -\$500 万(贷款市价变化引致)$$

$$-1\,000 + 950 - (-500) = \$450 万$$

A 通过 TRS 实现了对由于贷款市价变化带来的风险的对冲。

3. 信用息差远期和期权

这类工具的价值是与基础风险产品与无风险债券的信用息差相联系的。

在信用息差远期合约中,买方在到期日信用息差与协定信用息差的差额为正时得到现金流入;反之,则支付现金流出。即:

$$支付额 = (S - F) \times MD \times 名义交易额$$

式中　*MD*——修正久期;

　　　S——市场信用息差;

　　　F——协定信用息差。

当然上式也可以用价格来表示:

$$支付额 = [P(y+F, \tau) - P(y+S, \tau)] \times 名义金额$$

式中 y——相应的国库券的到期收益率;

$P(y+S,\tau)$——到期期限为 τ 的证券以 y 加上息差折现的现行价格。

当 $S>F$ 时,上两式中的现金流为正;反之为负。

在信用息差期权合约中,买方支付现金换取在约定到期日将息差大于协定息差的债券出售给卖方的权利:

$$支付额=Max(S-K,0)\times MD\times 名义金额$$

式中 K——协定息差。

例如,一个信用息差期权的名义金额为 $\$1$ 亿期限为 1 年。基础资产是 XYZ 公司发行的利率为 8% 的 10 年期债券。其与当前 10 年期国库券的息差为 $150bp$。该期权为执行价为 $160bp$ 的欧式期权。

假定,到期时,国债收益率由 6.5% 降至 6%,而信用息差扩大至 $180bp$。息差率为 8%,9 年期的每半年付一次息的债券以 $y+S=6+1.8=7.8\%$ 折现为 $\$101.276$。同样债券以 $y+K=6+1.6=7.6\%$ 折现为 $\$102.574$。则 A 的支付额为 $(102.574-101.276)/100\times\$100\,000\,000=\$1\,297\,237$。

4. 信用相关票据

信用相关票据(Credit-linked Notes)不是一个单一的衍生合约而是一组具有信用风险特点的定期支付利息的票据的组合。目的是增加对于承担了一定信用风险的投资者的收益。最简单的形式就是公司债。

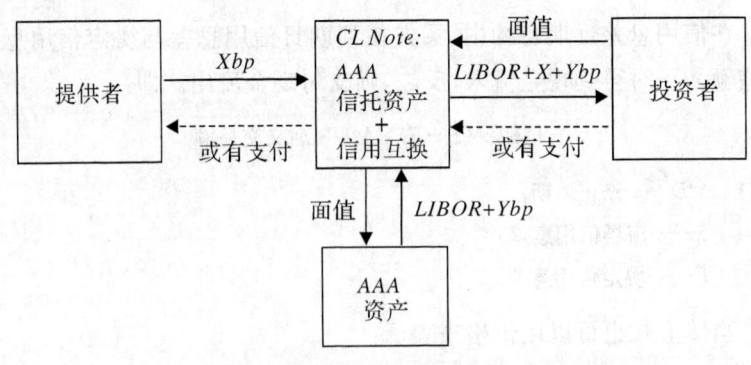

图 8-20   信用相关票据

图 8-20 是一个简单的例子。投资者支付的金额为信用相关票据的面值。受托人将该资金投资于信用等级最高的资产（可能是 AAA 级的 Fannie Mae 票据，利息为 $LIBOR$ 加息差 Ybp），并卖空信用违约互换。信用违约互换的买方可能是一个银行，价格为 Xbp。则投资者的总收入为 $LIBOR+X+Ybp$，为此，该投资者愿意承担违约事件发生后可能损失部分本金的风险。

一般地，信用相关票据可能风险暴露为一种或更多的信用风险从而通过杠杆效应增加了收益。

5. 信用衍生品的定价

信用衍生品是较为复杂的金融工具，因为它们将市场风险和参考方及第三方的联合信用风险结合一起了。对于信用衍生品的定价需要一系列变量：无风险利率、参考信用产品和第三方信用的期限结构，以及违约率和回收率的联合分布。以下是目前业界正在使用的一些方法：

（1）精算方法，即运用历史违约率数据导出信用衍生品的客观预期损失。例如，可以用转换矩阵和估计的回收率来确定预期损失。但是，这种方法，不是建立在风险中性的基础上，因而无法形成公平价格，实际上包含了风险溢价。而且这种方法也无法对冲风险暴露。它仅仅可以用于确定为吸收平均风险所需要提取的准备金水平。

（2）债券信用息差方法，需要基于基础信用方的流动债券的全部收益率曲线。这种方法可以形成信用衍生品的公平价格，并具备对冲机制。

（3）基于股票价格的方法，需要基于基础信用方的普通股及其负债结构的信息。这种方法需要运用 Merton 模型，可以得出信用衍生品的公平价格并具备对冲机制。

6. 信用衍生品的优势与不足

可以说，信用衍生品市场的迅猛发展是其优势的最好证明。这类工具是最高级的风险管理工具，它们将风险转移给那些可以更好地承担风险的市场参与者。许多观测家，包括银行监管者都声称，运用信用衍生品进行信用风险分散帮助银行度过了 2001 年经济衰退所引发的大面积违约，从而并未产生大的金融危机。事实上，在这期间发生了一系列大公司倒闭事件（世通和安然）及国家风险（如阿根廷）。但这些风险迅速地被广泛分散，保证银行幸免于像以前有些类似时期的灾难。例如，对于安然公司的约 ＄27 亿的信用风险暴露都通过信用衍生品得到了转移。

通过形成信用风险的市场，信用衍生品还具有价格发现的功能：为市场人士提供了关于信用风险成本的很好的参照。另外，信用衍生品还可以提高交易效率。

但是，信用衍生品却并未完全解决信用风险问题，它实际上是一把双刃剑：在信用风险管理和信用悖论得到部分解决的同时，信用衍生品本身的运用也带来了交易对手风险（Counter-party Risk）或对信用衍生品交易对手的信用风险管理问题。

本 章 小 结

本章主要研究了信用风险的度量与管理。关于信用风险的度量，介绍了估计违约率的精算模型和市场价格方法，以及对债券和衍生品信用风险暴露的估计；关于信用风险的管理，介绍了提取信用风险准备和权益准备（即资本的方法）；最后，还介绍了 Credit Metrics 模型、Credit Risk$^+$ 模型、信用风险的组合管理模型和信用衍生品。

第9章 操作风险管理

操作风险恐怕是最严重的一种风险。历史经验表明,它往往与许多金融机构的倒闭间接相关。但是,人们对操作风险的认识却较晚。长期以来,金融机构往往只关注操作风险的某一个分支,如与交易流程相关的风险,而忽视了操作风险的其他方面,当然这种状况正在慢慢改变。事实上,操作风险和信用风险、市场风险共同构成金融机构的三大风险。

业界正在努力采取一种系统性的方法去度量并管理风险:借用保险公司的有关工具去量化操作风险,借用市场风险的有关工具去管理操作风险,而且监管当局也将操作风险纳入资本要求之中以便更有效地控制操作风险。巴塞尔新协议的一项重要修改内容,就是将操作风险纳入风险资本的计算和监管框架内。

但是,对操作风险的理论研究和管理实践毕竟不像市场风险和信用风险那么成熟,甚至对于操作风险的概念界定都未形成统一的认识。

9.1 操作风险的重要性

如果没能识别操作风险或者没能及时消除风险,都会导致巨大的损失。有许多重大的金融机构破产事件都可以归结为市场风险、信用风险或疏于控制等原因。也就是说,往往会牵涉到一定形式的操作风险,这其中最大的操作风险就是未授权交易(Unauthorized Trading)。

最著名的例子莫过于巴林银行的经历。该银行的独立交易员尼克·里森在未经授权的情况下就在市场上建立了规模巨大的风险敞口,最终招致了 $15 亿的损失,并致使这家银行在 1995 年被破产清算。

英格兰银行对巴林银行的报告揭示了操作风险管理方法的一些教训。首先,管理人员有责任充分理解他们所管理的业务。其次,必须明确每一项业务活动的权责,并相互进行交流。第三,必须针对所有的业务活动建立相关内部控制,包括建立独立风险管理部门。第四,顶级管理层和审计委员会必须确保重大缺陷能够得到迅速修正。

在上述理念的驱动下,理论和实务界对操作风险越来越关注,同时,对操作风险的度量技术也取得了重大进展。监管当局如巴塞尔委员会 1999 年 6 月就建议将操作风险纳入资本要求。

我们知道,一般地,金融机构面临的风险有市场风险、信用风险,还有这里讨论的操作风险。但不同的机构由于其业务内容和特点的不同,其风险的构成和重要性也不同。图 9-1 是一个各类金融机构的风险构成情况。

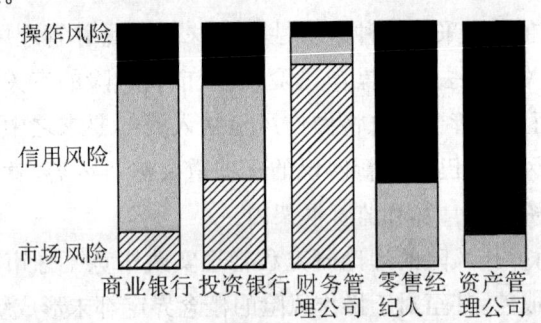

图 9-1　风险的构成

从图 9-1 中可以看到,商业银行的主要风险来自信用和操作风险。投资银行由于从事权益证券的交易从而市场风险的份额有所增加;而对于财务管理公司则市场风险成分最大;操作风险则显然对于零售经纪公司,尤其是资产管理公司起着至关重要的作用。

安永(Ernst & Young)会计师事务所曾对 100 家最大美国银行的风险报告情况进行了调查。结果显示(见图 9-2),不同时间间隔的风险报告对各类风险的重视和揭示程度是不同的:在月度报告中,有 94％的银行度量报告了市场风险,100％的银行度量报告了信用风险,69％的银行度量报告了操作风险。

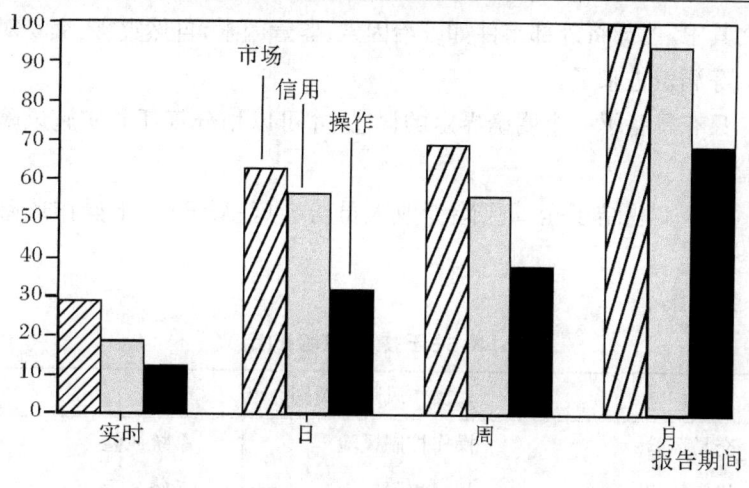

图 9-2 对金融风险的报告

9.2 操作风险的概念

应当说,到目前为止尚且没有形成关于操作风险的被广泛认同和接受的概念。业界所使用的各种定义往往彼此不一致或互相交叉从而引起混乱,主要有以下四种定义方法。

(1) 将操作风险定义为除了市场风险和信用风险之外的风险。这是一种最宽泛的定义。这种方法实际上导致风险难以识别、度量和管理,因为它还包含了经营风险。

(2) 与上述广义的操作风险相对应的是狭义的操作风险:来自于操作环节的风险。包括交易处理和操作系统的失误。这种方法使得风险易于控制,但却未考虑到欺诈风险。

(3) 一种相对宽泛的定义是将操作风险定义为金融机构可以控制的风险。但这种方法虽然包含了内部欺诈风险但却忽视了外部事件的影响,如监管制度体系的变化或自然灾害等问题。

(4) 一种认同度较高的定义是将操作风险定义为源于流程、系统、人员或外部事件的直接或间接风险。这种定义方法避免了将经营风险混在其中,但却将外部事件如政治因素、监管因素、自然灾害、交易对手风险等涵盖进来了。

只有具备了一个明确界定的概念,才可以划分责任并实施风险资本管理。

表 9-1 总结了全球风险专业人员协会(GARP)关于操作风险的概念。

表 9-1

GARP 关于操作风险的定义

操作风险的类别		
交易风险	操作控制风险	系统风险
执行错误	超越权限	系统失误
簿记错误	违反常规的交易	模型错误
清算错误	欺诈	盯市错误
商品交割错误	洗钱	管理信息失误
文件处理错误	证券风险	程序错误
	关键人事风险	通讯失误
	处理风险	意外计划失误

有的机构将操作风险细分为操作失误风险和操作战略风险。

操作失误风险是指在运营业务过程中出现错失的潜在可能性。企业使用人员、流程和技术来完成业务计划,其中任何一个因素都有可能出现某种错失。因此,操作失误的风险可以定义为未来在业务部门内部人员、流程和技术方面出现错失的可能性。这些失误的一部分是可以预期的,并可以将其纳入到业务计划中。而剩下的则无法预期(也就是不确定的)。

操作战略风险源于环境因素的变化。例如:一个改变了业务格局的新竞争对手、政治和监管制度体系发生重大变化、地震或者其他不能控制的因素。它源自战略创新,例如开发新的业务或者对现有业务的重组。

图 9-3 概括了操作失误风险和操作战略风险之间的关系。

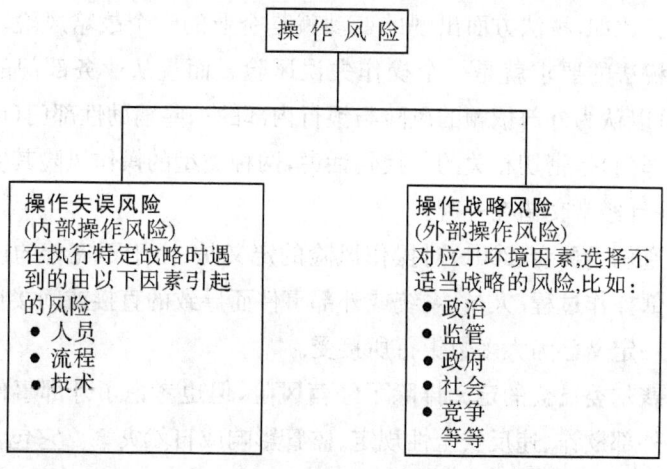

操作风险

操作失误风险
(内部操作风险)
在执行特定战略时遇
到的由以下因素引起
的风险
● 人员
● 流程
● 技术

操作战略风险
(外部操作风险)
对应于环境因素,选择不
适当战略的风险,比如:
● 政治
● 监管
● 政府
● 社会
● 竞争
　等等

图 9-3　两类操作风险

操作失误风险还可以具体细分(见表 9-2)。

表 9-2

操作失误风险的类型

1. 人员风险	● 不能胜任
	● 欺诈
2. 流程风险	
A. 模型风险	● 模型/方法错误
	● 逐日盯市的错误
B. 交易风险	● 执行错误
	● 产品的复杂性
	● 记账错误
	● 结算错误
C. 操作控制风险	● 突破限制
	● 安全性风险
	● 容量风险
3. 技术风险	● 系统崩溃
	● 程序错误
	● 信息风险
	● 通讯失败

可以看出:战略风险问题引发的风险可以很容易地转化成操作失误风险。比如,税法方面出现的变动就是企业的一个战略风险。而无法达到税法的要求就是一个操作失误风险。而且从业务部门的角度看,也可以认为外部依赖的风险与银行内部的一些辅助性部门(诸如信息技术部门)是密切相关的。换句话说,两种类型的操作风险其实相互关联,并且经常交错在一起。

巴塞尔委员会(2001)对操作风险的定义是:由于不完善的或有问题的内部操作过程、人员、系统或外部事件而导致的直接或间接损失风险。这一定义已为大多数银行所接受。

巴塞尔委员会的定义排除了经营风险,但也考虑了外部事件的影响,如:外部欺诈、违反安全性规定、监管影响或自然灾害。它包含了法律风险,但不包含战略风险和信誉风险(Strategic & Reputational Risk)。目前,国际银行界关于操作风险应当包含的内容,也存在相当明显的争论和分歧(如表 9-3)。另外,操作风险的内涵是动态的,银行许多新的风险会不断归并其中。

表 9-3

国际银行界关于操作风险的认同

基本认同的内容	部分认同的内容	少数认同的内容
(1) 清算失误	(1) 内部舞弊	(1) 市场逆转时导致的损失
(2) 交易记录错误	(2) 外部舞弊	(2) 交易对手违约
(3) 火灾和洪水等自然灾害	(3) 虚假交易	
(4) 系统故障	(4) 不适当的销售技术	
	(5) 战略决策失误	

对操作风险进行具体的分类是识别、度量和控制的基础。经过国际银行业之间大量的讨论和沟通,基本达成共识。表 9-4 是巴塞尔委员会和美国监管当局都采纳的操作风险分类方法。

表 9-4

新资本协议关于操作风险的分类和对应的业务举例

事件类型	事件类型细分	业务举例
内部欺诈	未经授权的活动	交易不报告（故意）
	盗窃和欺诈	配合信贷欺诈/挪用公款/虚假储蓄
外部欺诈	系统安全性	黑客攻击/盗窃密码
	盗窃和欺诈	伪造/抢劫
就业政策和工作场所安全性	劳资关系	罢工/薪酬福利纠纷
	安全性规定	违反工人健康/客户滑倒在营业厅
	性别和种族歧视事件	所有涉及歧视的事件
客户、产品及业务操作	适应性/披露/信托责任	违规披露客户信息/违背合同条款
	不当的业务或市场行为	内部交易/洗钱
	产品瑕疵	产品缺陷
	客户选择/风险暴露	未按规定审查客户资料/超过限额
	咨询业务	因提供建议咨询而引起的纠纷
实体资产损坏	灾害和其他事件	自然灾害/火灾/恐怖袭击
业务中断/系统失败	系统故障	软件/硬件/电力、电信传输问题
执行、交割和内部流程管理	交易认定,执行	交割失败/抵押品失效
	监控和报告	未履行强制报告义务
	文件记录	法律文件缺失/客户资料缺失
	客户账户管理	未经批准登录/客户记录错误
	交易对手	非客户对手方的失误/纠纷
	外部销售和供应商	与外部供应商产生纠纷

9.3　操作风险的度量

　　市场和信用风险均来自外部的不确定性,而操作风险则由机构内部因素引起。因此,我们就可以采取措施使得其发生可能性和严重性最小化。但是,要实现对操作风险的控制和管理,我们首先必须准确地度量它。

9.3.1　度量原则

　　应当对操作风险测度设定明晰的原则,以确保对银行所有业务部门中的操作风险进行适当的测度。图 9-4 列出了这些方针。这里"客观性"是指使用正式的客观标准来衡量操作风险。"一致性"是指要保证对不同业务部门里相似的操作风险资产组合进行评估所得出的测度结果应该相近。"相关性"是指风险报告应便于管理层采取相应的操作风险管理行动。"透明性"是指风险评估报告应确保所有实质性操作风险都以便于高级管理层理解的方式来进行报告和估计。"机构范围"是指报告提交者应当仔细设计操作风险的衡量方式和标准,以使该项评估结果可以在机构范围内进行累计和加总。"完备性"是指要确保所有实质性操作风险都能得到识别和考察而不会有遗漏项。

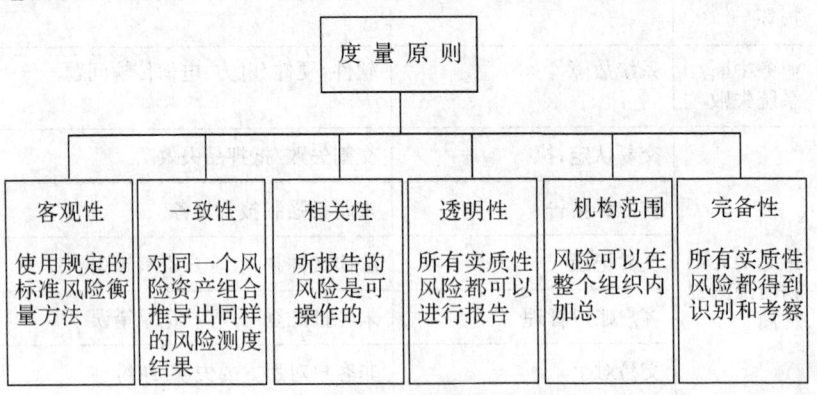

图 9-4　操作风险测度的原则

9.3.2 自上而下法与自下而上法

可以说,操作风险的度量,是一个尚待发展的领域。有人采取自上而下的方法,即运用机构层面的全面数据去估计风险,主要使用财务指标和收益率波动性等作为衡量风险的变量,由各部门将操作风险合计起来计算,这比自下而上的方法更容易些,但对于具体业务流程的运行却不敏感。

在实践中,自上而下法通常先选择一个目标变量如收益率、利润率或成本作为因变量,然后将市场风险因子和信用风险因子作为自变量,再运用回归模型分析(一般用线性回归模型),则操作风险就是无法被两个自变量解释的变量的方差。

举一个总的收益波动性的例子。如果我们将操作风险视为除市场风险和信用风险之外的风险,则将总收益中与市场和信用风险相关的成分剔除掉剩下的就反映了操作风险的作用。这种"后视镜"(Rear Mirror)方法,却无法度量当前的风险,而且无法揭示操作风险的来源,从而能够更好地控制它。另外,收益的波动性大部分可归于经营风险,或与宏观层面的波动相关,而非源于操作风险。

与自上而下法形成对比的是,自下而上的方法是根据各个损失的事件类型或业务类型来区别风险,并逐步进行统计的计量方法,是一种可以寻求操作风险来源的结构性方法。运用这种方法可以在各经营单位层面对业务流程进行映射,从而识别潜在失误及引致的相应损失。而且,自下而上法是惟一一种可以将操作风险因素纳入产品定价的方法,该法也有助于衡量改进流程后的效果。

自下而上法的不足之处在于其复杂性和对数据的要求;另外,由于这种方法分别考察各个产品线,可能会忽视不同产品线或流程之间有相关关系。

可见,自上而下法和自下而上法各有利弊,因此,有许多机构根据不同目的选择使用不同的方法(见表9-5)。

表 9-5

用自下而上法与自上而下法测度操作风险

目　　　的	首先使用自下而上法还是自上而下法
转移	自下而上法
缓释	自下而上法
防止	自下而上法
经济资本	自上而下法
监管资本	自上而下法

9.3.3　巴塞尔新资本协议推荐的度量方法

巴塞尔新资本协议推荐了三种测度操作风险的方法：

基本指标法(the Standardized Approach)、标准化法(the Basic Indication Approach)和高级计量法(the Advanced Measurement Approach)。

1. 基本指标法

基本指标法就是一种自上而下法。巴塞尔委员会认为操作风险的大小和银行的业务活动的规模成正比，而银行的总收入是反映银行业务规模的重要指标。根据巴塞尔委员会的规定，银行应持有其总收入的一定比例(∂)的资本以应对操作风险，经过与业界的广泛讨论商榷，∂最后定为15%。

采用基本指标法，银行持有的操作风险资本应等于前三年中各年正的总收入乘上一个固定比例(用∂表示)并加总后的平均值。如果某年的总收入为负值或零，在计算平均值时，就不应在分子和分母中包含这项数据。资本计算公式为：

$$K_{BIA} = \left[\sum (GI_{1\cdots n} \times \partial) \right] / n$$

式中　K_{BIA}——基本指标法需要的资本；

　　　GI——前三年中各年为正的总收入；

　　　n——前三年中总收入为正数的年数；

　　　∂——15%，由巴塞尔委员会设定，将行业范围的监管资本要求与行业范围的指标联系起来。

总收入定义为:净利息收入加上非利息收入。这种计算方法旨在:a. 反映所有准备(例如,未付利息的准备)的总额;b. 不包括银行账户上出售证券实现的盈利(或损失);c. 不包括特殊项目以及保险收入。

2. 标准化法

"标准化法"实际上是一种自下而上法。

在标准化法中,银行的业务分为8个产品线:公司金融(Corporate Finance)、交易和销售(Trading & Sales)、零售银行业务(Retail Banking)、商业银行业务(Commercial Banking)、支付和清算(Payment & Settlement)、代理服务(Agency Services)、资产管理(Asset Management)和零售经纪(Retail Brokerage)。

在各产品线中,总收入是广义指标,代表业务经营规模,因此也大致代表各产品线的操作风险暴露。计算各产品线资本要求的方法是,用银行的总收入乘以该产品线适用的系数(用 β 值表示)。β 值代表行业在特定产品线的操作风险损失经验值与该产品线总收入之间的关系。应注意到,标准法是按各产品线计算总收入,而非在整个机构层面计算。例如,公司金融指标采用的是公司金融业务产生的总收入。

总资本要求是各产品线监管资本按年简单加总后取三年的平均值。在任何一年,任何产品线负的资本要求(由负的总收入所造成)可在不加限制的情况下,用以抵销其他产品线正的资本要求。但如果在给定年份,各产品线加总的资本要求为负值,则当年分子项为零。总资本要求如下所示:

$$K_{TSA} = \{ \sum\nolimits_{years1-3} \text{Max}[\sum (GI_{1-8} \times \beta_{1-8}), 0] \}/3$$

式中　K_{TSA}——用标准法计算的资本要求;

GI_{1-8}——按基本指标法的定义,8个产品线中各产品线当年的总收入;

β_{1-8}——由委员会设定的固定百分数,建立8个产品线中各产品线的总收入与资本要求之间的联系。β 值详见表9-6。

表 9-6

不同产品线的操作风险权重

业务线	产品类型 1 级	产品类型 2 级	业务举例	β 因子
投资银行	公司金融	公司金融、市政/政府金融、商人银行、咨询服务	兼并与收购、证券化、股票承销	18%
	交易和销售	销售、做市、自营头寸、资金业务	债券投资、外汇、股权、经纪业务	
商业银行	零售银行	零售银行、私人银行、银行卡业务	消费信贷、银行服务、银行卡	12%
	商业银行业务	商业银行业务	公司贷款、项目融资	15%
	支付和结算	外部客户	支付和托收、清算	18%
	代理服务	托管、公司代理、信托	存托凭证、发行代理	15%
其他	资产管理	可支配、不可支配基金管理	封闭式基金、开放式基金	12%
	零售经纪	零售经纪业务	根据客户指令执行	12%

β 值实际反映了银行各产品线的重要性,其具体数值由监管当局根据抽样获取的行业平均值计算得到:

$$\beta = \frac{12\% \times 样本银行的总监管资本要求 \times 平均产品线权重}{样本银行的总风险指标}$$

3. 高级计量法

高级计量法是允许银行通过内部操作风险计量系统计算监管资本要求,使用高级计量法需获得监管当局的批准。高级计量法又分为三种:内部计量法(the Internal Measurement Approach, IMA)、损失分布法(the Loss Distribation Approach, LDA)和打分卡法(the Score-card Approach, SA)。

(1) 内部计量法。内部计量法是更复杂的操作风险度量方法,类似于信用风险度量中的内部评级法。银行是基于对预期操作风险损失的度量来估计资本金配置水平。也就是说,该方法是假定预期损失(损失分布的均值)和意外损失(损失分布的尾部)之间具有固定和稳定的关系。这种关系既可能是线性的,即资本配置要求是预期损失的简单倍数;也可能是非线性的,即资本配置要求是预期损失的复杂函数。利用内部度量法计算资本金配置水平通常是基于这样一个框架:将银行的操作风险暴露分解成一系列业务种类 i 和风险事件类型 j,$EI(i,j)$ 表示 i 类业务在 j 类风险事件下风险暴露的规模或金额;$PE(i,j)$ (Probability of Loss Event)表示 i 类业务在 j 类风险事件下操作风险发生的概率;$LGE(i,j)$(Loss Given Event)表示 i 类业务在 j 类风险事件下操作风险发生的损失程度;参数 $\gamma(i,j)$ 则是将 i 类业务在 j 类风险事件下的预期损失 $EL(i,j)$(The Expected Loss)转化成资本配置要求的转换因子。即操作风险资本配置要求为:

$$K(i,j)=\sum i \sum j [\gamma(i,j) \times EL(i,j)]$$
$$=\sum i \sum j [\gamma(i,j) \times EI(i,j) \times PE(i,j) \times LGE(i,j)]$$

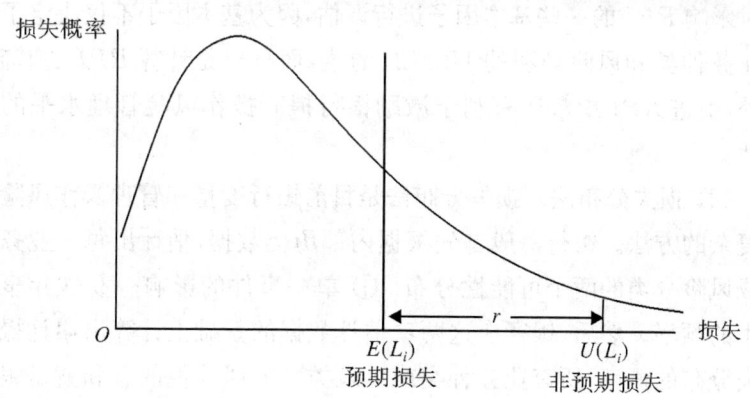

$$E(L_i)=EI_i \times PE_i \times LGE_i$$

图 9-5　操作风险的内部计量法

　　但是,此方法在运用过程中存在这样一个问题,即转换因子决定于整个行业的损失分布,而单一银行的风险损失分布不可能与行业损失分布恰好一致。为捕捉这种风险分布上的差别,可以考虑用风险剖面指数(Risk Profile Index,RPI)来调整利用内部度量法计算出的资本金配置水平。风险剖面指数反映的是较行业风险损失分布而言单一银行风险损失分布的意外损失（UL）与预期损失（EL）的比率，即 UL/EL。UL 与 EL 之间的关系依赖于多种因素。如交易规模的分布、损失发生的频率、损失的严重程度等，这些因素都有可能成为风险控制环境的条件函数。例如，如果银行损失事件发生频率的标准差较小，则 UL/EL 的值就较小。同样，操作风险也依赖于单一交易规模被适当控制的程度。对于一个特定的银行来说，我们可以利用 RPI 来调节其资本配置需求水平，公式如下：

$$K(i,j) = \sum i \sum j [\gamma(i,j) \times EL(i,j)]$$
$$= \sum i \sum j [\gamma(i,j) \times EI(i,j) \times PE(i,j) \times LGE(i,j)/RPI(i,j)]$$

同时，为确保银行在应用内部度量法中的一致性，应该有一个标准化、统一的公式来计算每个业务种类或风险类型组合的 RPI，而这需要对影响 RPI 的一些基本因子进行评估，因为基本因子不仅决定了不同业务种类和风险类型的 UL/EL 的值，而且也是计算 RPI 的基础。此外，引进 RPI 指数还有利于激励银行提高操作风险管理水平的积极性。

（2）损失分布法。损失分布法是目前银行度量和管理操作风险最为复杂的方法。银行一般首先根据内部历史数据，估计出每一业务种类或风险分类的两个可能性分布：① 单一事件的影响；② 次年事件发生的频率。然后，银行在这两项估计数据的基础上计算出累计操作损失分布的概率，所有业务种类或风险类型的风险值的总和就是银行最终的操作性风险资本金配置要求。该方法与内部度量法的一个重要的区别在于：损失分布法的目的是直接估计意外损失，而不是通过对预期损失（EL）与意外损失（UL）之间关系进行假定。也就是说，内部度量法是估计总体损失分布的单一参数 EL，并且假定 EL 的水平以及 EL 不同部门的组成如何；相反，损失分布法则允许损失分布随着 EL 的水平及其内部组成的变化而变化。此外，损失分布法也不需要先决定一个乘数因子（γ）。但由于此种方法过于复杂，目前在银行操作风险度量和管理中的可执行性不大。

（3）打分卡法。打分卡法是一种较为直观的方法,主要是通过调查和专家分析设计出多项前瞻性的关于操作风险的指标,并用这些指标来量化操作风险。打分卡的关键是找出与操作风险相关的风险因素,并设计出前瞻性的衡量操作风险的指标,在此基础上量化操作风险。通过量化操作风险,银行可以将预期损失和资本直接与各业务单位的操作风险联系起来,并利用打分卡给各业务部门的管理人员明确的指示,鼓励其降低操作风险。下面举一个简单的例子来介绍打分卡方法的构造过程。

第一步,自我评估和风险分类。首先银行根据自己业务的特点和可能面临的操作风险类型将银行每一条业务线上的操作风险分离出来。假设某银行主要是零售银行、企业银行、支付结算三种业务,每一种都面临巴塞尔委员会提出的七大类型的操作风险,则企业可以得到自己的操作风险分类表,如表 9-7。

表 9-7

打分卡的自我评估与风险分类表

风险类型 / 业务线	内部欺诈	外部欺诈	……	执行、交割和内部流程管理
零售银行				
企业银行				
支付结算				

第二步,确定风险驱动因素,并进行打分卡问卷设计和调查。为了把每一类风险对应的事件和可能造成损失的权重以及严重程度描述清楚,设计打分卡时首先要考虑的是什么样的因素导致了操作风险,这些因素各占多大的权重,最后的损失严重程度如何。下面以零售银行业务内部欺诈风险的打分卡设计为例进行说明。

假设我们认为零售银行发生内部欺诈主要和这个员工是否为正式职工、他的报酬激励机制、他单独工作的时间、工作的方式有关,则可以设计如下的打分卡问卷：

- 贵部门有多少比例的员工是临时雇员/见习员工？
- 贵部门员工的工资多大比例是固定的，多大比例是根据其表现发放的？
- 贵部门的员工有多大比例的工作时间是在没有管理/记录的情况下工作的？
- 贵部门多大比例的工作是独立完成、没有监督的？
- 贵部门多大比例的工作是离开工作场所完成的？

类似的问题还可以设计很多，关键在于找出和这类操作风险事件相关的因素。但是要强调的是，这些因素应该是客观和可度量的，而不是主观判断的。比如虽然我们知道一个人是否会发生内部欺诈，与一个人品质的好坏是密切相关的，但是一个部门"好人所占的比例"这种判断过于主观，不能作为打分卡的问题。在设计了问卷后，银行的专家可以根据回答的结果对每一个问题赋予权重和分值，得到这一类事件的损失可能性的估计。同样，我们可以设计类似的问卷来调查每一类事件发生后损失的比例。

第三步，计算预期损失和对应的资本金，并进行资本金的分配。根据上一步我们可以计算出每一类操作风险的损失事件可能性和损失比率，根据每一类业务的规模调整后即可以得到预期损失，银行再根据历史数据的分析估计出非预期损失。最后，银行会根据计算出的预期损失和非预期损失从业务单位和操作风险类型两个维度来度量和管理操作风险并进行资本金的分配。

从上面的讨论中可以知道，打分卡方法本质上是一种专家判断的方法，其优点在于将操作风险的度量直接和管理流程结合起来，使得操作风险的风险点被全行广泛接受并在实际管理中加以重视。打分卡的缺点在于，这种方法的可靠性关键取决于设计这种方法的专家对整个银行业务流程的深入理解和分析，因为打分卡所考虑的是风险驱动因素，这些因素所占的权重都是专家设计的。

下面，我们再来详细介绍一下损失分布法。

9.3.4　损失分布法

损失的分布可以用精算模型(Actuarial Model)来度量。精算模型最早源于对死亡率(Mortality Rates)的研究。人寿保险公司将其保费定为死亡率的函数,基于大数法,则保险公司得到了对于死亡率的很好的估计。

操作风险的精算可以归于两个独立的随机变量:损失频率(Loss Frequency)和损失严重性(Loss Severity)。

前者是度量在一定时间区间内损失发生的次数,后者是度量损失的规模,两者结合就形成了损失的总分布。我们可以通过不同的方法来求得损失总分布。比如可以运用列表法(Tabulation),将所有可能损失结果的组合及其概率列示出来并求得概率分布,当然这种方法只在组合结果数目较少时才是可行的。

1. 列表法

风险管理经理需要估计损失的频率和严重性的概率分布(Probability Distribution Functions,PDFs)。损失的规模可以用历史数据来列表显示,计为 y_k,即在第 k 期的损失。当然,这必须用通货膨胀率和当前经营活动的数据进行调整。设 p_k 为损失发生时的消费价格指数,V_k 为反映经营活动规模的数据如交易量,我们可以认为损失规模与经营活动的业务量成比例,则第 t 期的损失额为:

$$x_t = y_k \times \frac{P_t}{P_k} \times \frac{V_t}{V_k}$$

下一步是确定损失频率的分布。设 n 为在一定期间内(通常为 1 年)损失发生的次数,定义这个随机变量的分布(pdf)为:损失频率的 $pdf = f(n)(n = 0, 1, 2, \cdots)$,若 x 为损失的严重性,损失严重性的 $pdf = g(x/n=1)(x \geqslant 0)$,

则总损失为损失之和:

$$S_n = \sum_{i=1}^{n} X_i$$

表 9-8 为一个简单的例子。

表 9-8

损失频率和损失严重性的抽样分布

频率分布		严重性分布	
概　率	频　率	概　率	严 重 性
0.5	0	0.6	$1 000
0.3	1	0.3	$10 000
0.2	2	0.1	$100 000
期望	0.7	期望	$13 600

假定 X、N 相互独立,这可以大大简化我们的分析。

若我们需要计算预期的总损失,则其为预期频率和严重性的乘积:

$E(S)=E(N)\times E(X)=0.7\times \$13\,600=\$9\,520$,而 $V(S)=E(N)\times V(X)+V(N)\times E(X)^2$

由于频率和严重性是相互独立的,则可以将其二者结合形成一个总的概率分布:在一个固定的时期内的相互独立的损失的总和。

表 9-9

损失分布的列表

损失的次数	第一个损失	第二个损失	总 损 失	概　率
0	0	0	0	0.5
1	1 000	0	1 000	0.18
1	10 000	0	10 000	0.09
1	100 000	0	100 000	0.03
2	1 000	1 000	2 000	0.072
2	1 000	10 000	11 000	0.036
2	1 000	100 000	101 000	0.012
2	10 000	1 000	11 000	0.036
2	10 000	10 000	20 000	0.018
2	10 000	100 000	110 000	0.006
2	100 000	1 000	101 000	0.012
2	100 000	10 000	110 000	0.006
2	100 000	100 000	200 000	0.002

　　表 9-9 列示了列表法的运用。若最多发生两次损失,我们从无损失,即损失发生次数为 0 开始,其概率为 0.5;然后再看发生一次损失的情况,$\$1\,000$ 的损失的概率为 $P(n=1)\times P(x=\$1\,000)=0.3\times 0.6=0.18$;再接着计算一次损失为 $\$10\,000$ 和 $\$100\,000$ 的概率;其次,再看发生两次损失的情况:$\$1\,000$ 的损失可能发生两次,其概率为 $0.2\times 0.6\times 0.6=0.072$,依次类推。最后,我们拥有了所有可能发生的损失及其相应概率。

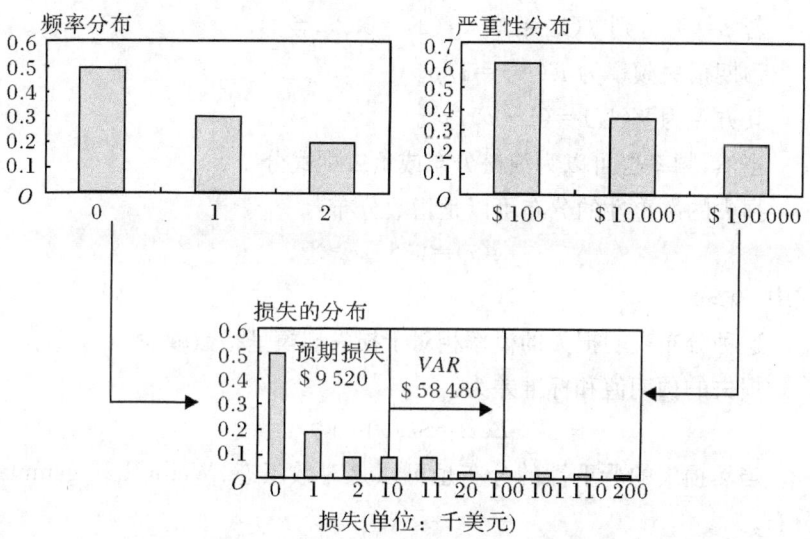

图 9-6　损失的分布

　　图 9-6 描述的是上述分布的情况。我们看到即使 N 和 X 只有三个可能值,损失的分布也较多。从而我们可以得出预期损失为 $\$9\,520$,而 95% 的分位数值为 $\$68\,000$,所以 VAR 值为 $\$68\,000-\$9\,520=\$58\,480$。

　　其操作过程实际上等价于求得损失的概率分布(pdf):

　　损失的 $pdf=h(s)=\int g_s(s/n)f(n)\mathrm{d}n$

　　其中 g_s 为损失严重性的概率分布函数。

　　我们看到这个求解过程有点类似于信用风险的度量,在那里使用的是违约率和回收率概念。

2. 分析法

风险管理经理可以依据历史数据运用列表法来形成损失的分布，但这种方法实施起来却颇为不易，尤其是当样本规模有限时。因而，我们可以运用分析法来进行。

例如，若损失的频率的几何分布 n 为：

$$f(n) = p(1-p)^{n-1} \quad n = 1, 2, \cdots$$

式中 $0 < p \leqslant 1$。

若 $p = 0.5$，则 $f(1) = 0.5, f(2) = 0.25$ 等。

预期损失频率为 $E(N) = 1/p$。

其方差为 $V(N) = (1-p)/p^2$。

当然，频率也可以为泊松分布或负二项式分布。

损失的严重性的分布可以是指数分布：

$$g(x) = \lambda e^{-\lambda x} \quad x \geqslant 0$$

式中 $\lambda > 0$。

这种分布表明损失的概率相对于损失规模呈指数减少。

损失的预期值和标准差为：

$$E(x) = SD(x) = 1/\lambda$$

当然损失的严重性的分布也可以是对数正态、Weibull 和 gamma 分布。

下面我们来求总损失的分布：

$$S_n = \sum_{i=1}^{n} X_i$$

这是一组随机变量的随机取值的和。

假定 n 与 X 的值是独立的，则损失总和取值小于 s 的概率为：

$$P(S \leqslant s) = \sum_{n=1}^{\infty} P(S_n \leqslant s/n) f(n)$$

我们知道，独立同分布的指数分布的随机变量的和服从 Gamma 分布：

$$P(S_n \leqslant s \mid n) = \int_0^s \frac{1}{(n-1)!} \lambda^n u^{n-1} e^{-\lambda u} \, du$$

所以： $P(S \leqslant s) = 1 - e^{-\lambda p s}$

也就是说损失服从参数为 λp 的指数分布：

$$h(s)=(\lambda P)\mathrm{e}^{-(\lambda p)s}$$

这样,我们就可以计算预期损失及在一定置信水平下的最大方差。

$$E(S)=(1/\lambda P)$$

在置信水平 C 下的 VAR 值为：

$$S^*-E(S)=(1/\lambda P)[\ln(1/c)-1]$$

9.4　操作风险的管理

根据国际先进银行操作风险管理经验,成功的操作风险管理框架要包括建立在操作风险管理组织结构基础上的包括以下环节的操作风险管理流程：操作风险战略与政策、操作风险识别、操作风险评估和度量、操作风险监控报告、操作风险控制(见图9-7)。

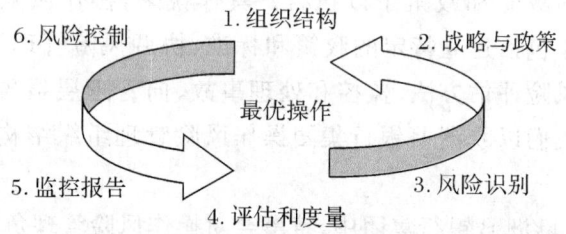

图 9-7 操作风险管理框架

银行要有效进行操作风险的管理必须建立独立且垂直的操作风险管理组织结构,制定操作风险管理政策和建立科学的操作风险识别和监测方法,为操作风险暴露提供有效的分析和管理工具,具备适时报告的能力,最后还要为操作风险分配经济资本并为操作风险选择恰当的保险。

由于金融机构管理操作风险的历史不长,因此,我们有必要较为详细地介绍一下操作风险管理框架。

1. 操作风险管理组织结构

为了确保操作风险管理活动被很好地理解和执行,银行管理层应该为操作风险管理确定一个组织结构,设定个人在风险管理过程中的任务和责任,并使每个人清楚地了解自己的任务和责任。

首先,关于高级管理层的任务。操作风险管理的最终责任应由高级管理层(董事会,或同等的机构)承担,这种责任要求高级管理层对本银行的产品、业务过程和相关风险有全面的了解。实践表明高级管理层应该设立一个委员会(或适当的机制),负责操作风险管理实施过程中的授权和日常决策工作,同时确保操作风险管理过程正常运行。管理层还应该定期检查操作风险报告,以确定其对操作风险管理的要求是否得到了满足。

其次,关于操作风险管理职能部门。应建立独立的操作风险管理职能部门,其任务是辅助高级管理层完成其操作风险管理责任。这一任务将通过两方面活动予以完成,一方面是评估、监控和报告银行整体的操作风险,另一方面是评定风险管理活动是否按照操作风险管理战略和政策予以执行。具体说来,操作风险管理职能部门的工作包括建立特定的政策和标准、协调风险管理活动、创建结构化的风险评估方法、监控和处理事故、向管理层报告风险状态等。下面我们以欧洲 B 银行集团操作风险管理组织结构为例来进行说明。

在整个欧洲 B 银行集团中,董事会对操作风险管理负最终责任,董事会授权首席风险官和风险委员会在保持独立性的前提下代为行使该项权限,风险委员会进一步授权给首席操作风险官领导的操作风险委员会。首席操作风险官下辖区域操作风险官和业务部门操作风险官,分别负责各大区域和各业务部门操作风险管理。集团审计部门负责分析和监控实际业务和操作风险管理过程的一致程度。欧洲 B 银行集团操作风险管理各部门(岗位)具体职责如下:

(1) 风险委员会。独立实施全行范围的操作风险管理;保证操作风险管理政策得以执行;汇总操作风险官递交的有关主要操作风险报告以及操作风险委员会决策情况。

(2) 操作风险委员会。指导和监控全行范围操作风险管理框架的有效实施;审核识别、计量、报告、控制、监测操作风险的标准和各部门制定的部门内操作风险管理标准;对外披露操作风险管理相关信息,接受外部监督。

（3）首席操作风险官。首席操作风险官是全行操作风险管理的核心,他将操作风险管理职责分解给部门、部门的操作风险管理官和区域操作风险管理官。首席操作风险官的职责:制定操作风险管理政策和工具、能反映银行操作风险管理理念的操作风险策略以及操作风险经济资本计算与分配的方法;推广操作风险管理工具,推动操作风险管理框架的实施;规定各级机构提交的操作风险报告在内容、深度等方面的最低要求和标准;向高级管理层提供全行操作风险报告;保证部门制定的操作风险指标与标准和全行的操作风险政策相一致。

（4）业务部门操作风险官。采取事前措施防范因本部门业务特性引起的操作风险,对重大的操作风险事件进行识别与分析,采取足够的措施预防今后再次发生;监控本部门活动带来的操作风险;向首席操作风险官或操作风险委员会报告操作风险事件;推动全行操作风险管理政策在本部门的实施;制定与全行标准一致的本部门内操作风险管理标准。

（5）区域操作风险官。协助部门操作风险官在所管辖的区域内对操作风险管理进行指导;在所管辖的区域内执行全行操作风险管理政策(包括搭建运作组织、推广操作风险管理工具、量化评估与分析等);定期与区域首席运营官(Regionall COOs)讨论操作风险管理;确保所制定的管辖区域内操作风险管理框架符合区域的监管机构的要求。

（6）集团审计部门。在集团全面操作风险管理框架内,集团审计是个至关重要的角色,其游离于集团开展业务和风险管理之外独立地履行职责。集团审计的主要任务在于评估内控体系是否健康有效,是否确实发挥了安全保障作用。集团审计部门直接向董事会提交报告。

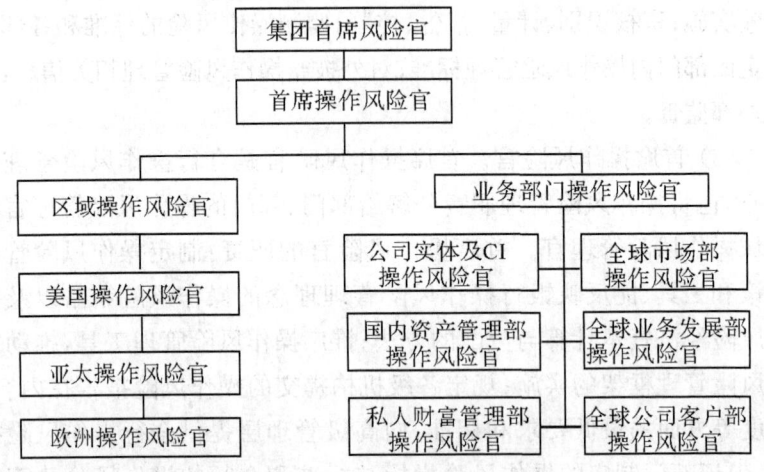

图 9-8　欧洲 B 银行集团操作风险管理组织结构

2. 操作风险管理战略与政策

（1）操作风险管理战略。为了使操作风险管理框架有效运行，一家银行需要识别其利益相关人，并了解他们的要求和银行对他们的义务，这有助于在决定操作风险管理战略时，识别关键业务的驱动者和相关目标。明确了这些目标后，银行应该考虑它在实现这些目标的过程中面临的战略挑战，以及不去实现这些目标的后果，从而建立起一套操作风险管理战略。至于制定操作风险管理战略，以及确保其与银行的整体业务目标相统一的责任，应该由高级管理层承担。

（2）操作风险管理政策。操作风险管理政策是为所有关键业务及其支持过程制定操作风险管理标准和目标的，操作风险管理的方法包含于这些政策之中。操作风险管理政策应该有助于业务活动及其支持过程的监控、测量和管理，能够反映业务活动发生的内外部环境，并接受定期的检查和更新。这些政策应该能够建立起一种机制，使得银行能识别、测量和监控所有重大的操作风险。为了达到这个目的，它们应该具有与风险和采取的行动相适应的范围和尺度，并定期清楚地传达给所有人员，以维持一定的风险意识水平，同时确保它们被一贯地执行。

操作风险管理政策包括操作风险测度标准和提出降低操作风险的措施等。例如,银行需要对操作风险计量模型、非预定交易和法律文本校验等工作建立相应的政策。我们还是以欧洲 B 银行集团操作风险管理政策为例来分析操作风险管理政策。欧洲 B 银行集团管理政策由三个层次构成:① 政策、指引和标准。以书面的形式制定清晰的政策、指引和标准,这些政策、指引和标准涵盖了操作风险管理的各个方面,并让涉及的每一个人都掌握这些政策、指引和标准。② 操作手册。操作手册是全行内部控制体系的基础。它保证整个风险管理过程可靠而顺利地进行,保护客户和银行的资产安全。它给出风险控制的基本要求,规定风险管理的框架,从而对日常风险实施管理。操作手册特别强调职责独立和"四眼原则"。银行全体员工必须遵守手册中的规定和标准。③ 部门操作风险管理标准。操作风险的管理实行"源头化管理",即应将管理环节前移,从引发操作风险的前台部门就开始管理。业务部门、部门的操作风险管理官、专家支持系统应相互合作,在与全行政策保持一致的情况下进一步制定适合本部门业务情况、符合本部门所在地监管要求的部门操作风险管理标准。

3. 操作风险识别

操作风险识别过程应该以当前和未来潜在的操作风险两方面为重点。这个过程应该考虑到以下六方面的因素:① 潜在操作风险的整体情况;② 银行运行所处的内外部环境;③ 银行的战略目标;④ 银行提供的产品和服务;⑤ 银行的独特环境因素;⑥ 内外部的变化以及变化的速度。在识别操作风险的过程中,应该考虑到风险的所有潜在原因,包括交易过程、销售活动、管理过程、人力资源、卖方、技术、外部环境、灾害、越权或非法行为等。操作风险识别的主要手段有操作风险内部分析、操作风险指标分析、升级触发指标分析或临界触发指标分析、损失事件数据分析、流程图分析。

(1) 操作风险内部分析。操作风险内部分析作为日常业务计划循环流程的一部分而完成,典型的是通过一个业务部门员工会议来完成。

内部分析有时使用其他利益相关人（客户、有业务来往的银行）或者部门外部有关专家（内外部业务专家或内部审计人员）提供的信息。通过有组织的讨论，利用管理层、员工和其他相关利益人积累的知识和经验来识别事件。风险管理者引导银行员工讨论那些可能会影响银行或部门目标实现的事件。通过把员工的知识和经验结合起来，重要潜在事件将被识别，否则就可能被疏漏了。

（2）操作风险指标分析。银行可以选择一些和风险产生有关的"关键指标"，通过监控这些指标，发现存在一些能够引起风险发生的条件。这些指标主要有：

A. 关键业绩指标（KPI）。一般用于监控操作效率，当实际指标移到规定范围之外时，操作风险可能产生。

B. 关键控制指标（KCI）。这些指标能表明控制的有效性和审计发现不符合的次数等。一旦关键控制指标超出范围，操作风险往往未得到有效控制。

C. 关键风险指标（KRI）。从业绩指标和控制指标中选取若干能够有效进行操作风险跟踪的指标。

通常情况下，一家银行一般使用 10～15 个不同的关键风险指标，它们应能对趋势进行一段时期的监视和预测，如能熟练运用，这种趋势分析还能被用做早期操作风险预警。

（3）升级触发指标分析或临界触发指标分析。这些触发指标通过将当前交易或事件与预先定义的标准相比较，引起银行管理层对潜在领域进行关注。一旦被触发，事件将需要进一步评估或立即作出反应。例如，银行管理层可以跟踪竞争者的贷款定价结构，当一个特定值达到时就考虑对自己的价格进行改变。

（4）损失事件数据分析。用以往单个操作风险损失事件的数据记录等信息，来识别操作风险及其诱因。一旦管理层识别了操作风险诱因，就能对它进行评估和处理，比就事论事地单个处理更有效。例如，如果银行发现一笔贷款大部分损失是由于未办理抵押登记所致，对这类现象进行分析发现，事实上很多贷款存在抵押手续不齐全的情况，那么银行就应该在贷款流程中严格监控这类风险。

(5)流程图分析。这种技术考虑的是输入、任务、责任和输出,它们共同构成一个流程。通过考虑影响输入的内外部因素或一个流程内的活动,一个银行能识别出影响流程目标实现的事件。通过绘制业务和管理活动流程图,排查和识别业务流程中的风险点。

4. 操作风险评估和度量

操作风险被识别出来后,就应该加以评估,决定哪些风险具有不可接受的性质,应该作为风险缓解的目标。风险评估和量化的作用在于,它使管理层得以将操作风险与风险管理战略和政策进行比较,识别银行不能接受或超出机构风险偏好的那些风险暴露,选择合适的缓解机制并对需要缓解的风险进行优先排序。

进行这一步骤时,通常需要通过考察一项操作风险的驱动者和原因,估计该项风险可能发生的概率;此外,还应在不考虑控制战略影响的情况下,评估一项操作风险可能的影响。

操作风险评估和度量的具体技术和方法,我们在9.3中已进行了详细的分析和介绍。另外,我们注意到,当今,大多数金融机构都有一套规则来衡量市场风险,另一套规则来衡量信用风险,并且正在开发第三套规则来衡量操作风险。不过,目前领先金融机构正在致力于整合这些方法(见图9-9)。具体来说,就是试图用一种新的与市场风险在险价值和信用风险在险价值相一致的操作风险在险价值分析方法。

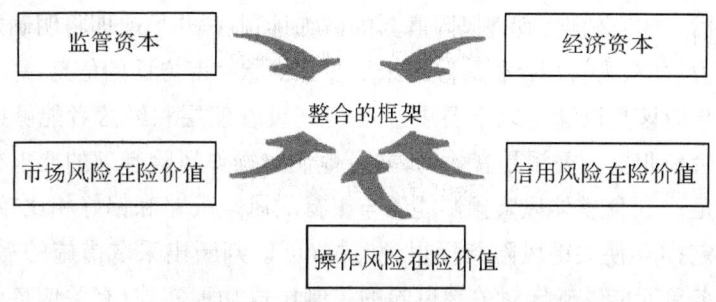

图 9-9 整合的风险模型

　　从风险透明度和监管资本两者的角度来看,开发一种统一的风险衡量模型有重要的意义。举例来说,如果人们仅仅简单地将市场风险在险价值、操作风险在险价值和信用风险在险价值加总来得出总体的在险价值(而不是开发一种整合的模型)的话,往往就会高估风险的规模。对这些数据进行简单的加总忽略了市场风险、信用风险和操作风险之间的相互作用和相关度。

　　5. 操作风险管理监控与报告

　　(1) 操作风险管理监控。高级管理层应该建立一套操作风险监控程序,以实现以下目标:① 对银行面临的所有类型操作风险的定性和定量评估进行监控;② 评估缓解活动是否有效和适当,包括可识别的风险能在多大程度上被转移至银行外部;③ 确保控制充分、风险管理系统正常运行。应该为操作风险建立风险衡量标准或"关键风险指标"(Key Risk Indicator,KRI),以确保重大风险事件的相关信息被传递至适当的管理层级。在风险评估阶段建立关键风险指标是最容易的。

　　内部审计部门或其他有资格的部门应该实施定期的检查,分析控制环境、检测已实施的控制的有效性,从而确保业务运作在有效的控制下展开。在上述过程中,我们尤其想强调的是,应当将内部审计从以平级审计为主转向以自上而下的垂直审计为主,并且审计部门出具的结果应该直接向总行董事会汇报并落实相应的改进措施。

　　(2) 操作风险报告。操作风险报告过程应该涵盖诸如银行面临的关键操作风险或潜在操作风险、风险事件以及有意识的补救措施、已实施的措施的有效性、管理风险暴露的详细计划、操作风险即将明确发生的压力领域、为管理操作风险而采取步骤的状态等方面的信息,并且这些信息应该足以满足以下要求:① 使高级管理层和经营者能够确定风险管理职责的委派是有效的,并且他们对操作风险管理的要求得到了满足;② 使整体风险预测能够与银行的风险战略和偏好相比较,得到评定;③ 使关键风险指标得到监控,可以判断出采取措施的需要,使业务单元能够确定对关键风险的控制已成功地实施,有关信息已得到了及时传递;④ 使风险管理过程能够重复。

以上所述的风险管理过程是一个不断重复的过程。风险管理职能部门应该确保关键操作风险管理活动以适当的频率重复进行,例如每年或每半年一次。

银行业务部门风险经理应收集本部门操作风险状况,按一定的报告频度,向风险管理部门汇总报告。银行各级风险管理部门要将汇总报告定期或不定期地向银行总行风险管理部门报告。

6. 操作风险的控制

(1)操作风险的缓释。银行应该设计并实施具有成本效益的风险缓释工具,使操作风险降低到能够接受的水平。在风险管理和缓释的步骤中,重要的一点是要将实施措施的责任明确地分配下去,并确保责任人有实施措施的动力。风险管理和内部控制程序应该由各个业务单元建立,但可能需要风险管理职能部门的指导。

尽管对每一家银行来说,适用的缓解措施的范围和性质可能有所不同,但适当的缓解措施都需要考虑以下领域:外部责任(例如外部监管、法律或其他要求);变革管理;新的交易对手和客户;内部控制;责任的界定;协调;信息系统管理;对附属或参股的第三方提供服务;专业人员和人力资源;业务连续性规划;内部审计和风险管理职能部门的责任。

(2)操作风险的抵御。通过为操作风险分配经济资本可以抵御操作风险。

同信用风险一样,操作风险的损失也可分为预期损失、未预期损失和灾难性损失。操作风险的预期损失是指在日常的业务过程中,银行知道特定操作行为可能失败,因此会存在一个平均的操作损失水平,这一水平就是操作风险预期损失。操作风险未预期损失是在一定容忍度内,未预期严重操作失败带来的最大损失。灾难性损失是超过银行容忍度的小概率操作失败带来的可能导致银行破产的损失。

操作风险的预期损失在年度业务计划中会明确或隐含地编进预算之中,并在产品或服务的定价中包含。对于操作风险的灾难性损失银行无法计量,往往寻求套期保值或保险的方式寻求保护,避免银行被摧毁。

　　但是,为了吸收操作风险的未预期损失,银行则应该为操作风险分配合适的经济资本。多家国际活跃银行已经开始建立历史操作风险事件的数据库,目的就是量化各类的未预期损失,希望使用这一数据库来建立统计上所称的"最坏情形"估计,并通过计量未预期损失得到应分配的经济资本,通过资本抵御和约束操作风险。值得注意的是,一家银行内部损失数据库与所有其他银行的损失数据库相比一般是非常小的,因此实际上损失数据库应该反映其他银行的经验,但将内部和外部数据共享需要很强的管理判断能力,实际上这也正是目前操作风险测度中一个新的正在发展的领域。操作风险损失的分布如图 9-10 所示。

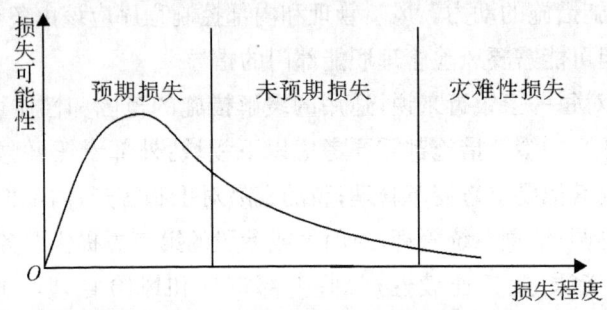

图 9-10　操作风险损失的分布

　　对操作风险越来越多的重视以及金融体系的变动会如何影响银行整体资本分配状况?目前银行资本分配比例大概为:平均有20％给操作风险,10％给市场风险,70％给信用风险(见图 9-11)。但从长期来看,我们认为,操作风险和市场风险敞口两者的资本分配比率最终都会增加到 30％左右,不过具体情况还取决于该机构的性质。

　　操作风险资本权重的提高可以归因于同人员、流程、技术和外部依赖性有关的风险增加。举例来说,人员流动加速、更高的产品复杂性、更多的业务量、不可避免的新技术引进和越来越多的合并/兼并活动——所有这些变动都会提高操作风险。

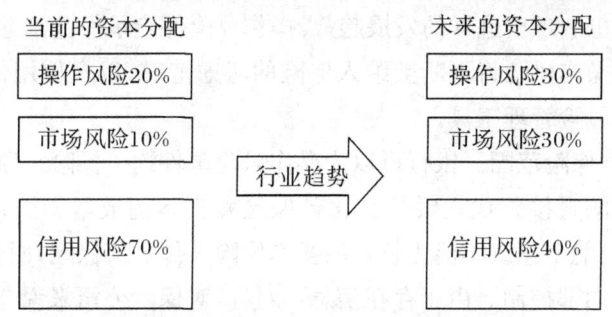

图 9-11 资本分配：当前和未来

（3）操作风险的转移。通过为操作风险保险可以将其转移。

第一，与操作风险种类相匹配的保险。如前所述，操作风险依据不同的标准可以划分为不同的种类，针对不同的操作风险会有不同的保险产品与之相对应。实际上，长期以来保险一直在为银行操作风险提供保障。传统的保险产品，如银行一揽子保险（BBB）、错误与遗漏保险（E&O）和经理与高级职员责任保险（D&O）等已经被证明是比较成熟的保险产品，而且得到了广泛的采用。银行一揽子保险主要承保的是盗窃、欺诈敲诈、贪污、空头支票、财产，以及伪造、变造货币等外部欺诈、内部计算机犯罪、盗窃、欺诈风险。错误与遗漏保险则承保无法为客户提供专业服务或在提供服务过程中出现过失的风险。经理与高级职员责任保险承保的是银行经理与高级职员操纵市场、洗钱、未对敏感问题进行披露、不当利用重要信息等的风险。

后来，承保人、经纪人与银行一起合作研究开发了新的损失补偿产品，诸如未授权交易保险、电子保险等。前者主要承保的风险包括未报告的交易、未授权的交易、内部交易、超过限额的交易风险等。后者则主要承保硬件瘫痪、软件瘫痪、设备故障、卖方的服务系统混乱，以及与因特网有关的失灵等风险损失。今后，商业中断、银行商誉、知识产权等也可以被纳入到银行操作风险保险的承保范围中来。

随着新的操作风险的出现以及人们对操作风险认识的加深，操作风险保险也表现出这样的发展趋势:操作风险保险承保范围继续扩大,新出现的操作风险将不断被纳入保险的考虑范畴,以及使用保险作为银行操作风险管理工具。

第二,保险范围。银行可以为操作风险事件购买保险。原则上,保险是资本的直接替代。银行会比较保险和资本的成本。如果保费过高,银行可能不愿或不能为特定的操作风险事件购买保险,而会选择依靠资本和内部控制。由于存在信息不对称,对保险公司来说,要区分高风险的银行和低风险的银行可能很难或者成本很高。为了缓解道德风险的影响,保单通常包含一项扣减。

扣减意味着部分风险没有得到保险。保单还可能包含一个责任上限,责任上限的效果和扣减相似,它可以使银行有管理风险的激励,但也同样意味着部分风险没有得到保险。另外,很多保单将特定的风险事件(如战争或核攻击)排除在保险范围之外。这种情况使得保险范围进一步缩小。保单条款的表述通常具有很强的技术性,且语言复杂,这使得银行预先详细列出哪些风险在保险范围内、哪些不在保险范围内变得困难。由此可见,银行通过保险替代资本和内部控制的程度是有限的。

但是,除了赔付对风险损失的直接补偿外,保险还具有促进风险管理的间接作用。保险的存在能使保险者与被保险者合作,监控并尽力降低风险。这种做法能够减少风险暴露。

第三,保险赔付。即使银行购买了保险,它还是可能无法获得保险赔付。虽然一家高度规范化的保险公司不履行已签订保单责任的可能性非常小,但仍可能有保险公司不履行它们的责任。更加严重的问题来自于保险公司可能不会迅速赔付这一事实。延迟赔付可能是故意的,也可能是由于存在有关赔付额的法律问题,而不及时赔付的后果,可能是给银行的信誉带来严重影响。对于急需得到赔付资金缓解流动性困难的银行来说,这个问题尤其受到关注。

巴塞尔委员会尝试通过量化冲击研究(Quantitative Impact Study)收集有关银行操作风险保险的数据,但是结果并不令人满意,因为仅收集了 3 年期间 11 个国家的 30 家银行的数据。这些数据只能很有限地跟踪应被保险的操作风险。这个研究发现仅有 2.4％的损失事件(事件总数为 7 463 件)得到了保险赔付,但这并不意味着保险不重要,而是表明只有很小一部分操作风险得到了保险。事实上大多数损失事件以费用弥补了,没有给资本造成威胁。该委员会的这项研究还显示,被保险损失的平均回收率(Average Recovery Rate)仅为 80％。但这并不必然意味着保险赔付不可靠,而仅仅意味着赔付上限和扣减之间的不一致。

第四,巴塞尔委员会对保险的处理方法。不论基本指标法,还是标准法,都不允许从最低资本要求中扣减保险额,只有内部计量法允许在有限的程度上这样做。

在内部计量法下,银行可以使用内部风险计量模型计算操作风险的资本要求,使用这一模型计算所得的估计值以标准法下资本要求的75％为下限。很难精确地计算出在内部计量法下一家银行因保险扣减而减少了多少操作风险资本。假设不考虑保险时,内部风险计量模型表明操作风险资本应为标准法下的 70％。由于存在 75％的下限,最多只能扣减 75％。另一方面,假设不考虑保险时,内部风险计量模型表明操作风险资本刚好等于标准法下的数额,那么因保险扣减的最大数额将达到标准法下资本要求的 25％。如果没有 75％的操作风险资本下限,原则上保险会被完全扣减。

《巴塞尔新资本协议》的这种处理方法引起了业界的担忧,因为如果已投保的风险不能在计算资本要求时扣除,将会降低针对银行操作风险的保险开发和实践的动力,这无疑不利于银行操作风险的转移和管理。

巴塞尔委员会正在考虑与赔付及时性、保险范围的确定性、保单的期限、保险者的信用等级及再保险的使用等有关的标准,设想开发包含保险影响的最低资本计算方法。保险业的一个建议是保费方法。在这种方法下,保单规定的保费被作为测量资本扣减的单一指标。这种方法的基础是保费与被转移的风险额直接相关,保费越高,风险转移的程度也越高。

本 章 小 结

　　本章主要研究了操作风险的度量与管理。关于操作风险的度量，介绍了巴塞尔委员会推荐的度量方法，尤其重点介绍了损失分布法；关于操作风险的管理，介绍了管理组织结构、风险识别与评估、风险监控与报告和风险的控制。

第 10 章　全面风险管理

始于运用 VAR 方法度量金融市场风险的金融风险管理革命，目前已扩展至对企业的全面风险管理。一个理想的全面风险管理体系应站在企业全局的角度去识别、度量和控制风险。

全面风险管理体系的优势在于：它有助于通过对冲风险以达到降低收益的波动性的目的，从而增加股东价值；它有助于降低对冲和保险的成本；它有助于节约稀缺的资本资源，因为它充分考虑了分散化效果，而不是简单的对单独的风险资本的加总。

10.1　风险体系

首先，我们对金融机构和其他机构所面临的风险进行一个总体的概括分类，这实际上形成了一个风险体系（The Galaxy of Risks）。图10-1 将各机构面临的风险分成经营风险（Business Risk）和非经营风险（Nonbusiness Risk），而后者又可分为事件风险和金融风险。必须说明的是这种分类方法带有一定的人为性，因为实际上，这些风险中有些是互相交叉的。

经营风险来源于企业所制造的产品的市场，包括产品的设计和销售等，这是企业在为了赢得竞争优势和为股东创造价值过程中主动承担的风险。产品市场产生了潜在的对于宏观风险的风险暴露，这来源于经济周期的波动或收入及货币政策的变动。经营风险是对称的：它既可以带来亏损也可以带来盈利。从某种意义上讲，企业承担经营风险是得到了补偿的。

如在第 1 章所述，金融风险（Financial Risk）一般是指与金融变量

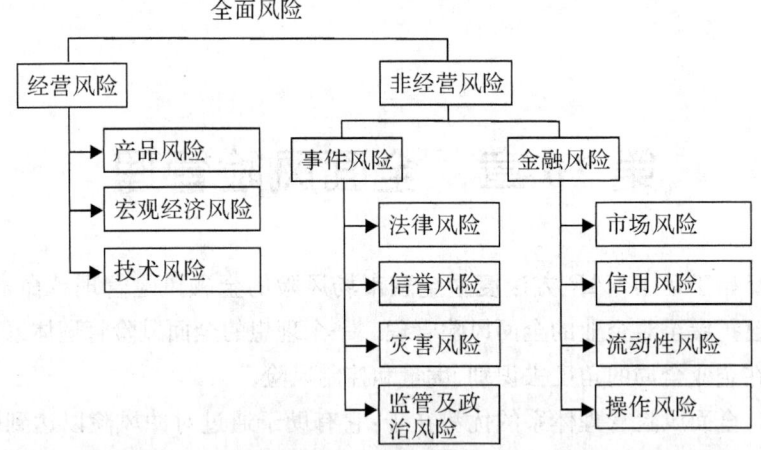

图 10-1　全面风险体系

的变化相关的风险,首先包括市场风险(Market Risk)、信用风险(Credit Risk)和流动性风险(Liquidity Risk)。这类风险也是对称性的,因为它们既可能创造利润也可能引致损失,也就是说,企业可以因承担金融风险而获得补偿。最后就是操作风险,这是一种非对称性的风险。

　　事件风险(Event Risk)一般是指与一些企业所无法控制的负面事件相关的风险。事件风险仅仅会带来损失,其中有一些可以运用传统的保险进行规避。各机构通过"花钱"来缓解这种风险。有些关于操作风险的定义实际包括了事件风险。

　　这些风险可以被进一步细分为更加具体的风险种类。例如,市场风险可以分为权益风险、利率风险、货币风险以及商品风险等(见图10-2)。利率风险还可进一步细分为交易风险和缺口风险,后者与债券由于期限不同而具有不同的风险特征有关。流动性风险可以分为:资产的流动性风险和融资的流动性风险(见图 10-3)。

　　事实上,每一种风险都可以进行进一步分解。分解越具体就越能准确把握风险。当然,这要受制于模型的复杂程度。而模型的处理受可利用的技术以及成本和可获得的内部、市场数据的限制。

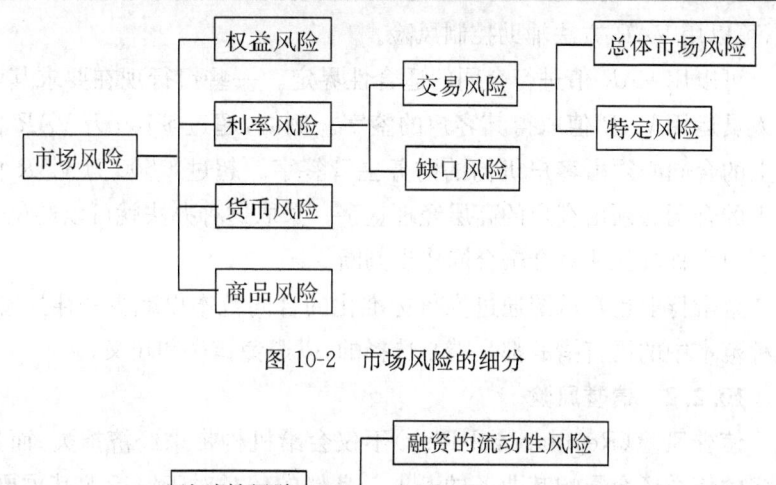

图 10-2 市场风险的细分

图 10-3 流动性风险的细分

10.2 事件风险

由于事件风险与操作风险之间存在的交错关系,因此,我们有必要对其进行一下分析。

10.2.1 法律风险

法律风险(Legal Risk)是指由于合同无法合法地履行或由于文件签署的失误所带来的潜在的可能损失。这种风险可以通过企业的法律事务工作者制定规则并经高层管理部门批准加以控制。有时法律风险也被纳入金融风险范畴,因为它通常源自于客户所遭受的市场风险或信用风险。

在进行交易之前,各机构应确认其交易对手在法律意义上有权从事该项交易,并且相关合同条款是合法有效的。即使如此,那些给交易对手带来巨大损失的合同常常会引致诉讼。这类合同被认为是不符合客户的需求或专业,客户也会自称其无法对金融合同作出判断。在这里,可以用 *VAR* 方法辅助控制风险。

可以用 *VAR* 值进行合同的适合性界定。一些银行现在要求其业务人员运用 *VAR* 值取得其客户的签字。例如,超过 $100 万 *VAR* 值以上的合同必须由客户机构的财务主管签字。超过 $500 万 *VAR* 值以上的合同必须由客户的高层经理签字。采取这种办法就可以避免未来客户声称其无法对金融合同作出判断。

金融行业也在试图通过推行标准化的合同范本以减少法律风险。这种范本中的语言措辞都是精心选择的,以避免错误和歧义。

10.2.2　信誉风险

信誉风险(Reputational Risk)不仅会给机构带来经济损失,而且恶劣的信誉还会影响其业务的开展。良好的信誉对于银行尤其重要,因为银行业务的顺利开展,要求其必须有较好的市场信誉和形象。

这里有一个信孚银行的例子。1994 年之前它被认为是风险管理的先导者(Charles Sanford 将其从一个无名的商业银行发展成为一个颇具竞争力的金融机构),但其后却因与宝洁公司之间的争端而名声大损。

宝洁公司因与信孚银行一起参与两项利率互换交易而损失 $1.57 亿,它随后起诉信孚银行,指责其对交易所涉及的风险进行误导。在 1994 年 4 月的 9 天时间里,宝洁、吉伯森公司以及米佳公司都声明对信孚银行提出起诉,声明与其达成的杠杆融资互换蒙受巨大损失。此后,许多客户都对信孚银行避之惟恐不及。为了恢复声誉、重塑形象,信孚银行 1996 年聘请了一位新的执行总裁弗兰克·纽曼(Frank Newman Newman)(弗兰克·纽曼是广受尊敬的美国财政部前副秘书长),并与宝洁达成了庭外和解。

信孚银行认识到:以盈利为目标的经营文化,常常会将企业的利润置于客户利益之上。此后,该机构进行了一系列改革如内部激励机制、风险管理系统等。而且它试图进行业务的战略转移,力争成为在美国市场经营全面业务的投资银行。虽然战略转移计划未能成功,但到 1998 年 10 月,其股价却恢复上涨到了 1996 年年初的水平。1998 年

11 月,信孚银行宣布其已同意被德国 Behemoth Deutche 银行收购,收购价为 $ 92 亿,为其账面价值的 2.1 倍。

10.2.3　灾害风险

灾害风险(Disaster Risk)是指由地震、洪水、台风和火灾等自然灾害以及战争引发的风险。可以通过购买保险来规避这种风险。也可以通过对意外事件的预测及建立防备措施来减少这类风险的危害。

10.2.4　监管及政治风险

政治风险源于政策制定者政策行为的较大变动从而对机构业务的影响。监管政策的变动或对现有监管规定的解释都有可能给机构带来负面影响。一些大的金融投资事件(或者源于衍生证券或者源于对冲基金)通常会引致法制监管干预,各机构必须有充分理由证明其自我约束更为有效,方可避免过多管制。监管风险的另一种表现是税法变动可能对敞口的市场价值产生影响。例如 ,当英国政府于 1997 年夏天改变税收条例,取消特定的税收优惠的时候,一家大型投资银行蒙受了巨大损失。

10.3　全面风险管理

风险管理革命源于市场风险并已扩展至机构全面范围。事实上,越来越多的机构已开始全面考察、审视其风险。新的风险内控模型的目标就是要涵盖经营、事件和金融风险,当然,我们这里研究的主要内容是金融风险。下面我们从度量和控制两个角度来看一下全面风险管理的必要性和好处。

10.3.1　度量全面风险

全面风险管理的第一步是准确地度量风险。总资本额要求可以通过综合对各类风险的资本要求得到。图 10-4 表明了对金融风险,包括市场(流动性)风险、信用风险和操作风险的分析综合过程。理论上,我们可以将其扩展至机构所面临的所有风险。由于分散化效果,总资本要求会低于对各风险的资本要求的简单加总。

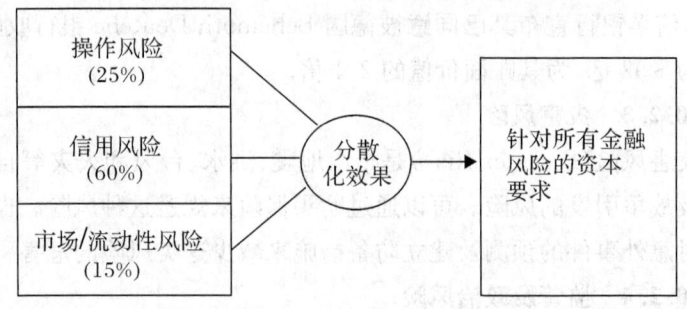

图 10-4　设定针对所有风险的总资本要求

10.3.2　控制全面风险

控制全面风险的第一个好处在于它可以更好地控制所有的风险。随着各个机构业务的复杂性的增加,以及经济金融环境的日益多变,更多的业务会涉及种种风险。以上我们已经对机构可能面临的风险作了分类概括和界定,而实际上新的风险还会不断涌现和积累,控制全面风险就显得尤为重要。

金融机构一直在致力于寻找各种风险间的复杂的、预料之外的相互影响关系。但恼人的是,风险似乎总在到处隐藏,令人难以捉摸。控制一种风险的努力通常会引发另一种风险,各种风险往往相伴而生。

譬如在 1997 年亚洲金融危机之前,一些亚洲的机构利用较低的美元利率借入美元,然后在本国(如韩国、泰国)投资以享受本国较高的收益率。起初这种交易形式不存在市场和信用风险,然而随着本国经济状况的恶化,亚洲各国货币大幅贬值,上述交易投资巨大,由此引发了一系列违约事件。这使得信用风险和市场风险互相加重了。再譬如,1995 年 2 月的巴林银行事件,2002 年 2 月的爱尔兰联合银行事件,一直至 2004 年 11 月发生的中航油事件,都是由于多种风险相互交织,加上风险管理的失控而导致整个机构遭受灭顶之灾。

这种风险间的交互关系对全面风险管理提出了要求。

10.3.3　全面风险管理:最后的防线

全面风险管理体系使得机构可以更加有效地管理风险。即使有些风险是难以量化的,全面风险管理的过程自身也会通过全面识别风险而更好地进行资本配置。

我们会发现,一些风险之间存在自然对冲(Natural Hedging)的特点。例如,在 1994 年地震中,加利福尼亚通讯公司发现,其由于未对电话信号发射塔进行保险而带来的损失,却由各个家庭打向其亲属的问候电话量的剧增而带来的收益得到了一定的抵补。

另外,对企业的全面风险进行保险的最直观的好处就是可以降低成本(Cost Reduction)。因为将风险视为一个组合的一部分,所以各机构无需对单个风险进行保险,而采用综合保险的做法,充分体现了分散化的效果。因此,一些机构,为了降低成本而减少了对单个险种的投保(除非法律有要求),这就大大降低了其保费支出。而各保险公司也相应地开发出了大量的综合险种。1997 年 6 月一个美国高技术公司——Honeywell就参加了一个 3 年期的保险项目,该项目覆盖了货币风险和流动性风险,这是由 AIG——一个美国保险巨头开发的险种。以往,Honeywell 都是通过运用远期和期权合约来对冲货币风险,而采取综合保险的方法,哈尼维尔(Honeywell)估计其至少每年节约了 25％ 的保费支出。

最后,集中、全面的风险管理可以节约交易成本(Transaction Cost)。20 世纪 90 年代中期之前,各机构对冲风险的策略还集中于对风险的逐个对冲和管理。例如,跨国公司会逐个评估其不同币种头寸的风险并进行逐一对冲。当然这就忽视了风险因子(金融变量)的相关性,从而是一种低效率的做法。所以,若进行金融机构的全面风险管理,站在全局进行对冲就可以大大节约交易成本。

10.4　金融风险管理的意义

通过全面风险管理,机构可以使其收益或现金流更平稳,或者说可以减少其波动性。但我们的问题是,站在股东的角度考虑,为什么要进行金融风险管理呢?

10.4.1 企业价值与金融风险管理

企业的经营目标应是实现企业价值从而使股东利益最大化。但在一个无"摩擦"的市场里,投资者(或股东)完全可以"复制"企业的风险管理行为,因此,企业的金融风险管理行为似乎无法增加企业价值。事实上,M-M(Modigliani-Miller)理论(1958)就表明:

在一个"完美"的市场里,企业的金融策略与企业的价值无关,金融风险管理策略自然也不例外。

图 10-5 是现金流的分布,显示了对冲策略对于 VAR 的影响。不对冲时,95%置信水平下的 VAR 为\$145 万。而若企业采取衍生品的办法进行对冲,如运用线性衍生品合约远期合约或互换合约,如图中所示,现金流的分布更集中了,VAR 值下降为\$70 万。但是,虽然对冲减少了风险,但分布的均值却没有任何变化。可见,在完善有效的市场里,对冲并不增加企业价值。

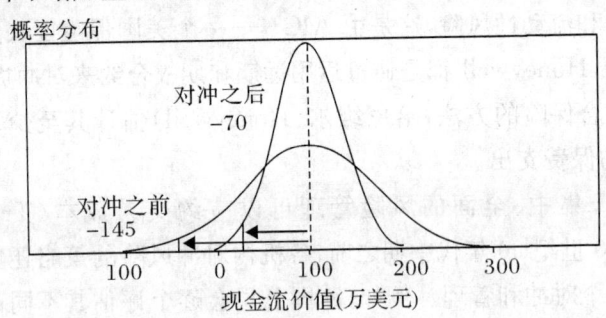

图 10-5　损益分布与对冲

10.4.2 为什么要对冲

M-M 理论的假设前提是市场的"完美性"。但现实世界并非如此,所以,通过对冲策略可以使得企业的现金流或价值的波动性下降,从而增加企业价值。

1. 对冲可以降低金融投资的成本

如图 10-5 所示,对冲可以降低亏损发生的可能性,这可以降低金融投资的成本。因为这种成本如法律费用和成本,实际上是沉淀成本,一旦企业因亏损而面对清算时是不可避免的,所以亏损可能性的降低将可以降低这种成本。

2. 对冲可以减少税收

若企业的税收函数是凸的, 则较高的收益平稳性可以降低平均税收。对于负收入水平, 税收是零, 然后随着收入的增加税收将不断增加。税收曲线类似于一个永久性的基于利润的买方期权, 通过降低波动性, 企业可以降低期权的价值, 从而提高企业的价值。

3. 对冲可以降低代理成本

我们可以把企业看成是一个与各利益相关者(股东、债权人、经理人员)的合约的集合。股东将决策权赋予经理层,这就引致了代理成本。由于代理人(经理层)的利益与股东的利益并不完全一致,因此,一些代理人可能会不称职从而浪费企业的价值。股东在意识到这一点之后,就会不断地采取种种措施去评估经理层的经营行为,比如,股东会考察企业的盈利情况。通过对冲可以降低盈利的波动性,这就使得利润成为一个较好的经营评价标准。

4. 对冲有利于进行最优投资

一些企业需要稳定的现金流以投资于研发项目。企业能通过对冲保证收益的稳定性,这就避免了当其收入大幅度下降时,由于资金不足而不得不中断较好的项目投资或转向成本较高的外部融资。

总之,上述各方面均证明了对冲金融风险有助于增加企业价值。另外,金融风险管理还可以使得机构在收益—风险之间达到较好的平衡。

一些实证研究也证明上述结论。奥恩尼斯(Auayannis)和维斯通(Weston)(2000)发现,运用外汇衍生品进行对冲的企业的价值明显高于其他企业:平均市场价值要高 4.9%。对于流通股票为 $40 亿的企业样本,这意味着每个企业价值增加了约 $2 亿。这明显地提高了股东的利益。

本 章 小 结

本章主要讨论了全面风险管理问题。首先介绍了企业所面临的各种风险;然后分析了全面风险管理的必要性;最后,从股东价值角度分析了金融风险管理的作用。

参 考 文 献

1. 马鸣家等:《金融风险管理全书》,中国金融出版社 1994 年版。

2. 施兵超:《金融风险管理全书》,上海财经大学出版社 1999 年版。

3. 王自力:《反金融危机——金融风险的防范与化解》,中国金融出版社 1998 年版。

4. 安东尼·桑得斯等:《现代金融机构管理》,东北财经大学出版社 2002 年版。

5. 王芳、张宗梁:《银行业金融风险与防范》,经济科学出版社 1998 年版。

6. 倪锦忠、张建友:《现代商业银行风险管理》,中国金融出版社 2004 年版。

7. 乔埃尔·贝西斯:《商业银行风险管理》,海天出版社 2001 年版。

8. 巴曙松:《巴塞尔新资本协议研究》,中国金融出版社 2003 年版。

9. 李志辉:《商业银行业务经营与管理》,中国金融出版社 2004 年版。

10. 刘园:《商业银行表外业务及风险管理》,对外经济贸易大学出版社 2000 年版。

11. 巴塞尔委员会:《统一资本计量和资本标准的国际协议:修订框架》,中国金融出版社 2004 年版。

12. Amaud de servigny, Olivier Renault, Measuring and Managing Gredit Rist (New York:McGraw- Hill,2004).

13. John C. Hull, Options, Futures, and Other Derivatives, 5th ed. (New York: Prentice hall ,2003).

14. Philippe Jorion, Value at Risk, 2nd ed. (New York: McGraw-Hill,2001).

15. Anthony Saunders, Financial Institutions Management, 4th ed. (New York: McGraw-Hill, 2003).

16. Leslie Rahl, Risk Budgeting: Portfolio Problem Solving with Value-at-Risk(New York: Wiley, 2002).

17. Rene M. Stulz, Risk Management & Derivatives (Mason, Ohio: South-Western, 2003).

18. Bruce Tuckman, Fixed Income Securities, 2nd ed. (New York: Wiliey, 2002).

19. John. B. Caouette, Managing Credit Risk (New York: Wiley,1998).

20. Gunter-Meissner,Gredit Deriratives,Application Pricing and Risk Management(Malden,MA:Blackwell Publishing,2005).

21. Linda Allen, Jacob Boundou Rh & Anthony Saunders, Understanding Market, Credit and Operational Risk: The Value at Risk Approach (Oxford: Blackwell Publishing, 2004).

22. Reto Gallati, Risk Management and Capital Adequacy (New York: McGraw-Hill, 2003).

23. Douglas Ghoffman, Managing Operational Risk (New York: Wiley, 2002).

24. Group of Thirty, Derivatives; Practices and Principles, Recommendations for Dealers and End-Users (Washington, D. C., Group of Thirty, 1993).

25. Deutsche Bundesbank, New capital requirements for credit institutions (Basel II), (Deutsche Bundesbank, Monthly Report, September 2004).

26. Basel Committee, Basel II: International Convergence of Capital Measurement and Capital Standards: A Revised Framework (June, 2004).

27. Basel Committee, Amendments to the Capital Accord to incorporate market risks (Basel: January, 1996).

28. Risk Budgeting: A New Approach to investing (London: Risk Books, 2000).

29. Noel Amenc & Veronique Le Sourd, Portfolio Theory and Performance Analysis (West Sussex: Wiley, 2003).

后　记

　　多年的金融专业学习、教学和研究工作加之金融从业经历，使我深切感受到了我国金融体系蕴藏的风险的严重性以及管理手段、水平的落后。为此，笔者经过潜心的研究，形成了这部关于金融风险管理的理论、技术与应用的著作。希望它能对关心金融风险问题的研究者、学习者和从业者有所借鉴和参考。同时，也欢迎大家的批评指正。

　　本书得以出版，我首先要感谢赵新民编辑，她认真阅读了初稿，提出了许多中肯的意见。我还要感谢我的家人，他们给了我许多的关心、帮助、鼓励和支持，这是我坚持写作的动力与源泉。尤其是我的先生王学军，他不断地对我提出建议和批评，促使我更加专心和认真地从事金融研究工作。最后我要感谢孙颖老师，她始终不厌其烦地协助我进行大量的修改、完善工作，牺牲了许多的节假日和休息时间。

　　另外，我的研究生奚宾、陈乾坤和他们的同学高詹，阅读了本书的部分章节，并提出了宝贵的意见和建议，在此一并表示感谢。

谷秀娟

2006 年 11 月